Het spectaculaire succes van de Tweede Schipvaart uitgebeeld. Al op 19 juli 1599 keerden vier schepen van deze op 1 mei 1598 uitgezeilde vloot in Amsterdam terug, de 'Holland', de 'Mauritius' (met het wapen van Prins Maurits in de vlag), de 'Overijssel' en het kleine jacht 'Friesland'. (Schilderij van Andries van Eertveldt, National Maritime Museum, Greenwich)

WALBURG PERS

Afbeeldingen omslag:
(Voorplat linksboven) J. de Baen, 1682, Zeven bewindhebbers van het dagelijks bestuur van de voc-kamer Hoorn. (Westfries Museum, Hoorn)
(Voorplat rechtsboven) De retourvloot uit Batavia, ca. 1674. Voorgesteld wordt de vloot die onder leiding van Wollebrand Geleynsz de Jongh vanuit Batavia de terugreis naar Nederland aanvaardde. (Stedelijk Museum Alkmaar)
(Voorplat onder) L. Backhuysen, Terugkeer van de Hollandia in het Landsdiep in november 1665. (Scheepvaartmuseum Amsterdam)
(Rug) L. Backhuysen, 1689, Het fregat Brielle op de Maas bij Rotterdam. (Rijksmuseum, Amsterdam)
(Achterplat) A. Cuyp, Een opperkoopman van de voc, vermoedelijk Jacob Mathieusen en zijn vrouw, bij de rede van Batavia. (Rijksmuseum, Amsterdam)

Zevende druk

Omslagontwerp: Rob Buschman, BNO

ISBN 90.5730.184.9

Inhoud

Het bezoek van stadhouder Prins Willem V, de opper-bewindhebber van de VOC, aan Amsterdam in begin juni 1768 werd afgesloten met de tewaterlating van de hoeker 'Zon' van de helling van de Compagnieswerf. De VOC bouwde in deze jaren hoekers voor de vaart op de Kaap de Goede Hoop. (Gravure van R. Vinkeles, Prentenkabinet Universiteit Leiden)

Lijst van tabellen, figuren en kaarten

Na een thuisreis van ruim zeven maanden gaan de schepen van de VOC-kamers Rotterdam en Delft voor anker in het Haringvliet. Na inspectie van de schepen door de bewindhebbers – bewindhebbersjacht hier rechts zichtbaar – voeren de schepen naar Rotterdam en Delfshaven voor reparatie en onderhoud. (Schilderij door Jacob van Strij, circa 1785. Maritiem Museum, Rotterdam)

Het spectaculaire succes van de Tweede Schipvaart uitgebeeld. Al op 19 juli 1599 keerden vier schepen van deze op 1 mei 1598 uitgezeilde vloot in Amsterdam terug, de 'Holland', de 'Mauritius' (met het wapen van Prins Maurits in de vlag), de 'Overijssel' en het kleine jacht 'Friesland'. (Schilderij van Andries van Eertveldt, National Maritime Museum, Greenwich)

Woord vooraf

Dit boek is een bewerkte en uitgebreide versie van mijn *Geschiedenis van de VOC*, die in 1982 verscheen. In het voorwoord bij deze eerste uitgave werd geconstateerd dat er grote belangstelling was voor de geschiedenis van de Verenigde Oostindische Compagnie. Het grote aantal sedertdien verschenen studies geeft aan, dat die belangstelling nog is toegenomen. Die interesse komt niet uitsluitend van de zijde van de professionele historici die zich steeds meer verdiepen in het omvangrijke archief van de Compagnie. De bouw van replica's van VOC-schepen, de nadruk die in diverse musea op de compagnie-geschiedenis wordt gelegd en de vondsten van wrakken van Oostindiëvaarders hebben grote uitstraling en dragen bij tot een groeiende interesse bij een breed publiek voor de lotgevallen van de 'Loffelijcke Compagnie'. Kortom, de VOC is populair.

Een dergelijke populariteit maakt het de professionele historicus niet in alle opzichten gemakkelijk. Hij is geneigd zijn onderwerp met enige omzichtigheid te benaderen, zijn conclusies met het nodige voorbehoud te presenteren. Juist dit onderwerp, de geschiedenis van de VOC, leent zich voor het imponeren van de lezer: het gaat immers om de 'grootste multinationale onderneming' van de 17e en 18e eeuw, met een personeelsbestand van wel dertigduizend man in een tijd waarin Nederland maar twee miljoen inwoners had, een onderneming die in twee eeuwen één miljoen mensen uit Europa naar Azië zond, een onderneming die handel dreef van de Rode Zee tot Japan, een onderneming overigens die de staat na 1782 met een gigantische schuldenlast opzadelde die tot ver in 19e eeuw een belasting vormde voor het Koninkrijk. Beweringen die niet onwaar zijn, maar die wanneer ze niet in de juiste context geplaatst worden, nietszeggend zijn.

In de oude, koloniale geschiedschrijving werd de Verenigde Oostindische Compagnie vaak gezien als een aarzelende en door de nadruk op de handelsactiviteiten wat tweeslachtige grondlegger van het Nederlandse koloniale rijk in de 19e eeuw. Deze visie heeft plaats gemaakt voor nieuwe opvattingen. De grote handelscompagnieën worden, voorzover zij als handelsonderneming optraden, een centrale rol toebedacht bij de uitbreiding van de Europese handelsrelaties en het vergroten van de Europese economie tot een wereldschaal in de 17e en 18e eeuw. Het begrip monopolie heeft een minder negatieve klank gekregen dan voorheen bij de door liberaal-economische theorieën beïnvloedde historici het geval was. De kundigheid en het commerciëel vernuft van de bewindhebbers, van wie vroeger werd gedacht dat zij dankzij het monopolie slapende rijk konden worden, is inzet van discussie en heeft geleid tot uitvoerige studie van het 'compagnie-management'. Tegelijkertijd wordt door historici die zich met de Aziatische geschiedenis bezighouden de vraag gesteld hoe de activiteiten van de Oostindische compagnieën zich hebben verhouden tot de Aziatische handel en economie. Duidelijk is daarbij, dat die Aziatische economie een geheel eigen dynamiek kende, waarop de compagnieën—en met name de VOC die op grote schaal deelnam in de intra-Aziatische handel—reageerden en waarvan zij profiteerden. Tenslotte wordt in recente studies steeds meer aandacht gegeven aan de sociaal-politieke aspecten van de aanwezigheid van Europeanen in Azië. Dat sluit niet alleen datgene in wat 'het sociale leven' in de kleine Europese vestigingen kan worden genoemd, maar ook de politieke, sociale en economische factoren die een rol speelden in de relatie tussen de

compagniedienaren en hun Aziatische omgeving.
Gezien de grote stroom van publikaties sinds 1982 was het aantrekkelijk om het eerder verschenen werk geheel te herschrijven en een nieuw boek te maken. Tegen die verleiding heb ik weerstand geboden. Veranderingen en toevoegingen op grond van recente literatuur zijn vooral in de hoofdstukken 3 en 4 te vinden. De literatuurlijst is veel uitgebreider en geeft een handleiding voor verdere studie. De thematische structuur van het boek is ongewijzigd gebleven: in het eerste hoofdstuk worden oprichting en organisatie van de VOC in de Republiek besproken, in het laatste hoofdstuk komen de bestuurlijke routine in de kamers van de Compagnie en de politieke en financiële problemen in de 18e eeuw aan de orde. De drie hoofdstukken daartussen hebben als onderwerp de expansie van de VOC in Azië. het karakter van de vestigingen overzee en het personeel, en tenslotte de scheepvaart en handel.

Bij het schrijven van de geschiedenis van de VOC heb ik kunnen profiteren van het vele onderzoek dat ik samen met anderen heb verricht, met name van het werk aan de uitgave *Dutch-Asiatic Shipping*. Mijn dank gaat dan ook uit naar Prof. dr. J.R. Bruijn, mevr. Dr. E.S. van Eyck van Heslinga en Prof. dr. I. Schöffer. Het Instituut voor de Geschiedenis van de Europese Expansie te Leiden is voor dat gezamenlijk onderzoek een uitstekende omgeving gebleken. Dank komt ook toe aan drs. L.M. Akveld, drs. A. Pol en drs. A.C.J. Vermeulen, die mij zeer behulpzaam zijn geweest bij het verzamelen van illustratiemateriaal.

Femme S. Gaastra

Bij de Jubileum-uitgave

In deze editie, die verschijnt ter gelegenheid van het feit dat het dit jaar (2002) vierhonderd jaar geleden is dat de VOC is opgericht, heb ik de tekst ongewijzigd gelaten. Wel is de literatuuropgave geheel vernieuwd en is, waar nodig, gewezen op nieuwe inzichten en nieuwe ontwikkelingen in de geschiedschrijving sedert 1991.
Bovendien is deze uitgave rijk geïllustreerd. Er is in de afgelopen tien jaar heel wat literatuur over de Compagnie verschenen en naar het zich laat aanzien zullen daar in 2002 nog heel wat nieuwe studies aan worden toegevoegd. De VOC, zo stelde ik in het bovenstaande voorwoord, is populair, en enigszins tot mijn verwondering kunnen we constateren, dat die populariteit sindsdien alleen maar is toegenomen.
Dit boek beoogt een evenwichtige inleiding op de geschiedenis van de VOC te geven en een leidraad voor wie zich in een onderdeel van de VOC-geschiedenis verder wil verdiepen. Gezien de stroom van publicaties zal dat laatste niet moeilijk zijn. Het zal in 2002 bovendien aantrekkelijk zijn om ook op andere wijze, namelijk door bezichtiging van de vele objecten en kunstvoorwerpen in de vele tentoonstellingen over dit onderwerp, met de geschiedenis van de VOC kennis te maken.

Femme S. Gaastra

HOOFDSTUK I

Oprichting en organisatie van de VOC

Het begin van de vaart op Azië—Motieven en mogelijkheden

Wanneer de motieven van de Nederlandse kooplieden voor het zoeken van de weg naar Azië aan de orde werden gesteld, dan werd vroeger steevast het argument van de embargo's en belemmeringen genoemd waaraan Filips II de Nederlandse koopvaarders op het Iberische schiereiland onderwierp. Het is een oud argument, reeds te vinden bij de schrijver van het journaal van de 'Eerste Schipvaart' van de Nederlanders naar Azië in 1595-1597, Willem Lodewijcksz.[1] In 1585 had Filips II—sinds 1580 ook in het bezit van de Portugese kroon—een algemeen beslag laten leggen op alle buitenlandse schepen in de havens van Portugal en Spanje en sindsdien bleef de vaart door kleinere arresten en vrees voor nieuwe maatregelen onzeker. Ook de vaart op Lissabon werd dus getroffen, de plaats waar de Nederlandse schepen de door de Portugezen aangevoerde specerijen vandaan haalden. Toch is een directe relatie tussen deze gebeurtenissen en het zoeken van een weg vanuit Nederland naar Azië niet zo waarschijnlijk. De handel op Spanje en Portugal bleef immers bestaan—geen der betrokken partijen kon daarbuiten. Bovendien lijkt het niet aannemelijk dat in de algemene expansie van de zeehandel van de Noordelijke Nederlanden de vaart op Azië blijvend aan anderen zou worden overgelaten. En tenslotte, wat meer doorslaggevend lijkt te zijn, waren er handelsbelemmeringen van geheel andere aard, die het de Nederlandse kooplieden na 1580 steeds moeilijker maakten om van de handel in Aziatische produkten te profiteren.

Het Portugese handelsstelsel in Aziatische goederen, waarvan peper verreweg het belangrijkste was, werd rond 1580 gekenmerkt door 'contracten'. Zo was er een 'Indisch' pepercontract, waarbij het aan een groep kooplieden was toegestaan peper in India en Malakka op te kopen en tegen een vaste prijs te Lissabon aan de kroon te leveren, en een Europees contract, dat aan de *contradores* toe stond de peper weer tegen een vaste prijs van de kroon over te nemen en in Europa te distribueren. Deze *contradores* verkochten kleinere partijen aan detailhandelaren; velen van de laatsten, zoals het te Lissabon gevestigde Nederlandse handelshuis Cunertorf & Snel, hadden vertegenwoordigers te Antwerpen vanwaar de belangrijke Noordeuropese markt werd voorzien. In 1591 kwam het Europese contract in handen van een internationaal syndicaat, waarin de Portugees-Antwerpse firma Ximenes, de Zuidduitse huizen van Fugger en Welser en Spaanse en Italiaanse kooplieden aan deelnamen. Deze contractanten bezaten eigen vertegenwoordigers te Amsterdam en Middelburg. De Fuggers en Welsers werden in Amsterdam vertegenwoordigd door Hans Hunger, een koopman van Duitse afkomst maar door familiebetrekking en door een langdurig verblijf in Antwerpen thuis in het milieu van de naar Amsterdam uitgeweken Zuidnederlandse kooplieden. In Middelburg stonden de beide Duitse firma's in verbinding met Caspar Tradel en Jeremius Jenisch. Ximenes werd te Amsterdam vertegenwoordigd door de bekende burgemeester Cornelis Pietersz. Hooft en in Middelburg door Salvador de Palma. Overigens was de Amsterdamse markt voor peper zeer bescheiden. De rol van Antwerpen, sinds de afsluiting van de Schelde in 1585 grotendeels buiten spel gezet, leek door Hamburg te worden overgenomen en de Elbestad leek tot de stapel van peper voor de Noordeuropese markt uit te groeien.[2] Tegelijkertijd bleef echter het aanbod van

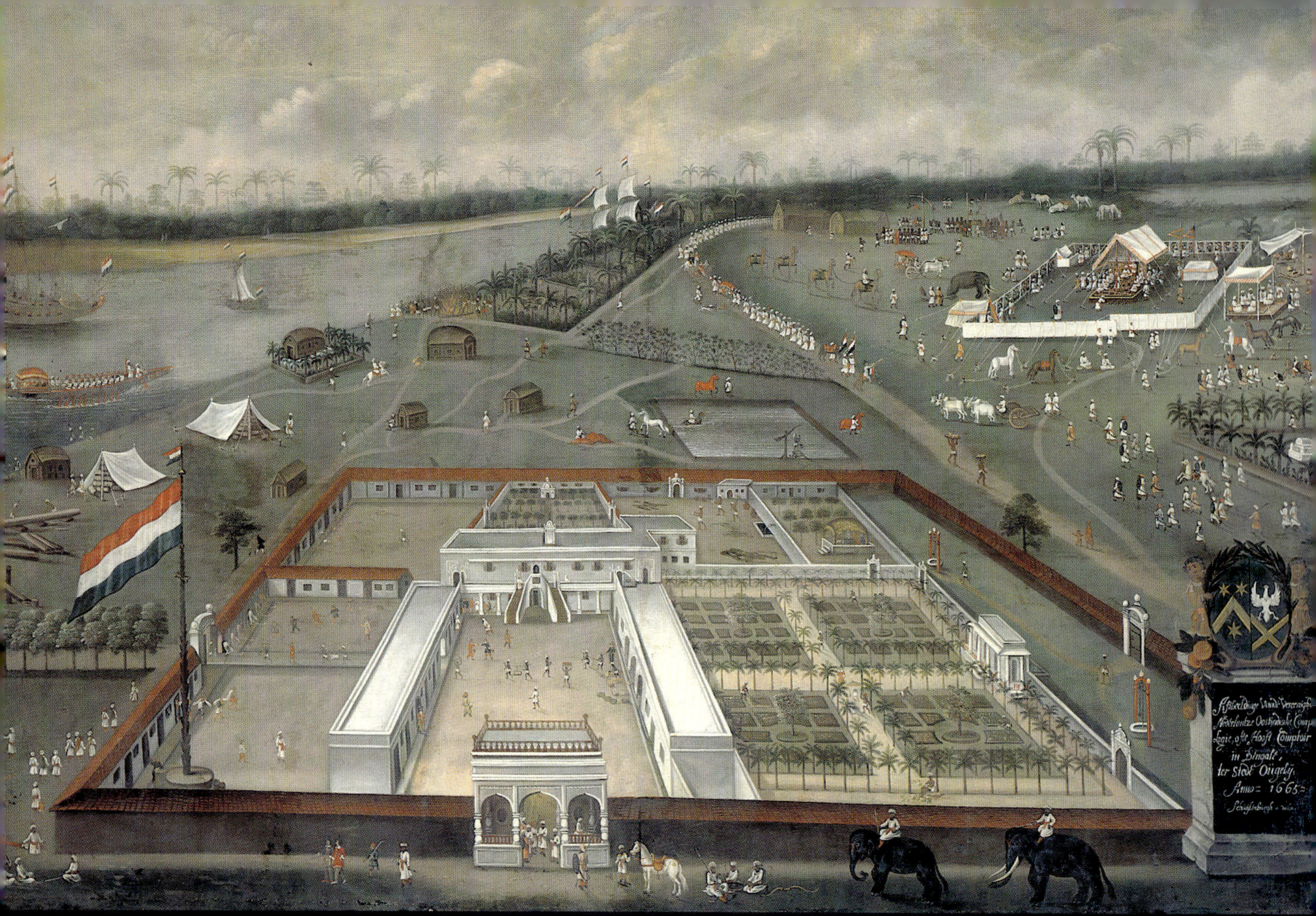

Gezicht op de VOC-factorij aan de rivier de Hougli in Bengalen. Rechts op de voorgrond het wapen van de eerste directeur van deze vestiging, *Pieter Sterthemius* (van 1656 tot 1658) en van zijn vrouw *Maria Calendrini*. (Schilderij door Hendrick van Schuylenburgh, 1665. Rijksmuseum, Amsterdam)

specerijen in Europa ver achter bij de vraag. De Portugezen, die aan het einde van de 16e eeuw toch al grote moeite hadden hun schepen veilig en op tijd vanuit Azië naar Lissabon te laten overkomen, hadden geen verweer tegen Engelse kapers in de zuidelijke Atlantische Oceaan. De aanvoer van peper naar Lissabon liep na 1592 drastisch terug en, als logisch gevolg, stegen de prijzen. Venetië, dat nog steeds een deel van de Europese markt van peper voorzag, kon deze tekorten niet aanvullen. Het is niet mogelijk om precies aan te geven in welke mate kooplieden in Holland en Zeeland van deze ontwikkelingen de dupe werden. Opmerkelijk is wel dat in de door IJzerman gepubliceerde bevrachtingscontracten betreffende de vaart op Spanje en Portugal over de periode 1591-1602 peper of andere Aziatische produkten niet worden genoemd als retourvracht vanuit Lissabon.[3] In ieder geval gaf deze ontwikkeling zowel negatieve—men werd buitengesloten—als positieve motieven—de prijs- en marktsituatie leek gunstig—voor Nederlandse handelaren om de aanvoer van peper uit Azië in eigen hand te nemen.

De mogelijkheden voor vaart op Azië waren in de Republiek ongetwijfeld aanwezig. Kapitaal was zowel door de komst van vele Zuidnederlanders als door gestegen rijkdom in het noorden voldoende aanwezig. Kennis van de route was niet langer uitsluitend aan de Portugezen voorbehouden. De cartografie had in de tweede helft van de 16e eeuw grote vorderingen gemaakt en de resultaten daarvan waren in de Noordelijke Nederlanden doorgedrongen. De uit Zuid-Nederland afkomstige geograaf (en predikant) Petrus Plancius, een leerling van Mercator, werd een belangrijke stimulator voor het openleggen van de nieuwe handelsroute en stelde zijn kennis aan reders, schippers en stuurlieden ter beschikking. Van groot belang waren ook de berichten van degenen die Azië in Portugese dienst hadden bezocht, zoals bij voorbeeld Dirck Gerritsz. 'China', wiens mededelingen waren opgenomen in de door Lucas Jansz. Waghenaer uitgegeven *Tresoor der Zeevaert* (1592). Van grote betekenis werd ook het werk van Jan Huigen van Linschoten, die in 1584 in het gevolg van de aartsbisschop van Goa uit Lissabon was vertrokken en als factor voor Fugger (die op dat moment ook deelnam in het 'Indisch' contract) in 1592 weer naar Europa was teruggekeerd. Zijn in 1596 verschenen *Itinerario* was tegelijk een routebeschrijving, een koopmansgids en verhandeling van landen en volken in Azië.[4]

Toch koos men aanvankelijk een andere dan de door de Portugezen gebruikte route. Men meende namelijk dat er een zeeweg ten noorden van het Europees-Aziatische continent was, vele malen korter, gezonder en, door het ontbreken van vijandelijke schepen, ook veiliger dan de route rond Kaap de Goede Hoop. Het is bovendien niet ondenkbaar dat men er toch wel tegenop zag het Portugese monopolie al te openlijk te doorbreken en dat men daarom ook liever de stevens noordwaarts wendde. Plancius dacht zich die doorvaart ten noorden van Nova Zembla, Van Linschoten daarentegen meende dat via Straat Nassau (de Joegor Straat) de open zee moest worden gezocht die zich tot China zou uitstrekken, een mening waarin hij gesterkt werd toen hij met een deel der schepen van de eerste expeditie (1594) de Karische Zee bereikte. Het initiatief voor deze tocht was uitgegaan van de Veerse koopman Balthasar de Moucheron, die de Staten van Holland had weten te interesseren; voorts namen Amsterdamse kooplieden eraan deel, die hun schepen de door Plancius aangewezen noordelijke koers lieten volgen. De resultaten leken veelbelovend en in 1595 werden niet minder dan zeven schepen uitgerust, die echter door ijsgang verhinderd werden de Karische Zee over te steken. Een laatste poging, nu weer via de noordelijke route, had het spectaculaire maar ongewenste resultaat van de overwintering op Nova Zembla van Willem Barentsz. en Jacob van Heemskerck tot gevolg (1596-1597).[5]

Meer succes hadden de drie koopvaarders, 'Mauritius', 'Hollandia' en 'Amsterdam' en het kleine jacht 'Duyfken' die op 2 april 1595

Jan Huigen van Linschoten (1563-1611), zoals afgebeeld in zijn *Itinerario* (1596). In de cartouches boven gezichten op Goa en Mozambique, onder Sint Helena. Maritiem Museum 'Prins Hendrik', Rotterdam.

van de rede van Texel zeilden om de zuidelijke zeeweg te beproeven. Deze kleine vloot van nieuwe schepen was door de reders, verenigd in een 'compagnie', bijzonder goed uitgerust en zwaar bewapend. Een deel van de meer dan honderd stukken geschut en van de kleinere wapens was ter beschikking gesteld door de Staten van Holland en door steden uit die provincie. De vertegenwoordigers van de reders, Cornelis de Houtman en Gerrit van Beuningen, bezaten vrijbrieven van prins Maurits. Naast goederen van uiteenlopende aard had men voor *f* 100.000 aan Spaanse realen aan boord. Cornelis de Houtman had enige tijd tevoren in Portugal 'secrete informatie' ingewonnen, Plancius had adviezen gegeven en aan de schipper (Pieter Dirksz. Keyser was 'opperpiloot') was de routebeschrijving van Van Linschoten (men kreeg de beschikking over dit werk vóór de officiële verschijningsdatum) meegegeven.
Ondanks de grondige voorbereiding verliep de reis weinig voorspoedig.[6] Dit kwam grotendeels door slechte leiding. De Houtman en Van Beuningen raakten met elkaar in conflict en door tactloos optreden werd de verhouding met de Javanen zeer gespannen. Eerst na vijftien maanden kwamen de schepen met verlies van een groot aantal mensenlevens te Bantam aan. Halverwege de reis naar de Molukken keerde men onder druk van de bemanning huiswaarts; de 'Amsterdam' werd onderweg wegens lekkage en bij gebrek aan bemanning achtergelaten en verbrand. In augustus 1597 vielen de drie resterende schepen met 87 overlevenden van de oorspronkelijk 240 koppen tellende bemanning de thuishaven binnen. De financiële uitkomsten zijn niet nauwkeurig bekend, maar het schijnt dat de meegebrachte lading de kosten nauwelijks heeft gedekt. Maar bij alle tegenslag was het ene succes doorslaggevend: de mogelijkheid van vaart op Azië was aangetoond.

Voorcompagnieën en VOC

Hoe hoog gespannen de verwachtingen bij de

kooplieden over de afzetmogelijkheden van peper en andere specerijen wel niet waren, blijkt uit de hectische activiteit die direct na terugkeer van de gehavende vloot uit Indië in tal van Hollandse en Zeeuwse havensteden losbarstte. In diverse plaatsen werden forse investeringen gedaan in expedities naar het verre Indië in de hoop op enorme winsten. Te Amsterdam werd een nieuwe onderneming opgericht, die echter al spoedig met de bestaande Compagnie van Verre fuseerde; die nieuwe combinatie, meestal Oude Compagnie genoemd, rustte in 1598 een vloot van acht schepen onder bevel van Jacob van Neck uit. Maar ook in Middelburg, Veere en Rotterdam werden compagnieën gesticht, die ter onderscheiding van de in 1602 opgerichte VOC voorcompagnieën worden genoemd. De scheepvaart op Azië ontwikkelde zich stormachtig, binnen enkele jaren werden 65 schepen, verdeeld over 15 vloten, uitgezonden. Daarvan keerden er bijna 50 schepen retour. In één slag waren de Portugezen naar het tweede plan verdrongen. Tegenover de 65 schepen die tussen 1595 en 1602 uit Nederland naar Azië vertrokken stonden—en dan van 1591 tot 1601 gerekend—slechts 46 Portugese Oostindiëvaarders die uit Lissabon naar deze verre bestemming uitzeilden. De Portugezen, zo was nu duidelijk aangetoond, waren niet in staat nieuwkomers uit de Aziatische handel te weren. Deze ontwikkeling bleef uiteraard ook in andere landen niet onopgemerkt. Als eersten reageerden de Engelsen, die zich wel veel eerder dan de Nederlanders in de Aziatische wateren hadden vertoond, maar deze expedities waren incidenteel van aard en ontbeerden een hechte financiële basis of duidelijk commercieel doel. De zeer succesvolle 'Tweede Schipvaart' van de Amsterdammers onder leiding van Jacob van Neck zou voor de Engelse kooplieden aanleiding zijn om het Nederlandse voorbeeld te volgen. Van Neck keerde in 1599 met vier rijkbeladen schepen uit Azië in Amsterdam terug: 'soo langhe als Hollant, Hollant is gheweest, en zynder so ryckelycke gheladen schepen niet aengeko-

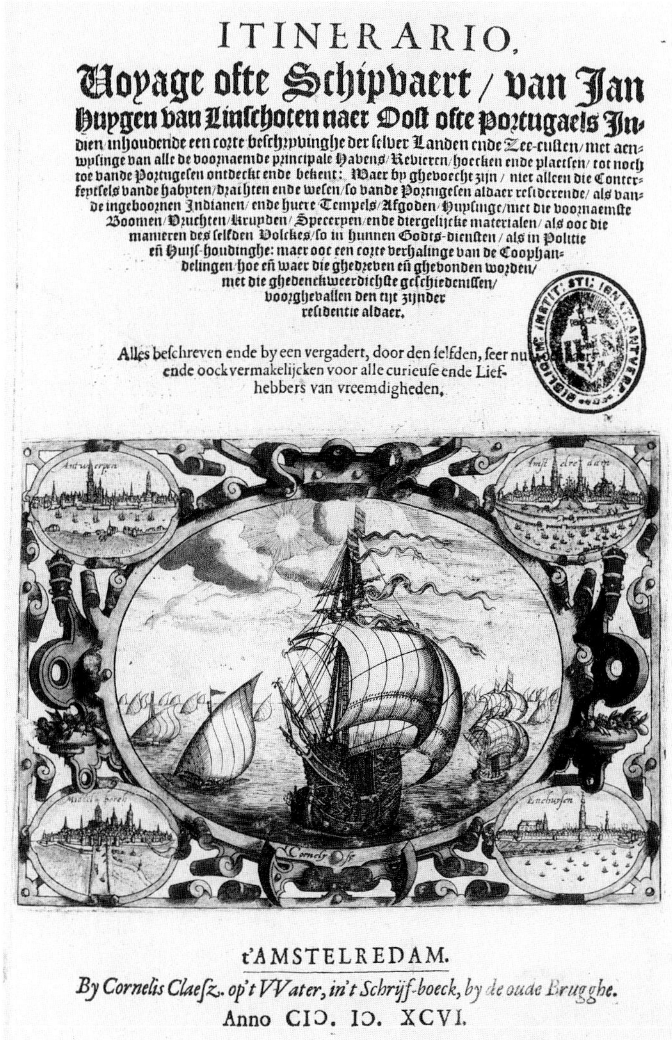
ITINERARIO.
Voyage ofte Schipvaert / van Jan Huygen van Linschoten naer Oost ofte Portugaels Indien inhoudende een corte beschryvinghe der selver Landen ende Zee-custen / met aenwysinge van alle de voornaemde principale Havens / Revieren / hoecken ende plaetsen / tot noch toe vande Portugesen ontdeckt ende bekent: Waer by ghevoecht zijn / niet alleen die Conterfeytsels vande habyten / drachten ende wesen / so vande Portugesen aldaer residerende / als vande ingeboornen Indianen / ende huere Tempels / Afgoden / Huysinge / met die voornaemste Boomen / Vruchten / Kruyden / Speceryen / ende diergelijcke materialen / als ooc die manieren des selfden Volckes / so in hunnen Gods-diensten / als in Politie eñ Huys-houdinghe: maer ooc een corte verhalinge van de Coophandelingen / hoe eñ waer die ghedreven eñ ghevonden worden / met die ghedenckweerdichste geschiedenissen / voorghevallen den tijt zijnder residentie aldaer.

Alles beschreven ende by een vergadert, door den selfden, seer nu[illegible] ende oock vermakelijcken voor alle curieuse ende Liefhebbers van vreemdigheden.

t'AMSTELREDAM.
By Cornelis Claesz. op't VVater, in't Schrijf-boeck, by de oude Brugghe.
Anno CIↃ. IↃ. XCVI.

Titelpagina van het *Itinerario. Voyage ofte Schipvaert van Jan Huygen van Linschoten naar Oost ofte Portugaels Indiën*, in 1596 te Amsterdam verschenen. Maritiem Museum 'Prins Hendrik', Rotterdam.

Zo werd met een zogenaamde jacobsstaf de geografische breedte van een schip bepaald. Afbeelding van titelpagina van Thomas Hood, ''t Gebruyck van de Zeecaarte, gheschreven in maniere van 't samensprake' (1602). Nederlands Scheepvaartmuseum, Amsterdam.

(Boven) In opdracht van de Verenigde Amsterdamse Compagnie in 1601 geslagen zilveren munt voor de handel op Azië; het is een nabootsing van de Spaanse reaal van achten. Koninklijk Penningkabinet, Leiden.

(Onder) In opdracht van de Verenigde Zeeuwsche Compagnie in 1601 te Middelburg geslagen zilveren munt; ook deze munt is een nabootsing van de Spaanse reaal van achten. Koninklijk Penningkabinet, Leiden.

Een zilver baar van 8 mark of bijna 2 kg, met het merk van de kamer Zeeland van de VOC, tussen zilveren munten voor de export naar Azië. Duidelijk zichtbaar zijn de 'zilveren rijders' of ducatons. (Wrakvondsten uit verschillende Oostindië-vaarders, Scheepvaartmuseum, Amsterdam)

HIU
NAN
QUAN
SII.
IN
DI
REG.
Æ
Pegu
EXTRA GANGEM PARS
SIAN
Camboia
SINENSIS OCEANUS
INSULÆ PHILIPPINÆ
ARCHIPELAGUS S. LAZARI
TROPICU
I. Fermosa
Lequeio minor
I. de los Reyes
I. de Sierta
I. Ainan
Tuxo
Pulo S. Polo
Doa Tavaquero
Pracel
Pulo Condor
Pulo Cici
Pulo Tigao
Calamianes
Luçon
Mindanao
Mindanao
Babuyones
C. de Bojador
C. de Engano
Moro Hermoso
Pintados
Baixos de S. Bartholome
Hæ syrtes non apparent nisi ad tria millia passuum propius accesseris
Francisco Gomez
I. dos Arecifes
I. de S. Ioannes
I. da Palmeras
I. de Talao
I. de Rao
I. de Dai
I. dos Graos
I. de Aves
BORNEO
CELEBES
Porto Canam CEIRAM
Hic hybernavit Georgius de Meniezes
Aru
Aqui in bernou Martin Afonso de melo
IAVA, quæ et IAOA dicitur
Timor
Guaon
Baixos
MARE LANTCHIDOL
NUX MYRISTICA
BEACH
Bintan
Linga
Banca
Bibilstam
Chinabato
Batochina
Batutara
Terra alta Guliam
Bachian
Xula
Burro
Ceibam
Sinomo
Buorno
Mindanao
Abiata
Lucca

'Insulae Moluccae...', kaart van Malakka, de Indonesische Archipel en de Filippijnen, ontworpen door Petrus Plancius en gedrukt door Cornelis Claesz in 1592 te Amsterdam. Onder in de kaart afbeeldingen van nootmuskaat, kruidnagel en sandelhout. De kaart stond in de catalogus van Claesz voor een waarde 2 stuivers en 8 penningen. (Maritiem Museum Rotterdam)

voc-schepen arriveren in de Tafelbaai, met Kaapstad in de achtergrond, kunstenaar onbekend. (Rijksmuseum, Amsterdam)

Tabel 1 De expedities van de voorcompagnieën

vertrek	aantal schepen	compagnie	bevelhebbers	retour
1595	4	Compagnie van Verre	Cornelis de Houtman Gerrit van Beuningen	1597
1598	3	Middelburgse Compagnie	Gerard le Roy	1600
	2	Veerse Compagnie (van o.a. De Moucheron)	Cornelis de Houtman	1600
	8	Oude Compagnie (te Amsterdam)	Jacob van Neck Wybrand van Warwijck	1599/1600
	5	Magellaanse of Rotterdamse Compagnie	Jacques Mahu en Simon de Cordes	
	4	Magellaanse Compagnie (van o.a. Van Noort, Rotterdam/ Amsterdam)	Olivier van Noort	1601
1599	3	Oude Compagnie	Steven van der Haghen	1601
	4	Oude Compagnie (eerste eskader van de vierde equipage der Amsterdammers)	Jacob Wilckens	1601/1602
	4	Nieuwe Brabantse Compagnie (Amsterdam)	Pieter Both	1601
1600	6	Oude Compagnie (tweede eskader van de vierde equipage)	Jacob van Neck	1602/03/04
	2	Nieuwe Brabantse Compagnie	Guillaume Senescal	1602
1601	4	Verenigde Zeeuwse Compagnie (Middelburg)	Gerard le Roy en Laurens Bicker	1602/1603
	5	Oude Compagnie	Wolfert Harmensz	1603
	8	Verenigde Compagnie te Amsterdam	Jacob van Heemskerck	1602/1604
	3	Compagnie van De Moucheron	Joris van Spilbergen	1604

Bron: J. R. Bruijn e.a. (eds.), *Dutch-Asiatic Shipping* II, 2-15; III, 2-11.

men'.[7] Het antwoord in Londen was de oprichting van een compagnie naar Hollands voorbeeld, deze East India Company (EIC) kreeg van de Engelse koning het monopolie voor de vaart van Engeland op Azië.
Toch hield de explosieve groei van deze vaart het gevaar in even snel weer in het tegendeel om te slaan. De felle concurrentie, vooral tussen de Zeeuwen en Amsterdammers, ondermijnde de economische basis van de handel op Azië. De Aziatische leverancier profiteerde van de toegenomen vraag door de komst van de Nederlanders, en het aanbod van specerijen op de Europese markt werd zo overvloedig dat daar de prijzen daalden. Dit ging uiteraard ten koste van de winstmarges van de kooplieden. Het waren vooral economische en niet de militaire motieven, die de overheid en de landsadvocaat van Holland, Johan van Oldenbarnevelt, ertoe brachten om de kooplieden tot samenwerken te bewegen. Toen echter die 'vereniging' binnen bereik

kwam, werd de vaart op Azië ook steeds meer tot een agressief en militair wapen tegen de Spanjaarden en Portugezen omgesmeed. Vooreerst stuitte samenwerking echter op grote moeilijkheden, vooral van de kant van de Zeeuwen, die uit een niet geheel ongerechtvaardigd wantrouwen tegen een Amsterdams overwicht tegenstribbelden. Samengaan vond wel op regionaal niveau plaats: in 1600 sloot zich een aantal deelnemers van de Veerse compagnie bij de Middelburgers aan en kwam een Verenigde Zeeuwse Compagnie tot stand. Balthasar de Moucheron bleef er echter met enkele getrouwen buiten. Kort daarop sloten de kooplieden te Amsterdam, waar naast de Oude Compagnie een 'Nieuwe Brabantse Compagnie' was gevormd, zich aaneen; de 'Eerste Verenigde Compagnie op Oost-Indië tot Amsterdam' verkreeg een stedelijk monopolie. In andere Hollandse steden echter waren nieuwe compagnieën in oprichting zodat de concurrentie eerder toe dan af leek te nemen. In 1601 maakten de Staten van Holland de zaak aanhangig bij de Staten-Generaal en ditmaal konden de Zeeuwen zich niet aan de druk onttrekken—zelfs Maurits werd ingeschakeld om hen te overreden—en tenslotte werd een formule gevonden waarmee alle partijen instemden.

In het 'octroy opte vereeninge der compagnieën' dat de Staten-Generaal op 20 maart 1602 konden arresteren, was het resultaat van de moeizame onderhandelingen vastgelegd. Het meest essentiële was wel het monopolie dat voor de duur van 21 jaar aan de Verenigde Oostindische Compagnie werd verleend voor de vaart vanuit de Republiek beoosten Kaap de Goede Hoop en door Straat Magalhanes. Een groot aantal bepalingen waren ontleend aan de bestaande organisatorische vorm van de voorcompagnieën, gecombineerd met enkele nieuwe voorschriften. De voorcompagnieën worden wel gelegenheidsondernemingen genoemd, omdat deze slechts voor één expeditie werden gevormd. De initiatiefnemers, de bewindhebbers, brachten het benodigde kapitaal bijeen, dat niet alleen door hen zelf maar ook door participanten was gefourneerd. Zo legde Vincent van Bronkhorst voor *f* 39.125 in voor de Tweede Schipvaart van Van Neck, waarvan *f* 31.525 eigen geld en *f* 7.600 van participanten afkomstig was. Ondanks de inleg via de bewindhebbers beschouwden de participanten zich, zoals Van Dillen heeft aangetoond, als vennoot van de compagnie; het aandeel of 'part' was overdraagbaar.[8] Intussen berustte de invloed op de feitelijke gang van zaken uitsluitend bij de bewindhebbers. Er vond geen reservering van kapitaal plaats: al het geld werd in de expeditie gestoken, na terugkeer werden goederen en schepen verkocht en vervolgens werd het kapitaal met eventuele winst—uiteraard naar rato van inleg—aan de participanten uitgekeerd. Omdat veelal dezelfde bewindhebbers weer een nieuwe expeditie op touw zetten, was er toch een zekere continuïteit en kon men spreken van een eerste, tweede en derde etcetera equipage of schipvaart van eenzelfde compagnie. Het is bovendien niet geheel zeker of de afwikkeling na terugkeer van de vloten altijd op een dergelijke wijze heeft plaatsgevonden. Waarschijnlijk is dat na de 'Eerste Schipvaart' niet gebeurd en is de tocht van Van Neck in 1598 ten dele met hetzelfde kapitaal gefinancierd; mogelijk is ook een deel van de opbrengst van deze 'Tweede Schipvaart' weer gestoken in de vierde uitrusting van de Oude Compagnie in 1599/1601.

De meeste bepalingen van het octrooi van 1602 hadden betrekking op de inrichting van de VOC in de Republiek.[9] In steden waar voorcompagnieën gevestigd of in oprichting waren, kwamen nu de zes kamers: Amsterdam, Zeeland (Middelburg), Rotterdam, Delft, Hoorn en Enkhuizen. De verdeling van de activiteiten als bouw en uitrusting van de schepen of verkoop van goederen was nauwkeurig vastgelegd: Amsterdam nam de helft, Zeeland een kwart en de overige kamers ieder één zestiende voor hun rekening. Het vastleggen van deze verdeelsleutel in het octrooi, dus nog voordat kapitaal was ingeschreven, was vooral voor Zeeland van belang. De Zeeuwen vreesden dat bij een verdeling van de activiteiten op grond van de kapitaalinleg bij de kamers, Amsterdam de overige zou overvleugelen. Een terechte vrees naar korte tijd later bleek: bij de kamer Amsterdam werd inderdaad meer dan de helft van het totale kapitaal ingelegd. Het totale aantal bewindhebbers, dezelfde als van de voorcompagnieën, bedroeg in 1602 zesenzeventig en zou men tot zestig terugbrengen door in geval van overlijden geen nieuwe te benoemen. De kamer Amsterdam telde twintig bewindhebbers, Zeeland twaalf, in de kleine kamers bestonden de bewindhebbers uit zeven personen. Per kamer kozen de bewindhebbers twee of drie maal per jaar afgevaardigden uit hun midden, die vervolgens enige weken in Amsterdam (zes jaar achtereen) of Middelburg (twee jaar achtereen) vergaderden om het centrale beleid te bepalen. In deze 'Vergadering der Heren Zeventien' hadden acht Amsterdamse bewindhebbers zitting, vier Zeeuwse en één uit elk der kleinere kamers, terwijl het zeventiende lid bij toerbeurt door Zeeland of één der kleine kamers werd afgevaardigd. In theorie kon Amsterdam dus overstemd worden, maar in de praktijk was het overwicht van deze grote kamer op de kleinere wel zodanig dat zij haar zin meestal kon doorzetten. Nieuwe bewindhebbers zouden worden aangesteld door de Staten van Holland en Zeeland, maar in Holland werd deze bevoegdheid al in 1602 overgedragen aan de burgemeesters van de betreffende steden. Een principieel verschil met de situatie vóór 1602 was dat de bewindhebbers niet in persoon aansprakelijk waren voor schulden uit naam van de Compagnie aangegaan. De aandeelhouders waren slechts aansprakelijk tot het bedrag van hun inleg en in dit opzicht kwamen bewindhebber en participant dus op één lijn te staan.

Kenmerkend voor de 'geoctrooieerde' compagnie is de overdracht van soevereine rechten: De Staten-Generaal stond de VOC toe uit haar naam forten te bouwen, gouverneurs

Eerste pagina van het door de Staten-Generaal aan de VOC verleende octrooi, met zegel, 20 maart 1602. Algemeen Rijksarchief, Den Haag.

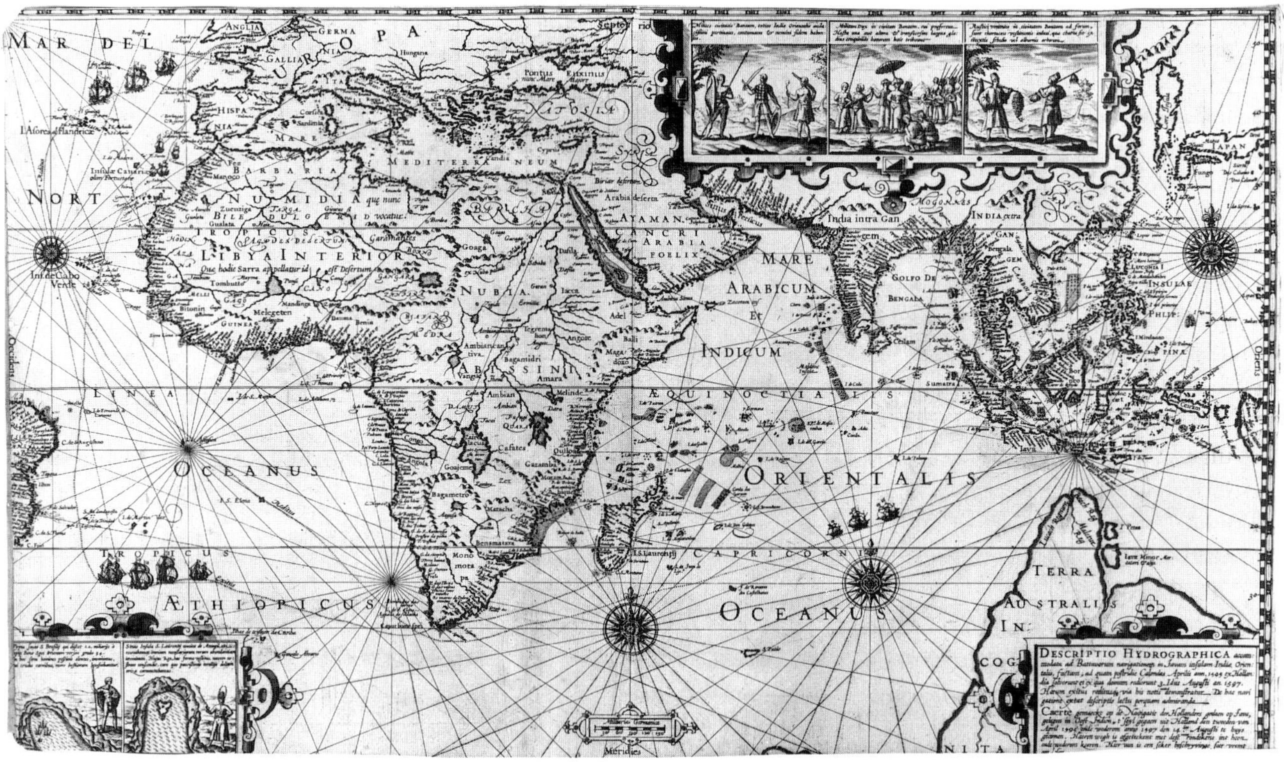

Plancius' kaart van de reis van de Eerste Schipvaart, 1598. Op de kaart zijn de schepen van de kleine vloot afgebeeld, met de stippellijn is de route aangegeven. Maritiem Museum 'Prins Hendrik', Rotterdam.

aan te stellen, soldaten te legeren en verdragen te sluiten. De controle van de Staten was vrij gering: de instructies voor de gouverneurs moesten door haar worden goedgekeurd en de hoogste gezagsdragers van de VOC legden een eed af ten overstaan van de Staten-Generaal, regels die al spoedig niet meer werden nagekomen; voorts moesten teruggekeerde bevelhebbers verslag uitbrengen van de stand van zaken in Azië.

Tenslotte was bepaald dat het kapitaal niet meer als voorheen voor één expeditie, maar voor de duur van tien jaren zou worden ingelegd. Voor de eenentwintig jaar durende looptijd van het octrooi zou dit betekenen dat na het eerste jaar, 1602, waarin een vloot met kapitaal van de voorgangers zou worden uitgerust, twee tienjaarlijkse rekeningen zouden ontstaan, lopend tot eind 1612 respectievelijk eind 1622. Men had het kapitaal dus nog niet voor de totale duur van de onderneming durven of willen vastleggen. Ook de regeling ten aanzien van de dividenduitkering paste meer bij de oude gedachte, waarbij het kapitaal na enige tijd weer zou worden geliquideerd: het octrooi schreef voor dat zodra er na verkoop van de retouren 5% van het oorspronkelijk kapitaal in kas was, dividend zou moeten worden uitgekeerd aan de participanten.

In sommige bepalingen kan men een stap vooruit zien bij vergelijking met de inrichting der voorcompagnieën, zoals wordt benadrukt door die schrijvers die de ontwikkeling tot aan de moderne naamloze vennootschap doortrekken. De Deense historicus Steensgaard spreekt van een 'metamorfose'[10]. Niet alleen was de doelstelling van de VOC ruimer,—ook militair optreden was daar onderdeel van—de octrooiverlening resulteerde in een onderneming met een geheel ander karakter. Deze gedaantewisseling bleek misschien nog niet zo duidelijk in 1602, maar werd ook voor de participanten na het verstrijken van de eerste tien jaar pijnlijk zichtbaar. De participanten hadden even weinig invloed als voorheen, maar konden niet als bij de voorcompagnieën een eventueel afkeurenswaardig beleid van de bewindhebbers 'afstraffen' door geen geld meer ter beschikking te stellen voor een volgende equipage. Deze laatsten waren daardoor in staat om het spanningsveld tussen gelegenheidsonderneming en duurzaam bedrijf, dat door regels van het octrooi was geschapen, te overbruggen. Aan de 5% regeling werd niet de hand gehouden en de liquidatie van de eerste tienjarige rekening, die in 1612 had moeten plaatsvinden, bleef achterwege. Uiteraard haalden de bewindhebbers zich door deze politiek de woede van de aandeelhouders op de hals maar, gesteund als zij zich wisten door de Staten-Generaal, zetten zij hun politiek door.

Kapitaal en uitredingskosten

In de vaart op Azië werden van begin af aan grote kapitalen geïnvesteerd. Voor de uitrustingen van de Compagnie van Verre en haar opvolgers te Amsterdam is het mogelijk een vrij volledig overzicht te geven (zie tabel 2). De bereidheid van Amsterdamse kooplieden om grote sommen te riskeren wordt nog geaccentueerd door het feit dat gelden beschikbaar werden gesteld nog voor de resultaten van voorafgaande vloten bekend konden zijn. Zo werd in 1602 ruim *f* 1,7 miljoen voor de zes Amsterdamse schepen van de vloot van Van Warwijck gefourneerd, terwijl op dat moment nog geen enkel schip uit de vloot van Harmensz. of Van Heemskerck in patria was teruggekeerd.

De financiële resultaten van deze Amsterdamse expedities zijn minder nauwkeurig bekend. De 'Tweede Schipvaart' die een legendarisch succes werd, zou een winst van 399% hebben opgeleverd. De winsten van de daaropvolgende expedities waren minder spectaculair. De nettowinst van de tocht van Van Heemskerck bedroeg bijna *f* 1,2 miljoen; deze winst werd met het ingelegde kapitaal tussen mei 1604 en maart 1613 aan de participanten uitgekeerd. De aandeelhouders in de vloot van de 'Veertien Schepen' ontvingen tussen 1605 en 1614 265%, dus 165% meer dan de oorspronkelijke inleg.

In het licht van de in de voorcompagnieën geïnvesteerde bedragen is de som van *f* 3.679.915, die door de participanten in het eerste aandeelhoudersregister van de kamer Amsterdam werd ingeschreven, niet buitengewoon. De inschrijvers behoefden bovendien dit bedrag niet direct te storten. De VOC vroeg het geld op in vier termijnen tussen 1603 en 1606. De bedragen waarvoor bij de kamers buiten Amsterdam was ingetekend, lagen een flink stuk lager. Behoudens enkele kleine aanpassingen waardoor het bedrag in 1693 tenslotte op *f* 6.440.200 uitkwam, is dit aandelenkapitaal nooit uitgebreid.
Ook de bedragen besteed aan de eerste uitrustingen van de kamer Amsterdam van de VOC zijn in vergelijking met de gelden die de voorcompagnieën aan hun expedities hadden besteed, niet buitengewoon. Voor de eerste vloot van de VOC onder bevel van Steven van der Haghen, vroeg de kamer Amsterdam een kwart van het ingelegde kapitaal op, voor de twee daaropvolgende uitrustingen in 1605 en 1606 steeds één derde. Het restant van het kapitaal, één twaalfde, werd in de vierde expeditie gestoken. De uitgaven van de vloten waren echter hoger dan het ingelegde kapitaal—voor de kamer Amsterdam ging het om een bedrag van *f* 887.775. Dit geld zal voor een deel gekomen zijn uit de verkopen van uit Azië ontvangen produkten, voor een deel ook uit de leningen die de VOC al direct in 1603 aanging.
Vooralsnog bleven de inkomsten achter bij de uitgaven. De eerste vloten van de nieuwe onderneming waren extra zwaar bewapend en de admiraals hadden de opdracht steunpunten van de Portugezen in Azië aan te tasten. Het laveren tussen Mars en Mercurius wierp echter weinig vruchten af. Natuurlijk waren de bewindhebbers er snel bij om de rekening voor deze extra kosten bij de Staten-Generaal te leggen, deze inspanningen immers kwamen ten goede aan oorlogvoering tegen de vijand van de jonge Republiek. Inderdaad gaven de Staten-Generaal de VOC na 1609 enkele jaren een forse subsidie van ruim honderdduizend gulden. Daarbij speelde echter mee, dat in het inmiddels afgesloten Twaalfjarig Bestand met Spanje Azië buiten beschouwing was gelaten, de vijandelijkheden zouden daar dus voortgaan en de Compagnie zou de middelen moeten hebben om die strijd te kunnen voeren.
Voorts werd het geduld van de participanten op de proef gesteld. Eerst in 1610 ontvingen zij hun eerste dividend, en dat nog wel in natura: in april 1610 werd een dividend van 75% in foelie uitgekeerd, in november van dat jaar 50% in peper en in december tenslotte 7½% in geld. In 1612 volgde nog eens 30% in noten. Handig genoeg hadden de Heren Zeventien de foelie en de muskaatnoten ter beschikking gesteld op een moment dat de markt verzadigd was en deze specerijen dus moeilijk verkoopbaar waren. In de praktijk kwamen de aandeelhouders dan ook op een lager dividend uit. Een aantal participanten weigerden deze uitkeringen in natura en deze weigeraars ontvingen jaren later, in 1618, betaling in contant geld.
De bewindhebbers hadden echter nog meer listen achter de hand. Eind 1612 achtten zij de financiële situatie van de Compagnie precair; er waren in het najaar 1612 slechts twee schepen uit Azië teruggekeerd. Voor het vertrek van de vloot van 1613 wendden zij zich tot de aandeelhouders met een assurantieplan.[11] Het was geen gewone zeeverzekering, zoals gewoonlijk verzekerde de VOC ook deze keer noch haar schepen, noch de goederen op haar schepen. De intekenaren op het assurantiecontract zouden eerst dan worden aangesproken indien er voor augustus 1616 minder dan *f* 3.200.000 aan Aziatische retourgoederen in de pakhuizen van de kamers zou liggen. De assurantie betrof, in feite een garantie op de voortzetting van het bedrijf indien de VOC door het uitblijven van schepen uit Azië in financiële problemen mocht geraken. Voor intekening werden met name de participanten uitgenodigd, zodat 'sij de premie selfs genieten' konden, een premie van 5%, die overigens pas in mei 1614 uitbetaald zou worden. Het lag in de bedoeling van de

Tabel 2 Kapitaal door de Compagnie van Verre en haar opvolgers te Amsterdam in de uitrustingen geïnvesteerd

			kosten equipage	cargasoen	ingelegd kapitaal
1	1595	4 Schepen, De Houtman	170.000	120.000	290.000
2	1598	8 Schepen, Van Neck	372.312	396.738	768.466
3	1599	3 schepen, Van der Haghen	158.408	?	?
4	1599/1600	4 schepen, Wilckens } 6 schepen, Van Neck }	638.121	294.500	914.205
5	1601	5 schepen, Harmensz.	224.601	?	?
6	1601	8 schepen, Van Heemskerck	609.741	704.900	1.334.473
7	1602	6 Amsterdamse schepen, die onder beheer van de VOC in de vloot van 'Veertien' onder Van Warwijck voeren	622.382	1.115.944	1.738.325

NB 1. Misschien bedroeg het kapitaal van de vierde uitrusting *f* 1.660.483 omdat geld van de Tweede Schipvaart ter beschikking was gesteld.
2. De totale kosten van uitreding voor de 'Veertien Schepen' (1602) bedroegen *f* 1.154.723.

Bron: Algemeen Rijksarchief (ARA), coll. Hugo de Groot, Suppl. 1, f. 574; Van Dam, *Beschryvinge*, 1, eerste deel, 14-16; Keuning, *De Tweede Schipvaart*, 1, XIVI.

bewindhebbers dat de participanten zich voor de helft van hun aandeel in de Compagnie zouden verbinden—niet toevallig bedroeg de som waarom het ging de helft van het aandelenkapitaal. Bovendien waren er nogal wat aandeelhouders die de uitkeringen in natura hadden geweigerd en van deze participanten had de Compagnie dus nog een onderpand! Niet voor niets hadden de Heren Zeventien besloten die participanten die de uitkering wel geaccepteerd hadden bij intekening op de assurantie op hun kredietwaardigheid te toetsen.

Voor afloop van de looptijd van het eerste octrooi in 1622 ontvingen de participanten nog één keer, in 1620, en dividenduitkering, die 37½% bedroeg. In totaal had de Compagnie tussen 1602 en 1622 200% dividend uitgekeerd, dus 10% per jaar. Tevreden waren de aandeelhouders niet. Het rendement op hun investering was ver achter gebleven bij de verwachtingen. Zij hadden bovendien geen enkel inzicht gekregen in de financiële stand van zaken, de bewindhebbers hielden hun boeken stijf gesloten. En dan was er ook nog de reeds genoemde irritatie over het uitblijven van de liquidatie van de eerste tienjarige rekening. Maar voor de bewindhebbers telde de continuïteit van de onderneming. Vanuit Azië had met name Jan Pietersz. Coen, die daar sinds 1619 als gouverneur-generaal het hoogste ambt uitoefende, aangedrongen op het zenden van veel schepen en omvangrijke fondsen om overzee een omvangrijk handelsnet te kunnen stichten.

Door zich in Nederland de participanten van het lijf te houden, slaagden de bewindhebbers er inderdaad in, in Azië een permanent handelskapitaal te vormen. Daarin lag voor een belangrijk deel de sleutel tot het succes van de VOC in de 17e eeuw. De voornaamste concurrent van de VOC, de Londense East India Company, miste die kapitaalkracht, wist geen permanent aandelenkapitaal te vormen en kon daardoor ook in Azië geen partij bieden aan de kapitaalkrachtige Nederlanders.

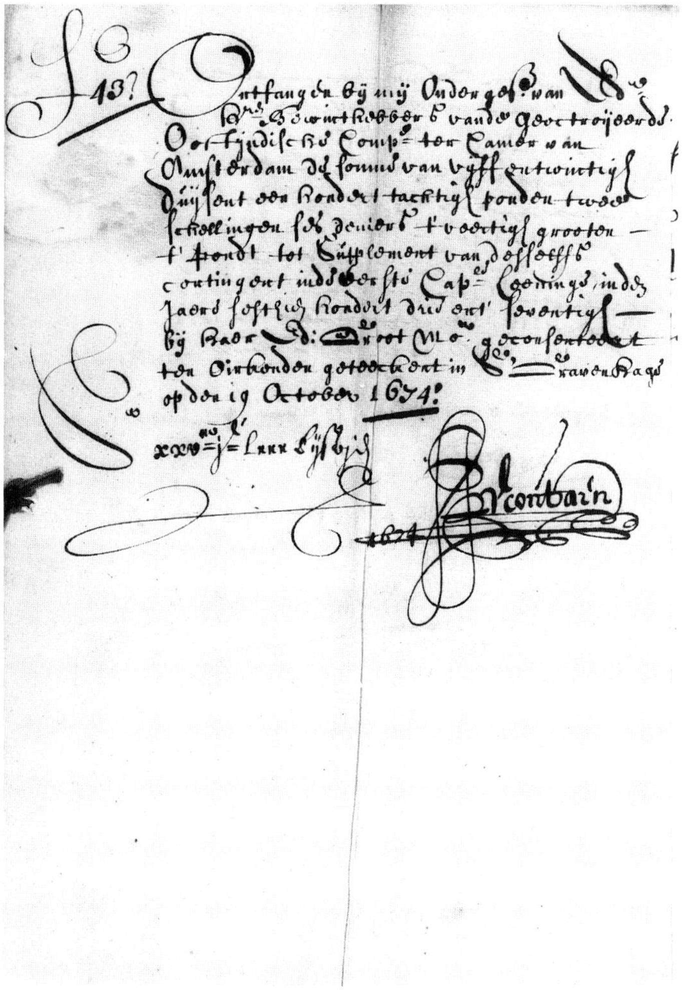

Kwitantie, door de Staten van Holland aan de bewindhebbers van de VOC afgegeven voor de betaling van 25.180 ponden (van één gulden), 2 schellingen (à 6 stuiver) en 6 deniers (of penningen van 1/16 stuiver). Het bedrag was onderdeel van de lening van de VOC van twee miljoen gulden. Algemeen Rijksarchief, Den Haag.

Tabel 3 Het bij de kamers der VOC ingelegde kapitaal

Amsterdam	*f* 3.679.915
Zeeland	*f* 1.300.405
Delft	*f* 469.400
Rotterdam	*f* 173.000
Hoorn	*f* 266.868
Enkhuizen	*f* 540.000
Totaal	*f* 6.424.588

Bron: De Korte, *De jaarlijkse financiële verantwoording*, 2.

Financiering en dividendbeleid in de 17e eeuw

De bewindhebbers waren voor de financiering van hun bedrijf niet uitsluitend aangewezen op aandelenkapitaal, zij deden tevens een beroep op de kapitaalmarkt door leningen uit te schrijven. Al in 1603 leende de kamer Amsterdam enig geld en in 1604 financierden enkele kamers de bouw van nieuwe schepen met leningen. Vanaf 1622 en mogelijk al eerder gaven de kamers voor opgenomen gelden obligaties uit, meest met een korte looptijd van 6 maanden of, zoals na 1670 regel werd, van één jaar. Geld op langere termijn werd voor het eerst in 1665 aangetrokken, waarschijnlijk in verband met de steun die de VOC in de Tweede Engelse Oorlog aan de Staten-Generaal verleende. Naast de obligaties kende de VOC nog een andere vorm van krediet: de 'anticipatiepenningen'. In principe waren dit voorschotten op de komende veilingen, die de kooplieden op rekening van de Compagnie stortten. In ruil hiervoor ontvingen deze kooplieden rente en genoten zij preferentie bij de aankoop van specerijen op veilingen van de Compagnie. Niet alleen kooplieden, maar ook de Wisselbanken van Amsterdam, Middelburg en Rotterdam verschaften de Compagnie dergelijke kortlopende kredieten. De financieringspolitiek die de bewindhebbers in de 18e eeuw voerden, is

Tabel 4 Kapitaal door de kamer Amsterdam in de eerste vier expedities geïnvesteerd

		kosten equipage	cargasoen	ingelegd kapitaal
1603	7 schepen, Van der Haghen	580.006	413.052	922.379
1605	7 schepen, Matelieff	813.058	624.624	1.220.719
1606	3 schepen, Van Caerden	462.559	367.587	1.217.368
1607	8 schepen, Verhoeff	763.605	532.300	308.550
Totaal		2.619.228	1.937.563	3.669.016

Bron: De Korte, *De jaarlijkse financiële verantwoording*, 10.

sterk gekritiseerd omdat de VOC toen tegen een hoge, snel opeisbare schuld geen snel realiseerbare activa kon stellen. In de 17e eeuw was de politiek meer solide. Toch dreigde de oorlog van 1672, net als ruim een eeuw later in 1780 de Vierde Engelse oorlog dat zou doen, een spaak in het wiel te steken.[12]

In feite kon de Compagnie gedurende de 17e eeuw moeilijk van haar schuld afkomen; regelmatig werden schulden afgelost, maar steeds werden nieuwe aangegaan. De hoogte van de opgenomen bedragen varieerde tussen de *f* 10 à 12 miljoen per jaar. In 1672 echter waren de bewindhebbers gedwongen de aflossing van obligaties op te schorten. De VOC ondervond daarbij steun van de Staten van Holland en Zeeland, die een lening van *f* 2 miljoen uit handen van bewindhebbers hadden gepeuterd en hen in ruil daarvoor onder meer vrijwaarden tegen de protesten van de schuldeisers. Het was nu onmogelijk geworden nieuwe leningen te sluiten en derhalve waren de bewindhebbers nu uitsluitend aangewezen op 'anticipatiepenningen'. Omdat schepen uit Azië bleven binnenkomen en de opbrengsten uit de verkopingen niet geheel wegvielen, konden de kredieten binnen de perken blijven; de gelden op anticipatie kwamen niet boven de *f* 2,5 miljoen uit—in 1779 was dit *f* 11 miljoen! Tevens werden in de volgende jaren de kredietfaciliteiten van de Amsterdamse Wisselbank verruimd. In 1680 keurde de vroedschap van Amsterdam goed dat de bank de kamer Amsterdam van tijd tot tijd krediet zou mogen verlenen tot een bedrag van *f* 1,7 miljoen. Nog gunstiger voor de VOC was de verandering in de houding van de schuldeisers. Van deze zijde was in 1672 sterk op aflossing aangedrongen, maar enkele jaren later bleken velen van hen bereid te zijn hun tegoeden onder de Compagnie te laten. Toen de bewindhebbers in 1685 in staat waren tot aflossing van een deel der schulden, maakten ze handig gebruik van deze houding: wie dat wenste kon zijn obligaties verzilveren, wie dat niet wilde moest erin toestemmen dat de obligaties onopeisbaar zouden worden bij gelijktijdige verlaging van de rentevoet van 4 naar 3½%. Voor obligaties, die in de vorm van dividend aan participanten waren uitgekeerd, werden dezelfde maatregelen getroffen. Het resultaat van deze verstandige politiek van de bewindhebbers was verre van een situatie waarin de Compagnie zich moest behelpen met een, zoals de historicus Mansvelt het noemde, 'schamel restje derderangs liquiditeiten'.[13] In feite werd het vast kapitaal van de onderneming, zij het op andere basis dan op aandelen, uitgebreid en wel met *f* 6,2 miljoen door 'gewone' obligaties en nog eens *f* 6 miljoen door obligaties voortkomend uit dividenduitkeringen. Pas in 1699 gingen de bewindhebbers ertoe over een

gedeelte van de obligaties af te lossen.
Niet alleen ten aanzien van de financiering, maar ook ten aanzien van de dividendpolitiek zijn de bewindhebbers door latere schrijvers sterk gekritiseerd. De opvatting dat de Heren Zeventien ongeacht de financiële situatie, of zelfs met het oogmerk deze te verdoezelen, met gulle hand uitkeringen zouden hebben gedaan, is voor de 17e eeuw onjuist. Zoals reeds werd opgemerkt gold voor de periode van het eerste octrooi in ieder geval het omgekeerde: eerst moesten de participanten lang wachten op een uitkering en vervolgens werden ze afgescheept met een uitkering in natura. De voor de voortzetting van het compagniebedrijf noodzakelijke verlenging van het octrooi in 1622 bood de participanten gelegenheid pressie op de bewindhebbers uit te oefenen en de zaak voor de Staten-Generaal te bepleiten. Participanten drongen aan op een jaarlijkse uitkering van tenminste 10%, maar de bewindhebbers wisten de boot af te houden door aan dat voorstel de nodige mitsen en maren toe te voegen. De uitkering zou pas kunnen plaatsvinden wanneer de schulden in patria in behoorlijke mate zouden zijn afgelost en de noodzakelijke uitrusting naar Azië zou zijn bekostigd. Toch nam na 1623 de ontevredenheid onder de participanten af, de dividenden kwamen regelmatiger en vanaf 1630 werd bijna ieder jaar dividend uitgekeerd.
Het tijdstip waarop binnen de cyclus van het uitrusten en het vertrek van de schepen en van de thuiskomst der retourvloten de beslissing over het dividend viel, is, althans tot 1670, zeer opvallend.[14] Meestal stelden de Heren Zeventien in augustus of september de hoogte van de uitkering vast. De beslissing viel ná aankomst van de retourvloot, maar vóór de verkoop van de aangebrachte goederen in de herfst en ver voor het opmaken van het jaarlijks financieel overzicht. De hoogte van de uitkering werd grotendeels gebaseerd op de verwachte opbrengst der verkopingen. Nu was dit minder speculatief dan op het eerste gezicht lijkt: de retouren bestonden in deze tijd nog voor een groot deel uit peper en andere specerijen, en hoewel de VOC daarin nog geen monopolie bezat—wel in nootmuskaat en foelie—kende men de omvang van de markt. De aanvoer van de voornaamste concurrenten, de Engelsen en Portugezen, werd door de bewindhebbers nauwkeurig in het oog gehouden. De prijzen op de veilingen konden dus binnen redelijke grenzen worden voorspeld. Bovendien werden tussen 1630 en 1644 voornamelijk uitkeringen in nagelen gedaan, een handelwijze die in rechtstreeks verband stond met de marktpolitiek. De bewindhebbers voerden daarmee een politiek van dumping ten koste van de Engelsen en bovendien werd de afzet door de dalende prijs gestimuleerd. Van 1645 tot 1672 volgden jaarlijkse uitkeringen in geld, in 1671 zelfs 60%. Maar de financiële problemen van 1672 maakten op slag een eind aan deze regelmaat. In 1673 losten de Heren Zeventien de kwestie handig op door de obligaties ten laste van het land, die zij in ruil voor de aan hen opgedrongen lening aan de staat (zie hierboven) hadden ontvangen, als dividend aan de participanten door te geven. Daarna werd tot aan 1685 slechts één maal normaal dividend betaald (in 1676), in enkele jaren werd niets gegeven, vier maal ontvingen de aandeelhouders onopeisbare obligaties. Het is opvallend dat in de discussie over de vaststelling der bedragen de kamer Amsterdam zich meestal voorzichtiger betoonde dan de overige kamers, maar in de Vergadering der Zeventien het moest afleggen tegen een andersdenkende meerderheid. Wel werd men het er in 1680 over eens dat het besluit dienaangaande pas genomen diende te worden na verkoop der retouren en het opmaken van de jaarlijkse staat, zodat er meer inzicht was in de financiële positie van de kamers.
De VOC gaf geen aandeelbewijzen uit; transacties—meestal in ronde bedragen van *f* 3000—werden bijgeschreven in de boeken van de kamers. Al spoedig ontstond er een levendige handel in de aandelen en werden deze een speculatieobject. Natuurlijk was de waarde sterk aan schommelingen onderhevig.

Kort na de inschrijving stegen de acties tot 15% boven pari, daarna volgde een daling, maar door de hoge verwachtingen gewekt door de thuiskomst van de schepen van Steven van der Haghen kwam de koers in 1606 boven de 200%. Mede door speculatie *à la baisse* van Isaac le Maire daalde de waarde kort daarop, in 1610 weer tot 126%. In de loop der 17e eeuw werden de aandelen echter een gezochte belegging. Uiteraard volgden de koersen die meest boven de 400% lagen, de wisselvalligheden in de handel. Ook de obligaties van de Compagnie werden druk verhandeld. De VOC groeide aldus uit tot het belangrijkste fonds op de Amsterdamse beleggingsmarkt.

Bewindhebbers en participanten

Over de persoon en achtergrond van de bewindhebbers van de voorcompagnieën en van de VOC in 1602 is vrij veel bekend.[15] Het valt dan ook nauwkeurig vast te stellen hoe groot de inbreng van de Zuidnederlanders is geweest. Van de negen bewindhebbers van de Compagnie van Verre waren er twee, Jan Janz. Kaerel en Dirck van Os, uit de Zuidelijke Nederlanden afkomstig, één; Jan Poppen, was van Duitse origine. De oprichters van de tweede compagnie te Amsterdam, die al spoedig met de eerste samensmolt tot de 'Oude Compagnie', waren Noordnederlanders. De bewindhebbers van de Brabantse Compagnie daarentegen kwamen bijna alle uit het zuiden, op Reynst en Hunger (een Duitser) na, die beiden echter met Zuidnederlandse families verwant waren. Te Rotterdam was de expeditie van Mahu en De Cordes, met Pieter van der Haeghen en Johan van der Veken als belangrijkste bewindhebbers, een Zuidnederlandse aangelegenheid, de onderneming van Van Noort was weer uitsluitend Hollands. Ook in Zeeland bestond een dergelijke scheiding; daar was het Zuidnederlandse element vooral vertegenwoordigd in de Veerse Compagnie van Balthasar de Moucheron, die zelf in 1585 van Antwerpen naar Middelburg was verhuisd en zich in 1598 te Veere had gevestigd.

Er is terecht op gewezen dat niet louter door hun aantal of kapitaal de immigranten uit Antwerpen of andere Vlaamse steden hebben bijgedragen tot expansie van de Noordnederlandse handel, maar ook door hun wijdvertakte net van relaties dat nu aan het Noorden ter beschikking kwam. De Moucheron—die overigens ten gevolge van financiële moeilijkheden rondom 1600 geen rol meer heeft gespeeld in de VOC—, Le Maire, Van der Veken of Hunger waren allen kooplieden van internationale allure. Het is op grond van de literatuur moeilijk vast te stellen of deze bewindhebbers voor 1595 op enige schaal handel hebben gedreven in peper of andere Aziatische produkten en misschien in persoon slachtoffer waren geworden van de reeds hierboven geconstateerde ongunstige ontwikkeling in deze handel voor Nederlandse kooplieden. Alleen Hans Hunger is een uitzondering, hij trad immers op als vertegenwoordiger van de Fuggers en Welsers. Zijn deelneming aan de Nieuwe Brabantse Compagnie kan dan misschien ook worden toegeschreven aan de wens niet door de nieuw opgekomen vaart uit Holland en Zeeland buiten spel te worden gezet.
In Engeland hadden Levant-handelaren in 1600 tot de belangrijkste oprichters van de EIC behoord. Zij vreesden namelijk dat door de succesvolle tochten van de Nederlanders naar Azië de specerijenaanvoer via het Midden-Oosten zou worden stopgezet, zodat zij in de Levant achter het net zouden vissen. Ook in de Republiek bevonden zich zowel onder de bewindhebbers van 1602 als onder de participanten van het eerste uur verscheidene kooplieden met grote handelsbelangen in de Levant. Van de Amsterdamse bewindhebbers behoorden Reynier Pauw, Geurt van Beuningen, Jan Poppen, Jacques de Velaer en Marcus de Vogelaer tot die groep.[16]

Tabel 5 De 76 bewindhebbers van de VOC in 1602

kamer	Amsterdam
1	Reynier Adriaensz. Pauw
2	Jan Jansz. Kaerel
3	Pieter Dircksz. Hasselaer
4	Hendrick Cornelisz. Buyck
5	Syvert Pietersz. Sem
6	Arent ten Grotenhuys
7	Jan Poppen
8	Dirck van Os
9	Gerrit Pietersz. Bicker
10	Geurt Dircksz. van Beuningen
11	Albert Symonsz. Joncheyn
12	Jan Harmansz.
13	Isaac le Maire
14	Jacques de Velaer
15	Marcus de Vogelaer
16	Louis de le Beecque
17	François van Hove
18	Gerard Reynst
19	Hans Hunger
20	Bernard Berrewijns
21	Elbert Lucasz. Helmer
22	Lenaert Raey
23	Huybert Wachtmans

De onder 1 t/m 9 genoemde bewindhebbers waren oprichters van de Compagnie van Verre, met dien verstande dat daartoe ook Hendrick Arentsz. Hudde behoorde, die na zijn overlijden door Gerrit Bicker was opgevolgd.
De onder 10, 11 en 12 genoemden waren bewindhebbers van de tweede compagnie te Amsterdam, die al spoedig met haar voorganger de 'Oude Compagnie' vormde. Deze combinatie kende nog meer bewindhebbers: Vincent van Bronkhorst, Symon Jansz. Fortuyn, Cornelis van Campen en Jacob Thomasz. van Dalen.
Van Bronkhorst was voor 1602 overleden, de overige drie hadden bezwaren tegen de VOC vanwege het militaire karakter. Petrus Plancius, die reeds bij de Compagnie van Verre een rol speelde, was tevens bewindhebber bij de Oude Compagnie.
De onder 13 t/m 23 genoemden waren oorspronkelijk bewindhebbers van de Brabantse Compagnie, waartoe ook nog Gerrit Claesz. Leyenaer had behoord.

kamer	Zeeland
1	Adriaen Hendricksz. ten Haeff
2	Jacob Boreel
3	Jan Lambrechtsz. Coolen
4	Jacob Pieter de Waert
5	Cornelis Muenicx
6	Adriaen Bommenée
7	Laurens Bacx
8	Everart Becker
9	Arnoult le Clerq
10	Aernout Verhoeven
11	Geeraert van Schoonhoven
12	Nicolaes Pietersz.
13	Balthasar van Vlierden
14	Balthasar de Moucheron

kamer	Delft
1	Jan Jansz. Lodesteyn
2	Arent Jacobsz. Lodesteyn
3	Dirck Bruynssen van der Dussen
4	Gerrit Dircksz. Meerman
5	Cornelis Adriaensz. Bogaert
6	Michiel Jansz. Sasbout
7	Willem Joosten Dedel
8	Dirck Gerritsz. Meerman
9	Jan Raet
10	Jacob Sandersz. Balbiaen
11	Hendrick Otte
12	Jaspar Meerman

kamer	Rotterdam
1	Fop Pietersz. van der Meyden
2	Willem Jansz. Franck
3	Gerrit Huygensz.
4	Pieter Lenartsz. Busch
5	Johan van der Veken
6	Willem Jansz. van Loon
7	Jan Jacobsz. Mus
8	Adriaen Spierinck
9	Cornelis Matelieff de Jonge

kamer	Hoorn
1	Claes Jacobsz. Sijms
2	Cornelis Cornelisz. Veen
3	Willem Pietersz. Krap
4	Pieter Jansz. Liorne
5	Vrerich Gerritsz. Schilder
6	Outger Jacobsz.
7	Pieter Jansz. Schock

kamer	Enkhuizen
1	Lucas Gerritsz.
2	Willem Cornelisz. de Jonge
3	Jan Pietersz. Schram
4	Hendrick Gruytter
5	Jan Laurensz. van Loosen
6	Dirck Dircksz. Pelser
7	Gijsbrecht van Beerensteyn
8	Barthout Jansz. Steenhuysen
9	Jacob Jacobsz. Hinloopen
10	François du Gardijn
11	Willem Brasser

Bron: De Haan, *Moedernegotie*, 212-215.

Ook over de opvolgers van de bewindhebbers van het eerste uur is wel het een en ander bekend, al is een systematische studie naar de achtergronden van de personen, die tussen 1602 en 1795 het bewindhebberschap hebben bekleed, niet voorhanden.[17] Kwam in een der kamers een plaats vrij dan zouden, zo was in het octrooi vastgelegd, de Staten van Holland of van Zeeland een keuze maken uit een door de nog zittende bewindhebbers opgemaakte nominatie van drie personen. Zoals gezegd werd deze bevoegdheid in Holland overgedragen aan de stadsbesturen van de kamersteden. De regel was op aandringen van Zeeland in het octrooi opgenomen, wellicht omdat de Zeeuwen op die wijze problemen in eigen kring wensten te voorkomen. De situatie was er namelijk iets ingewikkelder dan in de Hollandse kamers. In Zeeland hadden ook inwoners uit Vlissingen en Veere belangen gehad in de te Middelburg gevestigde voorcompagnie en deze steden wensten hun aandeel in de vaart op Azië in 1602 niet prijs te geven. Na lang onderhandelen en veel ruzie wisten beide steden twee bewindhebberszetels in de kamer Zeeland te bemachtigen, de overige plaatsen waren voor Middelburg. In 1603 echter gaf Balthasar de Moucheron uit Veere zijn zetel op en herbezetting was toen nog niet aan de orde, omdat er nog dertien bewindhebbers in functie waren, één meer dan het in het octrooi voorgeschreven aantal.

Veere slaagde er naderhand niet meer in de tweede zetel terug te winnen ondanks de hardnekkige strijd die iedere keer opnieuw bij de benoemingen losbarstte. Middelburg hield vast aan de eenmaal verworven negen zetels en vond daarbij de Staten van Zeeland aan zijn zijde. De Zeeuwse Staten hebben in ieder geval tot aan 1646 aan hun benoemingsrecht vastgehouden, daarna hebben de steden dat overgenomen, waarbij elke stad zijn eigen plaatsen mocht opvullen.

Algemeen wordt verondersteld dat mede ten gevolge van het benoemingsbeleid een nauwe relatie ging ontstaan tussen de heersende regentenoligarchie en de bewindhebbers. Nu was die band in een aantal gevallen van het begin af aan aanwezig geweest: Reynier Pauw, Gerrit Bicker, Pieter Hasselaer bekleedden functies in de Amsterdamse stedelijke regering. Het gevaar van deze ontwikkeling was dat, naarmate de kloof tussen regenten enerzijds en kooplieden anderzijds zich verwijdde, de VOC zich in de hoogste bestuursorganen steeds meer van actieve kooplieden en dus ook handelskennis beroofd zou zien. In hoeverre dit tekort zich werkelijk openbaarde en een aantoonbaar nadeel voor de Compagnie met zich bracht, is moeilijk vast te stellen. In ieder geval werd althans in de kamer Amsterdam de nauwe relatie soms als een handicap ervaren. In 1668 beloofden de bewindhebbers plechtig voor de eerstvolgende open plaatsen een persoon buiten de regentenfamilies te nomineren. Nadat met de nodige ruzie rondom 1670 drie posten volgens deze regel met kooplieden bezet waren, verviel men echter weer in de oude toestand.

In 1681 werd het benoemingsbeleid opnieuw aan de orde gesteld, omdat, zoals men zei, door tijdrovende verplichtingen van de bewindhebbers in de verschillende bestuursorganen de vereiste 'zorgvuldigheyd, circumspectie en applicatie' in het beheer der Compagnie in gevaar dreigde te komen. Na overleg met de burgemeesters kwam men tot een regel waarbij slechts de helft der Amsterdamse bewindhebbers in een college van stad of staat zitting zou mogen hebben, zodat derhalve in de toekomst om en om een regent en een niet-regent gekozen zou moeten worden. In ieder geval tot 1700 hebben de Amsterdammers aan deze regel de hand gehouden. De in de literatuur naar voren gebrachte stelling, dat in Amsterdam het burgemeesterschap en het bewindhebberschap onafscheidelijk aan elkaar verbonden was gaat wel grotendeels op: van de vier Amsterdamse burgemeesters waren dikwijls twee of drie en soms alle vier tevens bewindhebber. Maar daarnaast zaten ook kooplieden in de directie van de kamer, die veel tijd konden besteden aan het compagniebestuur. In hoeverre ook in de 18e eeuw aan de in 1681 ingestelde regel de hand is gehouden blijft een open vraag. Uit de samenstelling van het Amsterdamse bewindhebberscollege in de 18e eeuw kan echter worden geconcludeerd dat commerciële expertise voorhanden was. Bewindhebbers als Reynier Bouwens, Salomon en Adriaan van der Hoop, Thomas en Jan Hope en Jan Cliffordt waren vertegenwoordigers van de belangrijkste handels- en bankiershuizen van de stad. Het is voorts opvallend, dat tenminste drie keren een (opper)boekhouder van de Amsterdamse Wisselbank tot bewindhebber werd aangesteld: Willem Backer (1745), Dirk Alewijn (1756) en Pieter Trip (1764). Weliswaar legden deze bewindhebbers bij het aanvaarden van hun benoeming hun functie bij de Wisselbank neer, maar toch zal de Compagnie hebben kunnen profiteren van de kennis, ervaring en contacten, die op deze wijze in huis werden gehaald.

In de kleinere kamers zal het overwicht van de regenten in de bewindhebberscolleges groter zijn geweest dan in Amsterdam. Zo waren van de 23 bewindhebbers die tussen 1618 en 1680 in Delft werden benoemd achttien regent en actief in het stadsbestuur, de overige vijf hadden nauwe relaties met regentenfamilies.Ook in Rotterdam was het overwicht van de regenten groot, van de 48 Rotterdamse bewindhebbers die van 1602 tot 1700 in het bestuur van de kamer zaten, waren er 36 lid van de vroedschap, 29 brachten het tot burgemeester van de stad.

De VOC was een Hollandse en Zeeuwse aangelegenheid maar de Compagnie was niet in staat om in de ingewikkelde politieke constellatie van de Republiek de aanspraken van overige provincies geheel te negeren. Reeds in 1610, toen de VOC forse financiële steun van de Staten-Generaal ontving, hadden verschillende provincies toezicht op de compagniepolitiek geëist en daarvoor zogenaamde 'extraordinaris' bewindhebbersposten verkregen. Naderhand werd, meestal om steun te vinden voor de verlenging van het octrooi, dit aantal verder uitgebreid, terwijl ook enige Hollandse steden en vertegenwoordigers van de Ridderschap een post in de wacht sleepten.

De steden Haarlem en Leiden wisten in 1645 de zeer gunstige regeling af te dwingen, waarbij Amsterdam twee van de twintig plaatsen in het college aan hen afstond. Deze steden kregen dus recht op een gewoon of 'ordinaris' bewindhebberschap, met uiteraard het daarbijbehorende traktement. Overigens hadden beide steden direct belang bij de handel met Azië; de Leidse textielindustrie kon als exporteur optreden en voor de Haarlemse zijdenijverheid diende erop gelet te worden dat er vooral ruwe zijde en geen afgewerkte zijdeprodukten uit Azië werden ingevoerd.

In 1696 bemachtigde ook de Ridderschap van Holland twee gewone bewindhebbersposten. Deze plaatsen werden toegevoegd aan de kleine kamers: één vertegenwoordiger van de Ridderschap 'ambuleerde' tussen Hoorn en Enkhuizen (om de drie jaar), de andere tussen Delft en Rotterdam (gewisseld werd bij 'versterf' of aftreden). In ieder geval in Amsterdam werden aan de van buitenaf benoemde gewone bewindhebbers ook de normale bestuurstaken toebedeeld. Zij waren niet zoals de buitengewone leden van het college uitsluitend 'bewindhebbers d'honneur'.

Zoals over de bewindhebbers zijn ook over de participanten van 1602, althans van de kamers

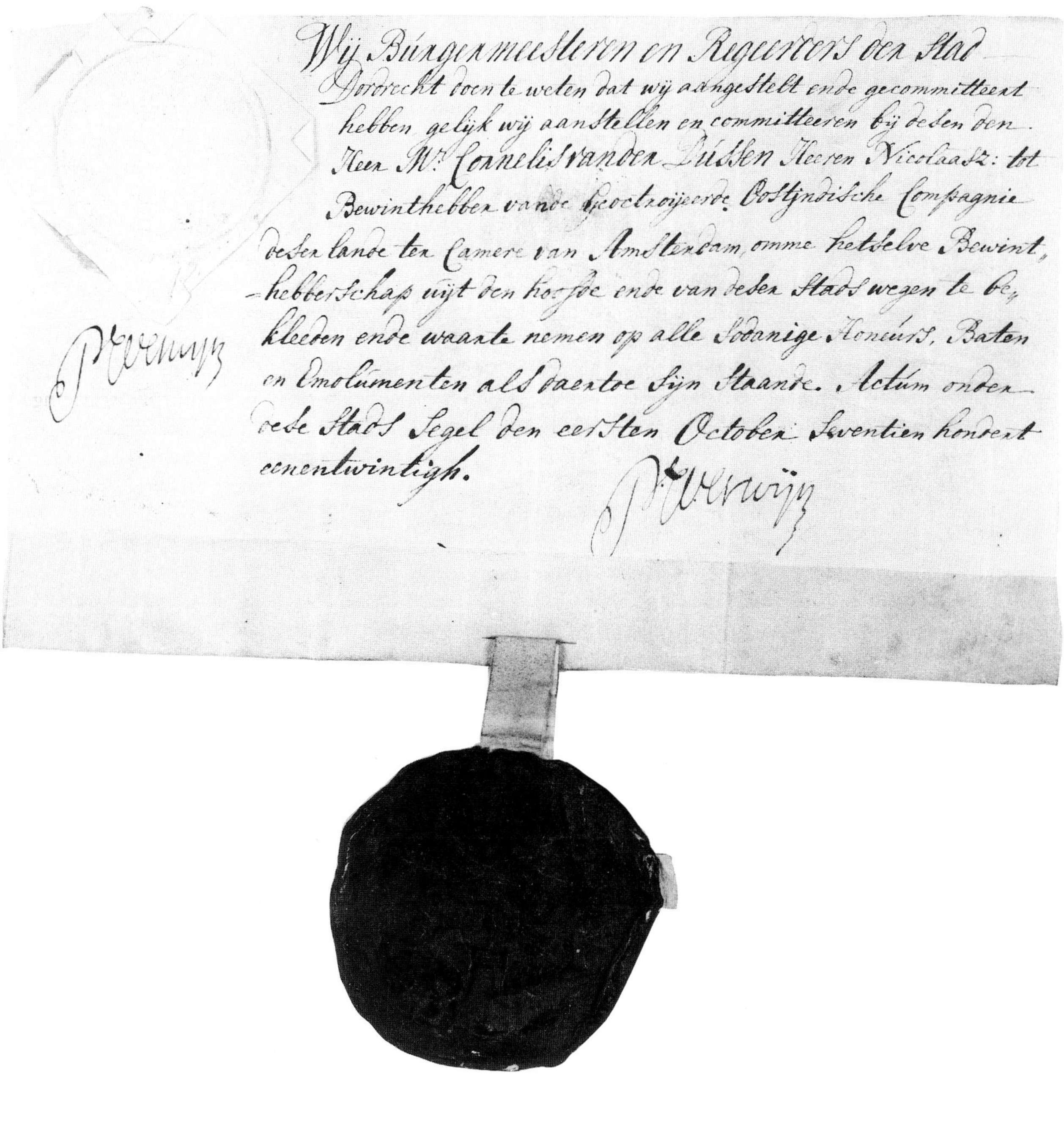

Wij Burgermeesteren en Regeerders der Stad
Dordrecht doen te weten dat wij aangestelt ende gecommitteert
hebben gelijk wij aanstellen en committeeren bij desen den
Heer Mr. Cornelis van der Dussen Heeren Nicolaasz: tot
Bewinthebber van de Geoctroijeerde Oostjndische Compagnie
deser lande ter Camere van Amsterdam, omme hetselve Bewint,
-hebberschap uijt den hoofde ende van deser Stads wegen te be,
kleeden ende waar te nemen op alle soodanige Honeurs, Baten
en Emolumenten als daertoe sijn staande. Actum onder
dese Stads Segel den eersten October seventien hondert
eenentwintigh.

Akte van benoeming tot buitengewoon bewindhebber bij de kamer Amsterdam van Cornelis van der Dussen door het stadsbestuur van Dordrecht, 1 okt. 1721. Algemeen Rijksarchief, Den Haag.

Tabel 6 Samenstelling van de bewindhebberscolleges van de kamers van de VOC sedert 1700

Amsterdam	20 ordinaris bewindhebbers, onder wie sedert 1648 1 uit Haarlem en 1 uit Leiden; 5 extra-ordinaris bewindhebbers: Utrecht (1613), Gelderland (1613), Friesland (1614), Dordrecht (1614) en Gouda (1665)
Zeeland	12 ordinaris bewindhebbers, onder wie 9 uit Middelburg, 2 uit Vlissingen en 1 uit Veere; 1 extra-ordinaris bewindhebber namens Stad en Lande (1647)
Delft	7 ordinaris bewindhebbers; 1 extra-ordinaris bewindhebber namens Overijssel (1647)
Rotterdam	7 ordinaris bewindhebbers; 1 extra-ordinaris bewindhebber namens Dordrecht (1647)
Delft, Rotterdam	1 ordinaris bewindhebber namens de Ridderschap van Holland. Deze bewindhebber 'ambuleerde' tussen de beide kamers, hij nam steeds zitting in die kamer waar juist door overlijden of aftreden een plaats vrijkwam en nam dan één van de zeven ordinaris plaatsen in.
Hoorn	7 ordinaris bewindhebbers
Enkhuizen	7 ordinaris bewindhebbers
Hoorn, Enkhuizen	1 ordinaris bewindhebber uit de Ridderschap van Holland, 'ambuleerde' om de drie jaar, 1 extra-ordinaris bewindhebber, deze wisselde op dezelfde wijze tussen de kamers als de bewindhebber van de Ridderschap in Delft en Rotterdam en bezette dan, hoewel zijn status dus iets minder was, één van de zeven ordinaris plaatsen.

Bron: Gaastra, *Bewind en beleid*, 32.

Amsterdam en Zeeland, veel gegevens bekend. Te Amsterdam werd door 1143 personen in het aandeelhoudersregister ingetekend, te Middelburg door 264 personen. De bedragen van intekening liepen zeer uiteen; van *f* 50 tot *f* 85.000. In het rijke Amsterdam werd door 88 deelnemers, waaronder ongeveer 40 Zuidnederlanders, voor meer dan *f* 10.000 ingeschreven en deze groep bracht daarmee op *f* 150.000 na, de helft van het kapitaal der kamer bijeen. Zeeland telde 37 van deze groot-aandeelhouders, die *f* 770.100 van de in totaal *f* 1.300.405 opbrachten. Hoewel de samenstelling van de participanten, gelet op hun beroep, zeer gevarieerd was—men trof ambachtslieden aan, zelfs enkele loonarbeiders, voorts doktoren, predikanten en ambtenaren—was het koopmanselement het sterkste vertegenwoordigd. Waarschijnlijk werd de positie van de grote kooplieden nog overheersender, omdat kleine aandeelhouders al spoedig hun actie verkochten; in 1612 telde Amsterdam nog maar 830 aandeelhouders. Van Amsterdam uit werd ook in andere kamers deelgenomen. Zo zou het relatief hoge aandelenkapitaal van de kamer Enkhuizen verklaard moeten worden door Amsterdamse beleggingen. Ook namen Amsterdammers deel in de kamer Zeeland. Omstreeks 1680 was circa een derde van het aandelenkapitaal van deze kamer in Amsterdamse handen, na 1700 steeg dit percentage tot ongeveer de helft. De grootste groep van Amsterdamse beleggers in de kamer Zeeland werd toen gevormd door de Sephardim, de Spaans-Portugese Joden, die een belangrijke rol speelden in de actiënhandel.[18]

Vooral gedurende de termijn van het eerste octrooi hebben zich scherpe botsingen tussen bewindhebbers en participanten voorgedaan. Het niet nakomen van de regels ten aanzien van de afwikkeling van het kapitaal in 1610, het uitblijven van dividend en van openheid in de financiële situatie plus het vermoeden dat de bewindhebbers zich ten koste van de Compagnie verrijkten, dat alles gaf aanleiding tot felle protesten. De veel geciteerde klacht in één van de pamfletten:

'Soo wij klagen aan de Heeren van Steden en Scheepen Bancken, daar sitten Bewinthebbers, Formele Party. Aan Admiraliteyten, daar sijn Bewinthebbers. Aan Staten-Generaal, daar vint men Staten-Generaal en Bewinthebbers tegelijck, en op eenen tijt, Formele Party'

illustreert de onmacht van de participanten.[19] Toch werd bij de verlenging van het octrooi in 1623 wel iets ten gunste van hen gewijzigd. Allereerst werd het beloningsysteem van de bewindhebbers veranderd. Ontvingen zij tot 1623 een vergoeding van 1% provisie over de kosten van de uitreding en over de opbrengst van de retouren, volgens het nieuwe octrooi

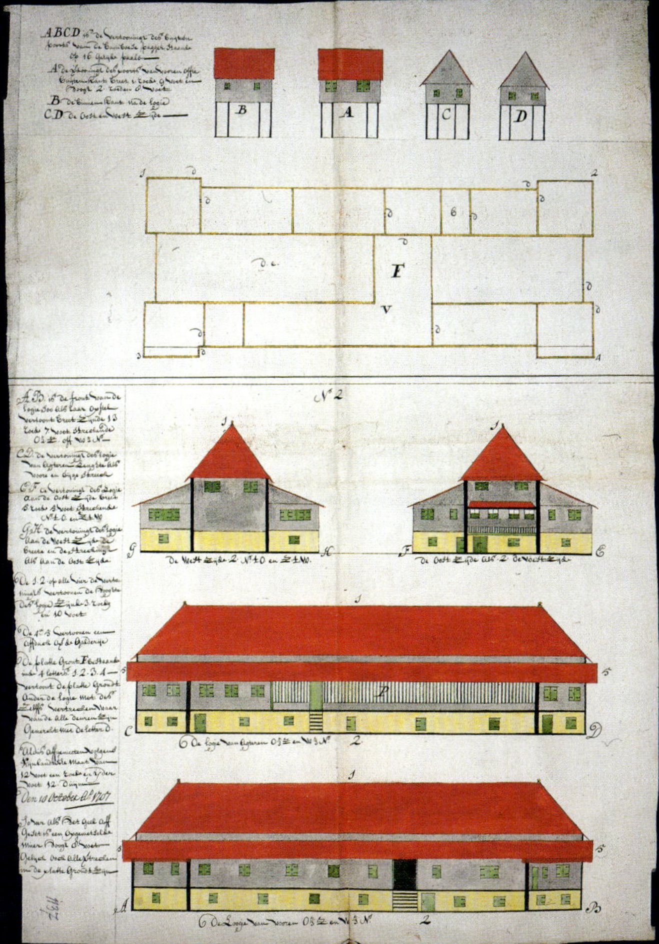

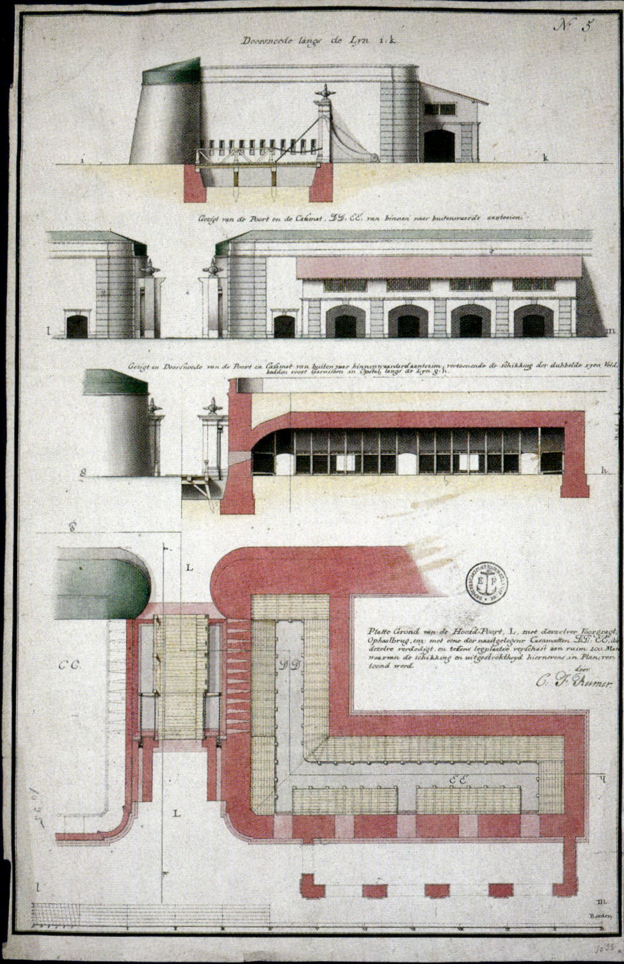

De factorij te Jambi op Sumatra, 1707. De factorij bestond uit een eenvoudig gebouw met op de begane grond opslag voor de koopmanschappen, en daarboven vertrekken voor de dienaren. (Ingekleurde tekening, Algemeen Rijksarchief, Den Haag)

Na de Vierde Engelse Oorlog (1780-1783) werd nog veel moeite ondernomen om de defensiewerken van de VOC te verbeteren. In dat kader maakte de landmeter Carl Friedrich Reimer tal van tekeningen, hier van een plattegrond en profiel van de hoofdpoort van het fort Oostenburg van het strategisch gelegen Trincomale op Ceylon. (Ingekleurde tekening, Algemeen Rijksarchief, Den Haag)

Schepen van de kamer Zeeland vertrekken van de rede voor fort Rammekens bij Vlissingen, ze worden uitgeleide gedaan door een bewindhebbersjacht. (Schilderij van E. Hoogerheyden, 1788, Scheepvaartmuseum, Amsterdam)

werd hun slechts de 1% provisie over de retouren toegekend. (In 1647 werd tenslotte een vaste vergoeding vastgesteld, *f* 3100 per jaar voor bewindhebbers van Amsterdam, *f* 2600 voor die van Zeeland en *f* 1200 voor de bewindhebbers der kleine kamers). Bovendien werd het bewindhebberschap aan een termijn van drie jaar gebonden, een maatregel die echter al weer vrij vlug onder tafel verdween. Tenslotte werd via een ingewikkelde weg enige controle en zeggenschap aan de participanten toegekend, en wel door de instelling van drie commissies van hoofdparticipanten—dat wil zeggen zij die, zoals ook voor de bewindhebbers was vereist, voor minstens *f* 6000 in Amsterdam of Zeeland of *f* 3000 in de kleine kamers participeerden.

Eén college, de *rekeningopnemers*, controleerde samen met de bewindhebbers de 'generale rekeninge', die voor het eerst na afloop van het eerste octrooi in 1622 moest worden gepresenteerd. Sedert 1647 vond dit om de vier jaar plaats. Het tweede college, dat der zogenaamde *keurvorsten*, fungeerde per kamer en werd bijeengeroepen bij het openvallen van een bewindhebberspost. Te zamen met de nog zittende bewindhebbers—met wie zij gelijk in aantal waren—maakten zij dan de voordracht van drie kandidaten. Het belangrijkste college was dat der negen *beëdigde hoofdparticipanten*, dat aan de vergadering der Heren Zeventien deelnam en ook in de verschillende commissies uit de Zeventien zitting had en daarin een adviserende stem kon uitbrengen. Amsterdam was met vier leden vertegenwoordigd, Zeeland met twee en de kleine kamers met drie. In principe werden de eerste twee colleges door alle participanten—'bij affixie van billieten tegens seecheren dagh daartoe geconvoceert'—gekozen, de beëdigde hoofdparticipanten alleen door de overige hoofdparticipanten. Uit Van Dams *Beschryvinge* blijkt echter dat met name de aandeelhouders van Amsterdam ongeïnteresseerd waren in de verkiezing van bewindhebbers en hoofdparticipanten, dit in tegenstelling tot de praktijk bij de overige kamers, hetgeen doet vermoeden dat de

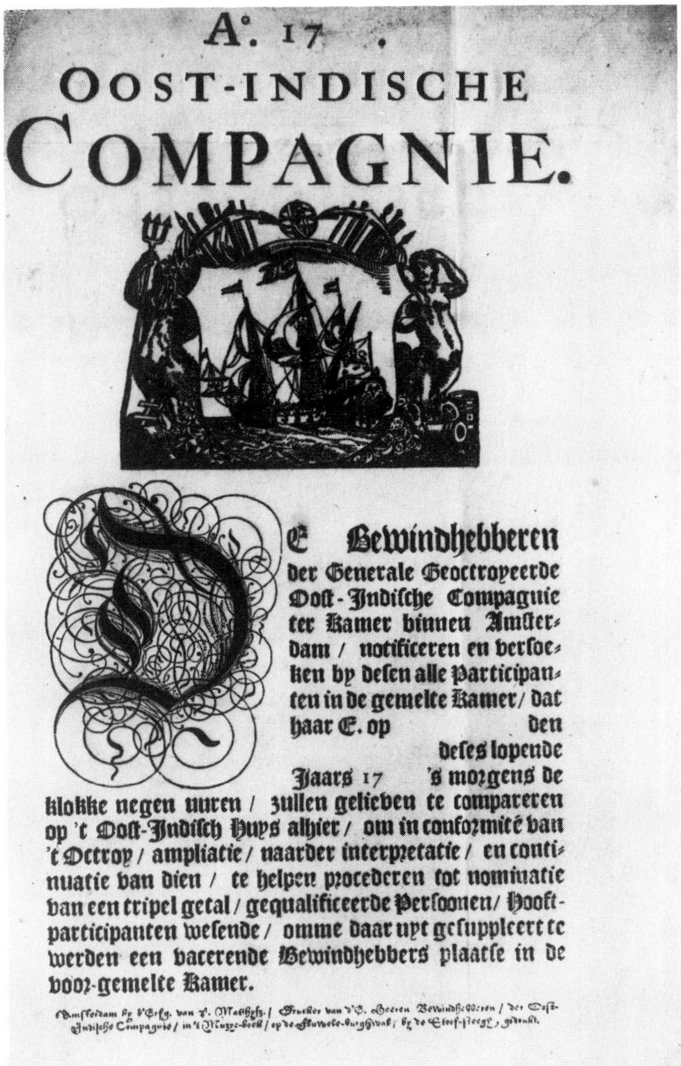

A°. 17

OOST-INDISCHE
COMPAGNIE.

DE Bewindhebberen der Generale Geoctroyeerde Oost-Indische Compagnie ter Kamer binnen Amsterdam / notificeren en versoeken by desen alle Participanten in de gemelte Kamer / dat haar E. op den deses lopende Jaars 17 's morgens de klokke negen uuren / zullen gelieven te compareren op 't Oost-Indisch Huys alhier / om in conformité van 't Octroy / ampliatie / naarder interpretatie / en continuatie van dien / te helpen procederen tot nominatie van een tripel getal / gequalificeerde Persoonen / Hooft-participanten wesende / omme daar uyt gesuppleert te werden een vacerende Bewindhebbers plaatse in de voor-gemelte Kamer.

Formulier voor het oproepen van participanten voor de verkiezing van een bewindhebber, voorzijde. Begin 18e eeuw. Algemeen Rijksarchief, Den Haag.

betrokkenheid van de plaatselijke aandeelhouders bij deze kamers groter was. Maar overigens vormden deze hervormingen niet het begin van een hinderlijk en kritisch volgen van het management door de aandeelhouders. Naarmate de dividenden rijkelijker begonnen te vloeien, verstomden de kritieken. Van de invloedrijke hoofdparticipanten, uit dezelfde kringen en met dezelfde belangen als de bewindhebbers, viel die kritiek ook niet te verwachten.[20]

Bij de volgende verlenging van het octrooi speelden conflicten als vóór 1622 geen rol meer. De VOC had zich een vaste plaats verworven in het politieke en economische bestel van de Republiek en het monopolie werd van hogerhand gewaarborgd. De nauwe relatie tussen bewindhebbers en regenten betekende overigens niet dat de Compagnie altijd in het verlengde van de officiële politiek opereerde. De bewindhebbers hielden de eigen belangen meestal goed in het oog en kwamen soms met de Staten-Generaal in conflict.
De snelle opkomst en groei van de compagniehandel en scheepvaart betekenden intussen ook dat de kamers met hun 'comptoiren', pakhuizen en scheepswerven een factor van betekenis werden in de lokale economie van de betreffende havensteden. In de loop van de 17e eeuw ontwikkelde zich een doeltreffende bedrijfsorganisatie om de bouw en uitrusting van de schepen, de ontvangst van de retourvloten en de verkoop der Aziatische goederen af te handelen. Deze activiteiten bereikten tijdens de grote bloei van de handel op Azië in de eerste helft van de 18e eeuw een hoogtepunt.
De interne bedrijfsvoering der kamers zal worden besproken nadat een overzicht is gegeven van de omvang van handel en scheepvaart van de Compagnie en van de enorme expansie van de VOC in Azië.

HOOFDSTUK 2

De expansie in Azië

'Continuelen oorloge' (1602-1684)

Volgens traditionele opvattingen stond de VOC in 1684 op het hoogtepunt van haar macht: de verovering van Bantam op Java en de plechtige onderwerping van Ternate in de Molukken betekenden het succesvol afsluiten van de opbouw van een voornamelijk maritiem imperium. Deze expansie had zich in fasen voltrokken. Onder Jan Pietersz. Coen (gouverneur-generaal van 1619-1623 en 1627-1629; gedurende zijn verblijf in Nederland in de tussen liggende jaren nam Pieter de Carpentier het ambt waar) waren de fundamenten gelegd. Onder Coens opvolgers Jacques Specx (1629-1632) en Henrick Brouwer (1632-1636) volgde een periode van betrekkelijke rust, daarna trad Antonio van Diemen (1636-1645) krachtdadig op in de Molukken en opende het offensief tegen de Portugezen in het westen. Dit offensief werd onderbroken door een wapenstilstand met Portugal tijdens het bewind van Cornelis van der Lijn (1645-1650) en Carel Reniers (1650-1653). In de lange ambtsperiode van Joan Maetsuyker (1650-1678) werd de strijd hervat en tenslotte klommen de beide grote diplomaten en krijgslieden uit deze periode, Rijcklof van Goens (1678-1681) en Cornelis Speelman (1681-1684), op tot het hoogste ambt, waarna de compagniemacht geconsolideerd was.
Voor een juist begrip van aard en richting van deze expansie moet een aantal factoren in het oog worden gehouden. Allereerst mag de verhouding tussen Europa en Azië in de 17e eeuw niet naar moderne maatstaven worden beoordeeld. Het beeld van het rijke Europa—de historicus Furber wijst er in zijn standaardwerk over de Europese compagnieën op—bestond nog niet.[1] Europa had nog geen industriële revolutie doorgemaakt en van een technische voorsprong was nauwelijks of geen sprake—in de textielproduktie bijvoorbeeld kon het Europese produkt niet wedijveren met het Aziatische. Weliswaar was de bewapening van de Europeanen beter, maar zeker te land kon men aan vuurwapens maar een beperkt effect ontlenen. De transportmogelijkheden waren immers gering, de Aziatische bevolking veel talrijker en de geneeskundige ontwikkeling was nog van dien aard dat de Europeanen machteloos stonden tegenover de vele ziektes die hen tijdens hun verblijf in Azië teisterden. Ziekte eiste steeds een veel zwaardere tol dan oorlogvoering en expedities landinwaarts waren dan ook nauwelijks mogelijk.
Nu was de agressie van de VOC in eerste instantie ook niet gericht tegen Aziaten, maar tegen Portugezen. Al spoedig raakte de Compagnie echter ook met Aziatische volken in conflict, hetzij omdat deze volken merkten dat de ene bezetter—de Portugese—werd verwisseld voor een andere—de Hollandse, hetzij omdat deze volken naar de mening van de VOC gemaakte afspraken niet nakwamen of om andere redenen. De Compagnie trachtte zich bij deze strijd, min of meer in het voetspoor van de Portugezen—maar rigoureuzer en met meer kracht—in te werken in het economische en commerciële bestel in Azië dat zeer aantrekkelijk was voor Europese kooplieden.
Er bestond een levendige handel tussen de verschillende streken in Azië. Zo leverde de Archipel specerijen en kostbare houtsoorten, die werden gewisseld tegen nijverheidsprodukten als katoenen en zijden stoffen en porcelein uit China en India. Er waren tal van handelscentra waar kooplieden van buitenaf, ongeacht of deze uit omringende Aziatische landen of uit Europa kwamen, gastvrij werden ontvangen. De staatkundige structuur was in hoge mate bepalend voor de mate van invloed die de

Zeegevecht tussen de Hollandse en
Portugese vloot bij Bantam, 1601.
Gravure van Claes Jansz. Visscher.
Maritiem Museum 'Prins Hendrik',
Rotterdam.

Compagnie zou kunnen verwerven. In de Archipel waren tal van kleinere rijkjes veelal sterk op overzeese handel georiënteerd en daardoor zeer kwetsbaar voor de maritieme en commerciële macht van de VOC. In India, waar in het noorden het Mogolrijk en in het zuiden kleinere Hindoerijken waren, en in Perzië werd de Compagnie toegelaten, maar haar invloed bleef beperkt. In China en Japan kon de VOC slechts handel drijven op door de overheid gestelde voorwaarden.[2]
De expansie van de Compagnie was dan ook in de verschillende streken in Azië wisselend van karakter, soms agressief en militair, soms louter commerciëel.

De Archipel

Peper en fijne specerijen waren het primaire doel van de Nederlandse kooplieden in de eerste fase van de vaart op Azië. Daarom hadden zij hun aandacht voornamelijk gericht op de Indonesische Archipel, waar het merendeel der specerijen werd vandaan kwam. Het belangrijkste handelscentrum was Bantam, een plaats waar bovendien de Portugezen geen invloed bezaten. Cornelis de Houtman had daar reeds in 1596 zijn lading ingenomen en ook door de volgende expedities werd Bantam bezocht. Maar men ging verder: Van Warwijck voer in 1599 naar de Molukken en deed Celebes, Ambon en Ternate aan, zijn onderbevelhebber Jacob van Heemskerck zeilde naar Banda. Cornelis de Houtman arriveerde in hetzelfde jaar te Atjeh, waar de Nederlandse schepen een ongunstig onthaal ten deel viel; Cornelis sneuvelde en zijn broer Frederik werd gevangengenomen. Toen na 1600 de vorst van Atjeh met de Portugezen in oorlog raakte, werd de verhouding met de Nederlanders veel beter. Van Neck bezocht op zijn tweede expeditie Patani (gelegen aan de oostkust van het Maleise schiereiland) en stichtte daar een factorij. De contacten buiten de Archipel waren vooralsnog minder bestendig. Zoals bekend kwam één der schepen uit de vloot van Mahu en De Cordes (onder Jacob Quakernaak) te Japan, hetgeen pas veel later gevolgen zou hebben. Van Neck raakte in 1601 ver uit de koers en kwam voor Macao en Cambodja terecht. Joris van Spilbergen was de eerste Nederlander die, in 1602, contact legde met Ceylon.

Op 18 december 1603 voer de eerste, volledig door de VOC uitgeruste vloot uit: twaalf zwaar bewapende schepen onder bevel van Steven van der Haghen. Deze had niet alleen tot taak handel te drijven maar had ook opdracht gekregen de Portugese bolwerken te Mozambique en Goa aan te tasten. Maar deze acties tegen de centra van de Portugese macht hadden, net als bij de volgende expedities onder respectievelijk Matelieff (1605), Van Caerden (1606) en Verhoeff (1607), weinig succes. Enig resultaat werd wel geboekt op Ambon, waar in 1605 het fort Victoria zonder slag of stoot door de Portugezen aan Van der Haghen werd overgegeven.
Voor de bewindhebbers vormden deze tegenslagen een dure les. Niet alleen in patria werden de bewindhebbers gedwongen tot aanpassingen, zoals uitstel van dividendbetaling en continuatie van de eerste tienjarige rekening. Ook voor het optreden in Azië moesten zij een andere, meer gerichte tactiek kiezen. De Heren Zeventien volgden daarbij de denkbeelden van Cornelis Matelieff, die na terugkeer uit Azië weer deel was gaan uitmaken van het Rotterdamse bewindhebberscollege.[3] Matelieff zette in een viertal memories in 1608 en 1609 zijn denkbeelden over door de VOC te voeren politiek in Azië uiteen en hij betoonde zich daarbij de eerste die waarlijk dacht in termen van 'empire building'. Hij onderkende de voordelen van het Portugese bestuurssysteem met een permanent, op één plaats gevestigd centraal gezag zoals de onderkoning in Goa. Bovendien zag hij reeds de later door Coen zo vurig bepleitte mogelijkheid dat de VOC in Azië zichzelf zou kunnen bedruipen door het opzetten van een intra-Aziatisch handelsnetwerk.

Al deze overwegingen resulteerden tenslotte in een drietal doelstellingen. Om versnippering van krachten te voorkomen zou er in Azië een centrale leiding moeten worden ingesteld, in handen van een gouverneur-generaal die door een raad terzijde zou worden gestaan. Tevens moest een plaats worden gezocht, die kon dienen als *rendez-vous* voor de schepen, als stapel voor de goederen en als zetel voor het centrale bestuur. Tenslotte moest nog meer dan voorheen het specerijenmonopolie inzet worden van de strijd, hetgeen door beheersing van de eilanden en wateren in de 'Grote Oost' mogelijk zou worden.

De uitvoering van het eerste voornemen hadden de bewindhebbers in eigen hand en konden zij gemakkelijk realiseren. In 1609 zochten zij Pieter Both, die in 1599 de leiding had gehad over de vloot van de Nieuwe Brabantse Compagnie, aan voor de post van gouverneur-generaal en deze arriveerde in 1610 te Bantam.

Het tweede project, het stichten van een *rendez-vous*, leverde meer moeilijkheden op. Vanuit patria kon men slechts wijze raad verschaffen. Het 'ware gewenst' de gebouwen en pakhuizen op eigen grond en onder eigen jurisdictie te hebben; de plaats zou strategisch gelegen moeten zijn bij Straat Soenda of Straat Malakka. Noch Both, noch zijn opvolgers Gerard Reynst (1614-1615) en Laurens Reael (1615-1619) konden deze opdracht uitvoeren. Bantam, waar Jan Pietersz. Coen sinds 1613 als directeur-generaal aan het hoofd stond van de gehele compagniehandel in Azië, werd wel steeds meer administratief centrum, maar was als *rendez-vous* volstrekt ongeschikt. De regent, die er voor de minderjarige vorst het bestuur uitoefende, voelde er niets voor om in zijn internationale handelsstad aan één natie een uitzonderingspositie toe te kennen en stond op gespannen voet met de Nederlanders. Het lukte Coen bovendien niet de sleutelpositie van de Chinezen in de peperhandel van Bantam aan te tasten en evenmin de Engelse concurrentie van zich af te schudden. Uit veiligheidsoverwegingen had men al sedert 1610 een tweede vestiging in het iets oostelijker gelegen Jakatra opgericht, een gebied dat formeel onder gezag van Bantam stond, maar waarvan de *Pangeran* (prins) een onafhankelijke politiek nastreefde. Jakatra was al door Matelieff genoemd als het meeste geschikte punt voor 'hoofdstad' van de VOC in Azië. De voorspelbare crisis brak in 1618 uit. Dat Coen daaruit zegevierend te voorschijn kwam als 'stichter' van Batavia was vooral te danken aan de grote onderlinge onenigheid van zijn vijanden. Na een onbesliste slag met de Engelse vloot in de baai voor Jakatra nam Coen de wijk naar de Molukken om hulp te halen. De Nederlandse bezetting van het tot fort omgebouwde pakhuis te Jakatra werd belegerd door achtereenvolgens Engelsen, Jakatranen en tenslotte Bantammers. Verschillende keren werd over de overgave onderhandeld zonder dat overeenstemming werd bereikt. Coen werd na zijn terugkeer met een grotere vloot spoedig meester van de situatie. Daarmee was in 1619 aan het tweede verlangen van de Heren Zeventien voldaan. Coen had de nieuwe vestiging naar zijn vaderstad Nieuw-Hoorn willen noemen, maar dat voorstel viel niet in goede aarde bij de bewindhebbers. Batavia zo werd daarop de neutrale naam van de nieuwe 'stad'. Tot zijn grote ergernis moest Coen de Engelsen in de stad tolereren, omdat de bewindhebbers in Europa, met het oog op het aflopen van het Twaalfjarig Bestand, na jarenlange onderhandelingen een verdrag met de Engelse Oostindische Compagnie hadden gesloten. Samen zou men in Azië de vijand bestrijden; van de aan te kopen peper zou iedere compagnie de helft mogen verwerven, van de specerijen van de Molukken zou twee derde aan de VOC en een derde aan de EIC toekomen. Het nakomen van dit verdrag, tot stand gekomen op een moment dat de Engelsen, naar Coens bekende woorden, nog 'niet een sandeken van 't strandt in de Moluccos, Amboyna noch Banda te pretenderen hadden', zou de zelfbeheersing van de VOC-dienaren in Azië te zwaar op proef stellen.[4]

Kaart van het eiland St. Helena uit de *Itinerario* van Van Linschoten. St. Helena werd in de 17e eeuw door thuisvarende vloten aangedaan voor verversing. Maritiem Museum 'Prins Hendrik', Rotterdam.

(Boven) Kaart 1 Het octrooigebied van de VOC.

Schepen op de rede voor Batavia.
(Schilderij door Adam Willaerts
1577-1664, Scheepvaartmuseum,
Amsterdam)

Kort na de Vierde Engelse Oorlog, in 1783, kwam een marine-eskader onder Jan Pieter van Braam de VOC te hulp om het gezag en prestige in Azië te herstellen. Het eskader werd in 1784 ingezet om het door Boeginezen belaagde Malakka te ontzetten en voerde daarbij de hier afgebeelde landing bij Teluk Ketapang uit. (Schilderij van E. Hoogerheyden, Scheepvaartmuseum Amsterdam)

'Kerckvalley van 't Eijlant Sant-Helena'. Penseeltekening van J. Nieuhof, 1658. Nieuhof retourneerde met het schip 'Arnhem' in 1656 van Batavia. De reis van dit schip werd vertraagd en in begin 1658 lag de 'Arnhem' nog bij Sint Helena, waar het werd ingehaald door de in december 1657 van Batavia vertrokken retourvloot onder commandeur Joan Cunaeus. (Coll. Bodel Nijenhuis, UB, Leiden)

Overigens was de positie van Batavia geenszins onbedreigd. Bantam bleef een dreiging, al verloor deze stad een groot deel van haar economische kracht en kreeg het met enige regelmaat een blokkadevloot voor de haven. De pepermarkt bleef er niettemin van betekenis en de VOC moest er de concurrentie dulden van andere Europese naties. In 1682 greep de Compagnie in bij een twist in het vorstenhuis en twee jaar later onderwierp de stad zich, hetgeen de doodsteek voor de handel betekende. Van de landzijde kwam het gevaar voor Batavia van het vorstendom Mataram. Aanvankelijk was de relatie met sultan Agoeng van Mataram—hij nam later de titel *Soesoehoenan* aan—vreedzaam, maar toen de VOC, beducht voor een te grote invloed van de sultan, zijn aanspraken op Bantam niet ondersteunde, volgde er twee maal, in 1628 en 1629, een beleg van Batavia. Sedert 1646 was er een periode van vrede, waarbij de Compagnie het oppergezag van de *Soesoehoenan* over Java formeel erkende. Ook hier greep de VOC de gelegenheid aan zich in een successietwist te mengen, waardoor na 1677 het machtsevenwicht ten gunste van Batavia doorsloeg.
Het verkrijgen van het monopolie in de specerijen van de Molukken was wel de zwaarste opgave waarvoor de Heren Zeventien hun dienaren in Azië hadden gesteld. In de 17e en de 18e eeuw werden alleen het eiland Halmaheira en de aan de westzijde daarvan gelegen eilandjes onder de term Molukken begrepen. Deze eilandjes waren gegroepeerd in kleine Moslimrijkjes, waarvan het sultanaat Ternate het machtigste was. In vroeger tijd was Makéan het enige eiland geweest waar kruidnagelboompjes groeiden, maar de kruidnagelteelt had zich naderhand uitgebreid en was tevens overgebracht naar het veel zuidelijker gelegen Ambon en de kust van Ceram. De Banda-eilanden (Banda Neira, Lontor, Pulau Ai, Pulau Run en het vulkaaneiland Goening Api) namen een bijzondere positie in, omdat deze de exclusieve producenten van nootmuskaat en foelie waren.
Van het begin af aan hadden kooplieden bij

De werkzaamheden van het scheepsvolk bestonden onder andere uit het bedienen van de zeilen, het roer en de pompen om het schip droog te houden. (Detail van schilderij door A. Storck, 1698, Scheepvaartmuseum, Amsterdam)

'In prauw gezeten werden de Heeren (g.g. Maetsuyker en commandeur Joan Cunaeus) met gevolg naar de Peerl gevoerd. Hoe de retourvloot in 't jaar 1657 van Batavia vertrok.' Aldus verbeeldde J. Isings in 1921 het vertrek van de retourvloot onder commandeur Cunaeus, die op 18 dec. 1657 met zes schepen met een lading ter waarde van *f* 1.819.000 naar patria zeilde. Coll. KITLV, Leiden.

hun contacten met de bevolking van de specerij-eilanden getracht via verdragen de leverantie aan anderen uit te sluiten. In 1600 en 1605 hadden de bewoners van Ambon aan Steven van der Haghen het kruidnagelmonopolie beloofd; Wolfert Harmensz. had in 1602 van de bewoners van Pulau Ai, een der Banda-eilanden, een monopolie voor noten en foelie gekregen, hetgeen door de bevolking van enkele andere eilandjes een aantal jaren later ook aan Van der Haghen werd beloofd. Tenslotte had Matelieff een monopoliecontract gesloten met Ternate in 1607. Maar deze contracten werden aan alle kanten ontdoken, begrijpelijk, daar de VOC onvoldoende in staat was om de bewoners in ruil voor hun produkten van voedsel en kleding te voorzien en de vernietiging van de inheemse scheepvaart zelfs gebrek aan de eerste levensbehoeften deed ontstaan. Bovendien deed een niet gering aantal concurrenten eveneens grote moeite deed de specerijen te verwerven: Makassaren, Javanen, Portugezen, Spanjaarden en Engelsen.

In 1621 richtte Coen zich allereerst op de Banda-eilanden om naleving van de verdragen af te dwingen. Matelieff, die de Banda-eilanden uit eigen aanschouwen kende, had reeds voorspeld, dat het monopolie in de nootmuskaat slechts met geweld zou kunnen worden afgedwongen. Al voor 1621 was de verhouding tussen de VOC en de Bandanezen getekend door geweld. In 1609 was Verhoeff, die een fort op Neira trachtte op te richten door Bandanezen om het leven gebracht. Een poging tot verovering in 1615 door Gerard Reynst was door de Bandanezen afgeslagen, in het daaropvolgende jaar had Jan Dircksz. Lam het eilandje Pulau Ai weten te veroveren. In 1622 voelde Coen zich sterk genoeg om de eilanden definitief onder de macht van de Compagnie te brengen en hij trok met een legermacht van wel 2000 man naar Banda toe. De gruwelijke gevolgen van deze actie, waarbij een groot deel van de bevolking omkwam en een ander deel werd gedeporteerd, zijn bekend. De Engelsen, die krachtens de overeenkomst van 1619 aan de expeditie hadden mogen meedoen, maar zich daartoe niet in staat hadden verklaard, gaven hun vestiging op Pulau Run op, dat met de overige eilandjes van de Bandagroep aan de Compagnie kwam. De ontvolkte eilanden werden gekoloniseerd en de nieuwe bewoners, de 'perkeniers', leverden de produkten van hun notenperken uitsluitend aan de VOC, die daarmee in 1622 het monopolie in noten en foelie in bezit kreeg.

Het duurde nog wel veertig jaar eer dit ook met de kruidnagelen het geval was. Op tal van manieren is getracht dit monopolie af te dwingen: door het herhaald laten afnemen van de eed op de verdragen met de VOC, door vernietiging van kruidnagelbomen (een drastisch middel, omdat de boom pas na twaalf jaar vrucht draagt) en soms in bittere oorlogen. Het verzet dat steeds weer ontstond, kreeg soms het karakter van een guerrilla oorlog. Ambon werd in 1655, door hardhandig ingrijpen van Arnold de Vlamingh, definitief onder compagniegezag gebracht. In 1677 werd ook de sultan van Ternate voorgoed aan de VOC onderworpen, hetgeen in 1684 plechtig te Batavia werd bekrachtigd. Inmiddels was de kruidnagelteelt op Ambon geconcentreerd en op de overige eilanden vernietigd.

Behalve het onderwerpen van de bewoners diende men ook de concurrentie buiten spel te zetten. De Engelsen trokken zich na de 'Ambonse Moord' in 1623 uit het gebied terug. Deze gebeurtenis, een overhaaste terechtstelling van een tiental Engelse compagniedienaren op grond van een slecht gefundeerde beschuldiging van verraad, maakte defintief een einde aan het in Europa gesloten verdrag tussen VOC en EIC. De Portugezen waren al vrij snel verdreven, maar hun plaats was ingenomen door de Spanjaarden die vanuit hun basis te Manilla het gebied waren binnengedrongen. Zij voerden echter geen actieve handelspolitiek en werden steeds minder als een dreiging gezien; tenslotte trokken zij zich in 1662 uit hun fort te Ternate terug. Vanuit het op Zuid-Celebes gelegen Makassar werd

het monopolie nog lange tijd op grote schaal ontdoken. In deze plaats konden Aziatische en Europese kooplieden terecht voor 'gesmokkelde' kruidnagelen en dus was er de bewindhebbers veel aan gelegen om deze laatste uitweg af te snijden. Dit lukte pas na harde strijd in 1667, toen Cornelis Speelman met steun van Aroe Palakka, de vorst van het eveneens op Celebes gelegen Boni, de Makassaren op de knieën dwong. De stad Makassar werd aan de VOC afgestaan en voorlopig vielen de vruchten van de kruidnagelteelt uitsluitend de VOC toe.
Elders in de Archipel vormde de Compagnie een minder geduchte macht. Op Sumatra, waar peper het belangrijkste produkt was, waren er contacten met Atheh, Palembang en Jambi. Door de verovering van Malakka in 1641 wijzigden de machtsverhoudingen rondom Straat Malakka zich ten gunste van de Compagnie en deze slaagde erin met de drie genoemde staten monopoliecontracten af te sluiten. Van een algemeen monopolie in peper voor de VOC was geen sprake; de omvang van de peperproducerende gebieden sloot een politiek zoals die gevoerd was ten opzichte van de specerij-eilanden uit. De Engelsen, die zich tot aan 1682 te Bantam van peper hadden voorzien, deden dat na die datum vanuit hun nieuwe vestiging te Benkoelen op de westkust van Sumatra. De peper van Borneo (Bandjermasin) liet men aan de Chinezen.

Coromandel, Bengalen en de Westerkwartieren

De hardnekkige concentratie op het specerijenmonopolie en de grote vasthoudendheid in de strijd in de Archipel betekende evenwel niet dat de Compagnie elders de zaak op zijn beloop liet. Het was trouwens overduidelijk dat afzijdigheid ook niet mogelijk was, wilde men zich een plaats verwerven in het intra-Aziatische handelsverkeer. Voor de aankoop van specerijen in de Archipel was Indiaas textiel als ruilmiddel onontbeerlijk en daarom trachtten de Nederlanders al spoedig toegang te krijgen tot de Indiase markt. Maar de staatkundige constellatie in deze delen van Azië was niet zodanig dat de VOC het zich kon veroorloven met dezelfde agressie op te treden als in de Molukken, en bovendien vereisten de veel beperktere handelsdoeleinden die agressie ook lang niet altijd.
In India was de politieke situatie divers. In het noorden lag het centrum van het rijk der Groot-Mogols, dat onder Akbar (1556-1605) en Aurangzeb (1658-1707) tot bloei kwam. De invloed van dit moslimrijk breidde zich steeds meer naar het zuiden uit, waar men de restanten aantrof van het eens machtige Vijayanagar-rijk en waar de hindoe-godsdienst overheersend was. Tenslotte was aan de westkust, te Goa en het zuidelijk daarvan gelegen Cochin, de macht van de Portugezen geconcentreerd.
Door Van der Haghen was al in 1605 een schip ter verkenning naar de kust van Coromandel gezonden, een streek waar de Portugese invloed gering was. Men kreeg zowel in het noorden, in het koninkrijk Golconda, als in het zuiden, waar een aantal *nayaks* onder nominaal gezag van het Vijayanagar-rijk gebieden bestuurde, het recht factorijen te stichten en men sloot overeenkomsten (*firmans*) voor gunstige handelsvoorwaarden. In 1610 kon al een zelfstandige directie gevormd worden met onder andere kantoren te Masulipatnam in het noorden en Paleacatte in het zuiden. In deze laatste plaats verrees het fort Geldria, de zetel voor de directie. De VOC kon zich niet geheel onttrekken aan de oorlogen in dit gebied, maar wist zich er goed te handhaven. In 1659 werden de Portugezen uit hun fort te Negapatnam verdreven.
Aanvankelijk ressorteerde de vestiging in Bengalen, Hougli, onder Coromandel, maar met het toenemen van het economisch belang van deze factorij werd Bengalen in het midden van de 17e eeuw onder eigen directie geplaatst.
Veel ongelukkiger was het begin van vestiging in het noordwesten van India, te Suratte. De eerste Nederlandse kooplieden die deze internationale handelsstad reeds in 1602 bezochten, Hans de Wolf en Lafer, werden bij het verlaten van de stad door Portugezen onderschept en terechtgesteld. Even tragisch

Culturele tegenstellingen: de Nederlands hervormde kerk in Masulipatnam aan de Kust van Noord-Coromandel wordt bezocht door een Indiase vorst. (Gravure, 1663, Scheepvaartmuseum Amsterdam)

Gezicht op Negapatnam aan de kust
van Coromandel, 17e eeuw. Coll.
Bodel Nijenhuis, UB, Leiden.

Kaart 2 India.

Factorij van de VOC te Agra in het achterland van Gujarat, begin 17e eeuw.

was het lot van David van Deynsen die in 1607 te Suratte was, maar zo in het nauw werd gebracht dat hij in eenzaamheid en onder duistere omstandigheden zelfmoord pleegde. Hoewel deze gebeurtenis nog lang een hypotheek legde op de verhouding tussen de Compagnie en de autoriteiten van het Mogolrijk waartoe Suratte behoorde, ontstond er door optreden van Pieter van den Broecke na 1616 een bloeiende vestiging met verschillende kleinere kantoren in het achterland. Tevens werden de begeerde handelsprivileges verkregen, de eerst *firman* dateert uit omstreeks 1630. Van Suratte uit werd contact gelegd met Perzië. Hier volgde de VOC de Engelsen, die het strategisch aan de ingang van de Perzische Golf gelegen eilandje Ormoez aan de Portugezen ontnomen hadden en Nederlandse hulp inriepen om de zijde-uitvoer van Perzië te verleggen van de Levantroute naar de zeeweg rond Kaap de Goede Hoop. Die opzet slaagde niet. De kooplieden van de Compagnie wisten echter, profijt trekkend van het kapitaaloverwicht dat zij op de Engelsen bezaten, de concurrentie van de EIC te overwinnen. Het kantoor te Gamron (Bandar Abbas) werd derhalve voor de VOC van groot belang. Dit te meer omdat de VOC zeer gunstige handelsvoorwaarden wist te verkrijgen.

Nog verder westwaarts trachtte de Compagnie handel te drijven, met Mocha bij de ingang van de Rode Zee. Deze plaats rekende men met Suratte en Perzië onder de zogenaamde Westerkwartieren. Al in 1614 bezocht Pieter van den Broecke deze stad en de verwachtingen waren hoog gespannen. Mocha was de 'principalste coopstadt van heel Arrabiën Felickx'![5] De gouverneur van de stad, die deel uitmaakte van het Ottomaanse rijk, was er aanvankelijk van overtuigd met een oorlogsschip te maken te hebben, zo zwaar was het jacht, waarmee Van den Broecke op de rede verscheen, bewapend. Tenslotte werd in 1620 een factorij gesticht, die ten gevolge van tal van conflicten geen lang leven beschoren was. Vanaf 1638 werd Mocha met enige regelmaat door VOC-schepen bezocht, maar tegenvallen-

de handelsresultaten maakten na 1655 een einde aan deze expedities. Pas tegen het einde van de 17e eeuw zou Mocha weer in het handelsnet van de Compagnie worden opgenomen.
Men kan zich afvragen waarom de overheden in India en Perzië de compagniedienaren over het algemeen zo gemakkelijk toelieten en aan hen handelsprivileges, als ook verlaging van in- en uitvoerrechten, toekenden. Nu was het centrum van de macht in deze gebieden in het binnenland gelegen en de autoriteiten voelden weinig behoefte om—iets wat in volstrekte tegenstelling stond met de praktijk in de koopmansrepubliek der Verenigde Nederlanden!—de koopmansklasse in de kuststeden aan de periferie te beschermen. In sommige gevallen echter hadden plaatselijke gezagsdragers belangen in scheepvaart en handel en dan werd vaak wel een gemeenschappelijk front gemaakt tegen de Europese nieuwkomers. Iets dergelijks deed zich voor te Suratte. De kooplieden en autoriteiten van deze handelsstad, die al de eens zo profijtelijke handel op de Archipel had moeten prijsgeven, vreesden na de komst van de VOC in hun stad voor de handel op de Rode Zee, maar vonden weinig steun bij de Mogol-regering. Bovendien kon een overheid er financieel of politiek voordeel in zien buitenlandse handelaren aan te trekken. Er was dus sprake van een complex en uiteraard steeds verschuivend machtsevenwicht tussen de regeringen, de inheemse kooplieden en de Europeanen. De Europeanen traden meestal niet op als een gesloten groep, maar beconcureerden elkaar en werkten elkaar soms tegen. De situatie wordt nog meer complex, als men in aanmerking neemt dat de compagniedienaren ook eigen, privé-doeleinden nastreefden in de handel en dat een deel der inheemse kooplieden van de komst der Europeanen profiteerde. Voor zover de VOC in dit krachtenspel een militair of maritiem overwicht had, kon ze het slechts zeer behoedzaam gebruiken, omdat de gevolgen meestal averechts waren. Wél bezat de Nederlandse Compagnie het voordeel dat haar omvangrijke vloot en enorme kapitaal haar tot een begeerde handelspartner maakte, hetgeen naarmate de VOC de exclusieve handel in fijne specerijen voor zich won nog toenam.
De betrekkingen met Perzië zijn illustratief voor het bovenstaande. Het was Hubert Visnich in 1623 gelukt een voor de VOC zeer voordelig handelscontract met Sjah Abbas te sluiten, voordeliger nog dan het contract dat de Engelsen kort daarvoor hadden gesloten. Het waren immers de Engelsen geweest die op Perzisch verzoek de Portugezen uit Ormoez hadden verdreven. Maar er was de Sjah veel aan gelegen een alternatieve route voor de export van zijde te ontwikkelen, buiten de handelsweg door het Ottomaanse rijk waarmee hij voortdurend in oorlog was, en voor het uitvoeren van deze politiek leek de VOC het meest geschikt. Toen de Sjah ook op hoger niveau steun zocht en een afgezant naar de Republiek zond, ontstonden er bij de bewindhebbers irritaties over het gedrag van Visnich. De Compagnie wist geen raad met deze afgezant, kreeg hem bijna niet meer weg en betaalde al morrend zo'n veertigduizend gulden aan verblijfkosten. Van de zijde van de Staten-Generaal had de VOC geen enkele steun te verwachten want de Republiek wilde geen moeilijkheden met het Ottomaanse rijk. Door de bewindhebbers in patria met deze ambassadeur op te schepen verloor Visnich veel sympathie. Daarbij kwamen er steeds meer klachten VOC-kooplieden uit zijn omgeving, die zelf overigens allerminst brandschoon waren. Tot 1629 hield Visnich het nog uit, toen stierven zijn beide beschermers, Sjah Abbas en Jan Pietersz. Coen, en nam hij de wijk naar de Armeense koopliedengemeenschap, waarmee hij nauwe contacten had onderhouden. Op zijn verdere vlucht werd hij tenslotte om het leven gebracht. De relaties tussen Perzië en de VOC waren verstoord en de nieuwe handelsvoorwaarden die men er onder de opvolger van Abbas verkreeg, waren veel minder voordelig dan die in 1623 waren overeengekomen.

Ceylon, Malabar en het Maleise schiereiland

De VOC heeft zich in grote en kostbare militaire operaties gestort om de Portugezen uit Ceylon, Malabar en Malakka te verdrijven. Ceylon, het belangrijke kaneeleiland, durfde men pas in 1637 aan te pakken. Dat gebeurde in samenwerking met de koning van het in het binnenland gelegen Kandy, die graag van de Portugezen op het eiland verlost wilde worden. Aan de samenwerking werden echter dermate zware verplichtingen verbonden, dat de vorst daaraan onmogelijk kon voldoen. Hij kwam dan ook spoedig tot het inzicht dat de ene bezetter plaats maakte voor de andere. In de eerste fase van de strijd werd Negombo veroverd en kort daarop Galle, welke laatste plaats zowel door de ligging in de kaneelgebieden als uit maritiem oogpunt van grote betekenis was. Gedurende de strijd belette een blokkadevloot voor Goa dat van daaruit versterking zou worden gezonden.
Het tweede succes dat in deze jaren op de Portugezen werd behaald, was, na jarenlange blokkades, de verovering van Malakka (1641). De VOC kreeg daarmee ook de controle over de tweede zeestraat tussen oost en west, Straat Malakka. Helemaal volledig was die controle overigens niet: de macht van het sultanaat Johore, dat steun had gegeven in de strijd om Malakka, was zodanig, dat Batavia het zich niet kon permitteren alle verlangens van dit rijk te negeren.
Nadat de wapenstilstand met Portugal tot een einde kwam, werd in 1654 de strijd op Ceylon hervat. In 1656 werd Colombo genomen, dat voortaan de hoofdzetel van het Ceylonese gouvernement werd, en Rijcklof van Goens ontnam kort daarna aan de Portugezen hun laatste bezit op Ceylon, Jaffna. Ook op de tegenover Ceylon gelegen kuststreek van India (Madurai) wist Van Goens vaste voet te krijgen. Met de verovering van Ceylon had de VOC de kaneelgebieden in handen gekregen en het monopolie in de specerij verworven. Tenslotte wendde Van Goens zich naar Malabar. Commercieel gezien was deze streek aantrekkelijk door de peper, maar nu Ceylon veroverd was, speelde ook de strategische ligging van Malabar ten opzichte van dit eiland een rol. Vanuit dit gebied zouden de Portugezen Ceylon kunnen bedreigen en die dreiging moest worden afgewend. Pas na ettelijke campagnes en na nog extra steun uit patria te hebben ontvangen, wist Van Goens het taaie verzet van de Portugezen te breken en in begin 1663 het belangrijkste centrum, Cochin, in te nemen, nog net voordat de slepende vredesonderhandelingen met Portugal in Europa tot resultaat kwamen. De Compagnie had nu een aanzienlijke militaire macht in deze streek en sloot met verschillende vorsten monopoliecontracten voor de peperleverantie. In de praktijk bleek het echter zeer kostbaar en moeilijk om de naleving daarvan af te dwingen.
Door zijn militaire successen had Van Goens, gouverneur van Ceylon, zich een machtige positie verworven. Hij streefde ernaar om het eiland een positie te geven gelijkwaardig aan die van Batavia; Ceylon zou *rendez-vous* moeten worden voor de Indiase en meer westelijk gelegen kantoren. Direct na de gunstige afloop van het beleg van Cochin had hij een jacht, de 'Meiboom', rechtstreeks naar patria gestuurd met het trotse bericht van zijn overwinning, een zeer ongebruikelijke stap, omdat tot dan toe alle scheepvaartverkeer op de Republiek via Batavia plaatsvond. Maar nu ontstond een rechtstreekse vaart tussen Nederland en Ceylon, hetgeen Van Goens de gelegenheid gaf buiten de Hoge Regering in Batavia om met de bewindhebbers te corresponderen. Dat irriteerde de Hoge Regering uitermate. Van Batavia uit durfde men echter niet tegen Van Goens op te treden. De Heren Zeventien waren enerzijds geïmponeerd door Van Goens' militaire successen en door de fantastische voordelen die hij hun voorspiegelde, maar raakten anderzijds geërgerd omdat de kosten steeds veel hoger uitvielen dan verwacht werd en de voordelen steeds lager. Zij voerden dan ook een wisselende politiek in deze rivaliteit en competentiestrijd tussen hun Aziatische dienaren.

Het Verre Oosten

Terwijl in het westen de Portugezen met succes werden bestreden, leed de Compagnie in het oosten een gevoelig verlies. De Nederlanders hadden zich na vruchteloze pogingen om de handel met China via een vestiging op de kust of op de Pescadores te forceren, op Taiwan teruggetrokken. Aanvankelijk leek zich daar een winstgevende kolonie te ontwikkelen, maar in feite werd de situatie zeer onevenwichtig door de komst van grote aantallen Chinezen van het vasteland. China zelf verkeerde in grote verwarring door de strijd die de aanhangers van de verdreven Ming-dynastie voerden tegen het nieuwe bestuur van de Ching-dynastie. Op zoek naar een veilige operatiebasis nam de Ming-loyalist Cheng Ch'engkung—de 'zeerover' Coxinga—het eiland in 1662 in bezit. De Hoge Regering stuurde uit Batavia drie jaar achtereen een kostbare vloot onder Balthasar Bort, niet zozeer om Taiwan te heroveren als wel om het geschonden prestige weer wat op te vijzelen. De relatie met China werd vervolgens een aaneenschakeling van misverstanden op diplomatiek en commercieel niveau. Hoewel er tot 1690 nog compagnieschepen naar de Chinese kust werden gezonden, vertrouwde Batavia in haar verbinding met China meer en meer op de vanouds bestaande jonkenhandel.
Evenals in China was de VOC te Japan nagenoeg geheel afhankelijk van de goedgunstigheid van de overheid en ondanks de vele beperkingen, die leidde tot de afzondering van de Nederlanders op het eilandje Deshima te Nagasaki in 1641, betoonden de Japanners inderdaad die goedgunstigheid. Daar deed de Compagnie trouwens ook zeer haar best voor, want Japan werd een uitermate belangrijke handelspartner, waar tot groot profijt van de VOC alle overige Europeanen werden geweerd.
In Achter-Indië, waar de staatkundige situatie weinig stabiel was, handelde de VOC met wisselend succes. In Arrakan (in het huidige Birma) bezat de Compagnie in de eerste helft van de 17e eeuw een loge. Een factorij in Pegu, bij Siriang (even bezuiden Rangoon), werd in 1635 gevestigd maar reeds na tien jaar opgeheven. Ook in Cambodja en Quinam waren de omstandigheden zodanig dat Batavia na verloop van tijd van vestiging moest afzien en het personeel moest terugroepen. Siam was van groter betekenis voor de VOC. Al sedert 1613 had de Compagnie er een vestiging, een hoofdkantoor te Ayutthaya en een ondergeschikte loge te Ligor. Sappanhout, tin en huiden waren de voornaamste uitvoerprodukten. De goede verstandhouding tussen de vorst en de VOC dreigde na 1680 verstoord te worden omdat toen een Griekse avonturier, Phaulkon, veel invloed aan het hof verwierf. Bovendien verscheen een Franse vloot voor de kust en vervolgens trachtten de Fransen met veel vertoon van macht diplomatieke banden met Siam aan te knopen. Het tactloze en arrogante optreden van de Fransen riep zoveel tegenkrachten op, dat deze dreiging zonder inspanningen van de Nederlandse compagniedienaren werd afgewend. En toen ook Phaulkon zijn beschermheer verloor, kon de Compagnie de oude positie weer hernemen; na 1688 waren de Nederlanders de enige Europeanen die in Siam getolereerd werden.
Te Tonkin opende de VOC in 1640 een loge. Dit kantoor was van belang voor de export van zijde naar Japan. Omstreeks het midden van de 17e eeuw was deze uitvoer op een hoogtepunt, daarna liep de handel snel terug en in 1699 werd de loge door Batavia opgeheven.
Buiten het handelsgebied bleven Nieuw-Guinea en Australië, waarvan de kusten werden verkend. De westkust van Australië doemde op voor die schepen die van de Kaap de Goede Hoop zuidwaarts koersten en niet op tijd een noordelijker koers kozen om Straat Soenda te bezeilen. Verschillende keren werden verkenningstochten naar het onbekende 'Zuidland' ondernomen: Jan Carstensz. (1623), Abel Tasman (1642, 1644) en Willem de Vlamingh (1696).
Tenslotte had de VOC in 1652 aan de Kaap de

(Boven) Gouverneur-generaal Antonio van Diemen (1636-1645), gravure. Koninklijk Instituut voor Taal-, Land- en Volkenkunde (KITLV) Leiden.

(Onder) Zilveren herdenkingspenning geslagen ter gelegenheid van het eeuwfeest van de VOC, van R. Arondeaux. Op de voorzijde de VOC gepersonificeerd door een vrouw met scheepskroon. Op de keerzijde een schip door de zes kamers voortgeroeid, voorbij de zuilen van Hercules oostwaarts varend. De Latijnse spreuk op de voorzijde betekent: 'In de volgende eeuwen ga ik voort'; die aan de keerzijde: 'Onder Gods hulp is geen weg ongebaand'. Koninklijk Penningkabinet, Leiden.

Manuscriptkaart van Isaak de Graaf, waarop o.a. het land van de Eendraght en Nova Guinea. Duidelijk blijkt, dat de zeeweg tussen Nieuw Guinea en Australië nog niet ontdekt is. Algemeen Rijksarchief, Den Haag.

Tabel 7 De gouverneurs-generaal 1610-1801

1610-1614	Pieter Both
1614-1615	Gerard Reynst
1616-1619	Laurens Reael
1619-1623	Jan Pietersz.Coen
1623-1627	Pieter De Carpentier
1627-1629	Jan Pietersz. Coen
1629-1632	Jacques Specx
1632-1636	Henrick Brouwer
1636-1645	Antonio van Diemen
1645-1650	Cornelis van der Lijn
1650-1653	Carel Reniers
1653-1678	Joan Maetsuyker
1678-1681	Rijcklof van Goens
1681-1684	Cornelis Janszoon Speelman
1684-1691	Joannes Camphuys
1691-1704	Willem van Oudthoorn
1704-1709	Joan van Hoorn
1709-1713	Abraham van Riebeek
1713-1718	Christoffel van Zwoll
1718-1725	Hendrik Zwaardecroon
1725-1729	Mattheus de Haan
1729-1731	Diederik Durven
1731-1735	Dirck van Cloon
1735-1737	Abraham Patras
1737-1741	Adriaan Valkenier
1741-1743	Johannes Thedens
1743-1750	Gustaaf Willem, baron van Imhoff
1750-1761	Jacob Mossel
1761-1775	Petrus Albertus van der Parra
1775-1777	Jeremias van Riemsdijk
1777-1780	Reynier de Klerck
1780-1796	Willem Arnold Alting
1796-1801	Petrus Gerardus van Overstraten

Goede Hoop een verversingspost gesticht voor de schepen op de lange route van Europa naar Azië. De bezetting op het eiland Mauritius ressorteerde onder de Kaap.

'Een Compagnie van commercie maer oock van staat'

De zo gewelddadige expansie van de VOC heeft in de literatuur tot veel discussie geleid over de relatie tussen het krijgsbedrijf en de handel. Lag aan deze expansie een groots concept, een 'masterplan' wellicht ten grondslag? Waren de gevolgen van de expansie, de verovering van vele gebieden, wel in overeenstemming met het karakter van de Compagnie, die toch als handelsonderneming was opgezet? Werd dit met zoveel moeite verworven bezit tenslotte niet een molensteen om de nek van de VOC?
Ten aanzien van de eerste vraag kan op grond van hetgeen hiervoor is gezegd opgemerkt worden dat door de bewindhebbers in patria pas omstreeks 1610 een duidelijk programma werd opgesteld, dat in Azië eventueel met geweld moest worden uitgevoerd. Dit programma beperkte zich tot de Archipel. Daarna was het Coen, die met het ideaal van een intra-Aziatisch handelsnet voor de Compagnie voor ogen, richting gaf aan de expansie. In hun artikel *The origin and rhythm of Dutch aggression* geven de historici Blussé en Winius aan, dat het zwaartepunt van de activiteiten van de Compagnie nu eerst gericht was op het winnen van de handel in het Verre Oosten.[6] Daar schenen fabelachtige winsten in het verschiet, de Portugezen die uit Macao Chinese zijde naar Japan brachten gaven het voorbeeld: de enorme fortuinen die de Lusitaniërs daarmee verdienden, zouden toch ook de VOC kunnen toevallen.
Pas nadat omstreeks 1635 een geregelde handel op Japan via Formosa tot stand was gebracht, werd de blik weer naar het westen gericht. Systematisch werden nu de Portugezen uit hun posities verdreven en Van Diemen, die het offensief inzette, bleek als imperium-bouwer niet voor zijn leermeester Coen onder te doen. De bewindhebbers stelden daarvoor de middelen beschikbaar en waren weinig ingenomen met het feit dat de Staten-Generaal in 1641 een tienjarig bestand sloten met Portugal. Na het aflopen van dit bestand werd het werk van Van Diemen door Van Goens afgemaakt. Kortom, van een 'masterplan' was wellicht geen sprake, wel van een zekere systematiek en, ten aanzien bestrijding van de Portugese macht, een duidelijke strategie.
Voor de bewindhebbers was de expansie in Azië ondergeschikt aan economische

motieven. De ambities van de dienaren overzee reikten soms verder, en naarmate macht en aanzien van de VOC in Azië toenamen werd de kloof tussen de directie en de ondergeschikte dienaren overzee groter.

''t Is een gemeen ende in seeckeren sin waerachtig seggen dat de Nederlandsch Oost Indische Compagnie is niet alleen een Compagnie van commercie maer oock van staat. Edoch 't selve soude en seer verkeerde ende schadelijcke impressie geven in de gedaghten van degeene die het Bewindt van deselve Compagnie is toevertrouwt, indien bij haer daeruyt besloten wiert, dat men om insighten van Staet, ende niet alleen om voordelen te doen door commercie moeyte ende kosten voor 't occuperen, conquesteren, fortificeren... moet aenwenden.'[7]

Aldus gaf de staatsman Coenraad van Beuningen, bewindhebber van kamer Amsterdam, in 1685 uiting aan zijn ongerustheid over situatie in Azië. Van Beuningen en enkele medestanders maakten zich zorgen over deze situatie, die het resultaat scheen te zijn van de tachtig jaar van expansie van de VOC in Azië. Misschien stond de Compagnie wel op het toppunt van haar macht, dat toppunt leek hun echter te duur te zijn. De bewindhebbers betwijfelden of de veroveringen en de daaruit voortvloeiende bestuurstaken wel ten dienste stonden van datgene wat het enige doel van de Compagnie behoorde te zijn: een zo profijtelijk mogelijk handeldrijven om het geld, door de participanten aan de Maatschappij toevertrouwd 'tot derzelver meeste voordeel te employeren'. De dure expansiepolitiek, waarbij de vloot bij zeeslagen, blokkades en landingsoperaties een vitale rol had gespeeld, zou moeten worden stopgezet. Nu de hegemonie ter zee in Azië zo duidelijk gevestigd was, behoefden niet langer speciaal ten oorlog uitgeruste schepen naar Batavia te worden uitgezonden.
De VOC had zich echter op Java en Ceylon al zo vast gezet en zo grote belangen gevestigd dat de ontwikkeling niet meer te stuiten was. De maritieme expansie maakte in de 18e eeuw plaats voor een proces van territoriale machtsontplooiing, die gepaard ging met explosieve groei van de uitgaven. Daardoor kwam de tegenstelling tussen koopman en soeverein, welke de VOC van begin af had gekenmerkt, met steeds meer nadruk naar voren. De kosten, dat zal hierna (in hoofdstuk 4) nog blijken, werden inderdaad zeer hoog. De VOC werd gedwongen zich steeds meer op de machtscentra Java en Ceylon te richten, daarbuiten verloor zij invloed en aanzien en moest ze zich aanpassen aan de zich wijzigende omstandigheden.

Afbrokkeling van de macht

Dat de VOC haar oude luister en macht buiten de Archipel en Ceylon niet kon handhaven werd het eerst duidelijk in het westelijk bekken van de Indische Oceaan. Aan de gunstige economische conjunctuur in dit deel van Azië kwam een einde door het verval van het Mogolrijk en de val van de Safavidendynastie (1722) in Perzië. Suratte, het handelsemporium van westelijk Azië, moest deze positie in de eerste helft van de 18e eeuw prijsgeven. Geleidelijk werd de stad van het binnenland afgesneden, zodat de katoenen stoffen en de indigo niet meer konden worden aangevoerd. Bovendien zagen de Suratse kooplieden de belangrijke handel op de Rode Zee verloren gaan ten gevolge van plundering en afpersing waaraan zij te Mocha blootstonden. Na enige decennia van interne twisten en grote verarming kwam Suratte tenslotte in 1759 in Engelse handen. Vanaf dat moment nam de VOC in de stad een ondergeschikte positie in. De handel in de Perzische Golf ging omstreeks het midden van de 18e eeuw geheel voor de Compagnie verloren. Omstreeks 1700 bezat VOC in Perzië factorijen te Gamron en Bushire. Toen de omzet er na 1722 terugliep, werd het zwaartepunt verplaatst naar Basra, de haven van Bagdad aan de monding van de Eufraat. Om aan de tolheffing van de Turkse

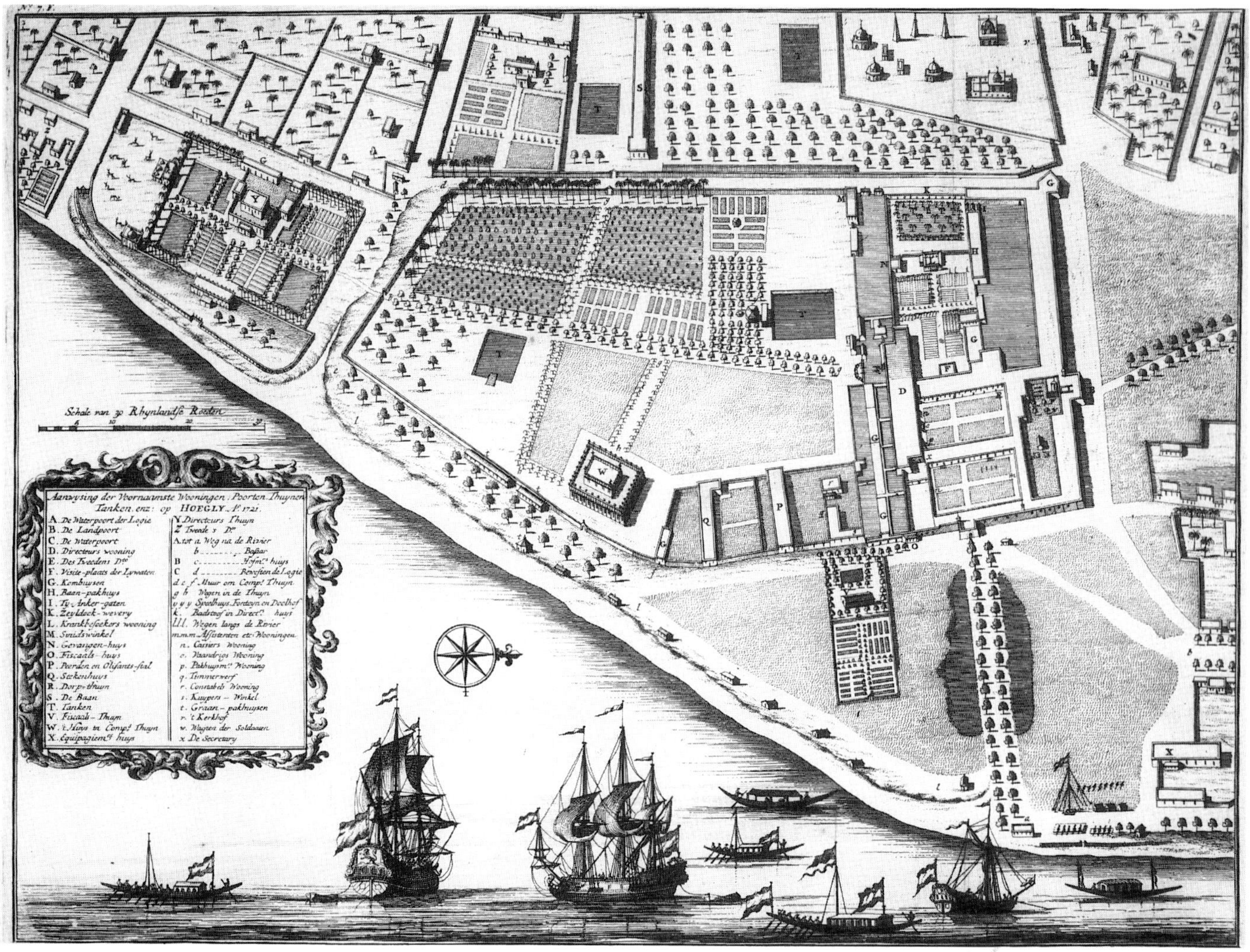

Plattegrond van de factorij van de voc
te Hougly. Uit Valentyn, *Oud en*
Nieuw Oostindiën, 1723.

(Links) Portret van Laurens Reaal, die als gouverneur-generaal van 1617 tot 1618 een veel minder militante politiek ten opzichte van de Molukken voorstond dan zijn opvolger Jan Pietersz. Coen. (Lithografie naar een tekening van Hoevenaar, c. 1890, coll. KITLV)

(Boven midden) Jan Pietersz Coen (1587-1629), gouverneur-generaal (1619-1623 en 1627-1629). (Anoniem schilderij, midden 17e eeuw, Scheepvaartmuseum, Amsterdam)

(Boven rechts) Antonio van Diemen (1593-1645), gouverneur-generaal (1636-1645). Van Diemen heeft de expansie van de VOC in het westen van Azië krachtig gesteund, tijdens zijn bewind werd o.a. Malakka op de Portugezen veroverd. Hij was ook de man die het initiatief nam tot de expeditie onder leiding van Abel Tasman om Australië te verkennen. (Anoniem schilderij, tweede helft 17e eeuw, Scheepvaartmuseum, Amsterdam)

(Onder midden) Cornelis Speelman (1628-1684) kan worden gezien als de laatste der krijgshaftige imperiumbouwers onder gouverneurs-generaal. Door zijn overwinning op Makassar in 1667 kwam het kruidnagelmonopolie vast in handen van de VOC. Tijdens zijn gouverneur-generaalschap (1681-1684) vond ook het ingrijpen in Bantam plaats. (Anoniem schilderij, eind 17e eeuw; Scheepvaartmuseum Amsterdam)

(Onder rechts) Gustaaf Willem Baron van Imhoff (1705-1750), gouverneur-generaal (1743-1750). Van Imhoff, die eerder gouverneur van Ceylon was geweest, heeft ondanks het feit dat hij zijn grootse reorganisatieplannen tijdens zijn bewind maar ten dele heeft kunnen realiseren, grote invloed gehad op de ontwikkelingen binnen de Compagnie in de 18e eeuw. (Anoniem schilderij, Scheepvaartmuseum, Amsterdam)

(Links) Gezicht op de rede en het kasteel van Batavia met VOC-schepen, jonken en inheemse vaartuigen, midden 17e eeuw. (Schilderij van Hendrick Jacobsz. Dubbels, Rijksmuseum, Amsterdam)

(Boven links) Het Oostindisch Huis van de kamer Rotterdam aan de Boompjes, op een Meissen bord dat deel uitmaakt van het 432-delig pronkservies dat in 1772 door de VOC aan Willem V als opper-bewindhebber werd aangeboden ter gelegenheid van de geboorte van de erfprins, de latere Willem I. (Historisch Museum, Rotterdam)

(Boven rechts) Porseleinen bord met VOC-schepen in de Tafelbaai. Dergelijke borden lieten door hoge VOC-dienaren vaak als souvenir in China maken. (National Maritime Museum, Greenwich)

'Vorst Mangkoe Rat II doorsteekt met zijn kris, genaamd de eerwaarde Blabor, de opstandeling Troenadjaja, die hij met zijn twee vrouwen Kliting Koening en Kliting Woengoe, zusters van de vorst voor zich had laten komen.' Een episode uit 1680, tijdens één van de successie-oorlogen in het rijk van Mataram (1600-1757), waarbij de VOC betrokken raakte. De VOC steunde de gekozen Amangkoerat II, maar had aan de opstandige Troenadjaja lijfsbehoud toegezegd. De in deze 19de eeuwse tekening afgebeelde VOC-officieren (met ook 19e-eeuwse uniformen!) waren in werkelijkheid niet bij dit incident aanwezig. (KITLV, Leiden)

gouverneur van Basra te ontkomen en om Engelse concurrentie te ontlopen, maar vooral vanwege persoonlijke motieven van de resident, de avontuurlijke Tido Frederik von Kniphausen, werd de compagnieloge van Basra naar het eilandje Kareek verplaatst. Bushire werd in 1755 verlaten, het eens zo winstgevende kantoor te Gamron hief men in 1758 op. De gedachte om vanaf Kareek te midden van elkaar bestrijdende Turkse en Perzische machthebbers een zelfstandige positie te kunnen innemen en winstgevende handel te kunnen drijven, bleek veel te hoog gegrepen. Na lang talmen werd in 1765 de smadelijke aftocht geblazen: de compagnieschepen kregen geen kans de bezittingen van het eiland mee te nemen en de gebouwen, die men aan de bestuurder van het gebied had willen verkopen, werden geconfisqueerd.

Enige tijd leek het erop dat de VOC althans op één plaats, namelijk de kust van Malabar, zou kunnen profiteren van de gewijzigde omstandigheden in dit deel van Azië. De vraag naar peper uit Malabar steeg namelijk door de komst van Arabische kooplieden, die voorheen te Perzië en Suratte handel dreven. De Compagnie had in dit gebied wel nooit een volstrekt monopolie in de peperhandel kunnen verwerven, maar ze was toch wel de belangrijkste exporteur van dit produkt. Deze positie werd echter bedreigd toen ten zuiden van Cochin, de hoofdplaats van de VOC, omstreeks 1730 een krachtig rijk ontstond, namelijk Travancore, dat op zijn beurt de handel in peper monopoliseerde. Een militaire actie om de vorst van Travancore van zijn plannen te doen afzien, liep uit op een volslagen nederlaag voor de Nederlanders (1741). De commerciële basis van de VOC te Malabar werd nog verder aangetast, doordat in het noorden een ander koninkrijk, namelijk Mysore, eveneens een handelsmonopolie vestigde. Tenslotte slaagde Travancore er in 1781 in een eigen haven aan te leggen en het passensysteem van de Compagnie te doorbreken, zodat Cochin geen enkele aantrekkingskracht voor Aziatische kooplieden meer bezat. In 1793 werd besloten de compagniehandel te Malabar stop te zetten, en werden pogingen aangewend om de vestigingen te verkopen. De Engelsen waren serieuze gegadigden, maar de prijs was te hoog. Twee jaar later werden de Nederlandse bezittingen op deze kust door de EIC ingenomen.

De oostkust van India bleef langer een factor van betekenis voor de Maatschappij. Op de kust van Coromandel ontmoetten de Nederlandse kooplieden groeiende concurrentie van Engelsen, Fransen en Denen, maar tot aan de verovering van Negapatnam door de Engelsen in 1781 speelde dit gouvernement een belangrijke rol in de handel van de VOC. In Bengalen was ondanks het uiteenvallen van het Mogolrijk in de eerste helft van de 18e eeuw orde en rust gehandhaafd. Uit commercieel oogpunt was de directie Bengalen van de Compagnie welhaast de voornaamste factorij. Bengaalse produkten, zijde, katoen, salpeter en opium speelden een grote rol in het handelsverkeer. De VOC was de grootste afnemer van het Bengaalse salpeter en had zelfs, zij het tevergeefs, getracht een monopolie in de verwerving van dit produkt te verkrijgen. Het is begrijpelijk dat de Compagnie haar positie in dit deel van India niet zonder slag of stoot wilde prijsgeven. Maar de blunders die de Nederlanders begingen toen aan de periode van rust en orde een einde kwam, maakten de militaire actie waartoe gouverneur-generaal Mossel tenslotte in 1759 besloot, van begin af aan kansloos. De expeditie uit Batavia, bedoeld om paal en perk te stellen aan de invloed die de Engelsen na de zege van Robert Clive bij Plassey (1757) hadden verworven, was typerend voor de halfslachtige wijze van optreden van de Oostindische Compagnie in deze eeuw. Men meende voor het welslagen van de onderneming vierduizend man nodig te hebben, maar toen er met veel moeite slechts 350 Europese en 560 Aziatische militairen bijeengebracht waren, liet de Hoge Regering het plan toch doorgaan. De directeur van Bengalen, Adriaan Bisdom, aarzelde tot op het laatste moment en wilde het plan nog afgelasten, maar werd voor een *fait accompli*

gesteld door één van de Nederlandse schippers die, tegen de orders in, het eskader had verlaten en onverwacht voor de monding van de Ganges verscheen. Eén zaak echter hielden de compagniedienaren steeds scherp in het oog: de schepen naar patria dienden op tijd te vertrekken. Dit gebeurde dan ook, zodat de vloot van zeven schepen met twee werd verminderd. Clive, reeds lang op de hoogte van de in het 'geheim' voorbereide expeditie, had geen enkele moeite de aanval te pareren. Hoewel hierdoor de commerciële betekenis van Bengalen voor de VOC nog lang niet was verdwenen, werd spoedig duidelijk dat de bordjes waren verhangen. De bloei verminderde, en de woorden die de directeur van Bengalen Louis Taillefert in 1755 over het vanaf de Ganges reeds van verre zichtbare, wit oprijzende compagniegebouw te Patna schreef—'het gelijkt wat, en is, zoals overal hier, niet veel'—konden ook voor de hoofdzetel te Hougli gelden. Stavorinus merkte in 1770 daarover op dat men het geschut op de muren van het fort niet meer durfde af te schieten, uit angst dat deze muren dan in elkaar zouden storten![8]
In het Verre Oosten was de positie van de Compagnie van meet af aan anders geweest dan in India of de Archipel. De factorijen hielden zich uitsluitend bezig met handel en waren er volledig onderworpen aan de door de overheid gestelde regels. Te Japan was de VOC, met haar loge op Deshima, nog steeds de enige Europese handelspartner. De scheepvaart op China was omstreeks 1700 geheel overgelaten aan de Chinese kooplieden, maar de vraag naar thee uit Europa gaf aan de handel nieuwe impulsen. Sedert 1730 verschenen jaarlijks compagnieschepen te Kanton, waar een factorij werd geopend. Voorts bezat de Compagnie nog een loge te Ligor (Siam), die na een opleving in het midden van de 18e eeuw in 1756 werd opgeheven.

De VOC een reluctant imperialist?

Ondanks het verlies van macht en invloed in het westen van Azië en ondanks het verval van de zeemacht van de Compagnie beheerste de VOC de twee belangrijke doorvoerroutes, namelijk Straat Soenda en Straat Malakka. Bovendien bezat zij in de haven van Trincomalee op Ceylon een basis, van waaruit het oostelijk bekken van de Indische Oceaan kon worden bestreken, en was door vestiging op het 'overwalse', de tegenover Ceylon gelegen kust van India, ook het vaarwater tussen dit eiland en het Indiase vasteland onder controle van de VOC. Straat Soenda werd algemeen als Nederlands vaarwater erkend. Buitenlandse schepen streken er de vlag voor compagnievaartuigen, en kruisers hadden er het recht schepen te praaien en naar hun bestemming te vragen. In Straat Malakka viel het de VOC veel moeilijker daadwerkelijk de vaarroute te beheersen. De Compagnie, sedert 1641 in bezit van Malakka, had er te maken met tal van Maleise staten, die ten dele onder invloed stonden van de Boeginezen—een zeevarend volk afkomstig van Celebes—en die veelal een interne zowel als een onderlinge machtsstrijd kenden. Over het algemeen had de Compagnie het meeste voordeel bij een voorzichtige neutrale houding. Onder dreiging van de Boeginese staten Riouw, Johore en Selangor kozen Kedah en Siak voor aansluiting bij de Nederlanders, hetgeen de tinhandel van de VOC ten goede kwam. Naarmate de achteruitgang van de Compagnie duidelijker tot uiting kwam, werd haar positie in dit gebied hachelijker. In 1783 werd een vloot uit Batavia door de Boeginezen verdreven. Het jaar daarop verscheen echter het landseskader onder leiding van Jacob Pieter van Braam, dat op verzoek van de Heren Zeventien door de admiraliteiten in de Republiek de VOC te hulp was gezonden. Van Braam versloeg de Boeginezen; het benarde Malakka werd ontzet en na actie op Riouw werd daar in 1785 de eerste Nederlandse resident geplaatst.
Op Ceylon werd aanvankelijk de in de 17e eeuw ontstane situatie, waarbij de Compagnie de kuststreken beheerste en waar het in het binnenland gelegen koninkrijk Kandy zelfstandig voortbestond, bestendigd. Om

onrust bij de onder Nederlandse jurisdictie staande bevolking te vermijden en de relatie met Kandy niet op een te gespannen voet te brengen was voorzichtig beleid geboden. Onder gouverneur Petrus Vuyst (1726-1729) en Diederik van Domburgh (1733-1736) was deze voorzichtige politiek verlaten en de gevolgen lieten niet lang op zich wachten: er brak opstand en rebellie uit. Op den duur konden ook bekwame gouverneurs een conflict met Kandy, waar sedert 1743 een Zuidindiaas vorstengeslacht heerste, niet vermijden. Twistpunt was vooral de vrije handel tussen Ceylon en India. De oorlog brak in 1760 uit en verliep in eerste instantie zeer ongunstig voor de Compagnie. Zoals was te verwachten, waren de grote legercolonnes van de VOC, onbekend met het terrein en niet bestand tegen het klimaat, niet opgewassen tegen de guerrillatactiek van de tegenstanders. Pas na zes jaar wist gouverneur Iman Willem Falck (1765-1783) met een doeltreffend militair en diplomatiek optreden de overwinning te behalen. Bij het vredesverdrag in 1766 werden de kuststreken formeel aan de VOC afgestaan. In 1782, tijdens de Vierde Engelse Oorlog, slaagden de Engelsen er in Trincomalee te veroveren, maar de haven werd nog hetzelfde jaar door een Franse vloot onder admiraal De Suffren hernomen. In 1796 ging het eiland definitief over in handen van Engeland.
Op Java was de situatie gecompliceerder dan elders, omdat de VOC er zich mengde in de interne politieke verwikkelingen van Mataram. Cornelis Speelman was hier reeds mee begonnen door in 1677 de *soenan* Amangkoerat II te steunen tegen andere kroonpretendenten en tegen de opstandige prins Troenadadja. Tijdens de zes jaar durende strijd verplaatste de vorst zijn *kraton* naar Kartasoera. Vervolgens wist de Compagnie in verschillende fasen en met soms moeizame strijd haar invloed verder uit te breiden. De eerste fase, de opstand van Soerapati (1687-1703), werd in 1686 ingeleid met de moord op François Tack, die als afgezant van de Hoge Regering uit Batavia in Kartasoera de uitleve-

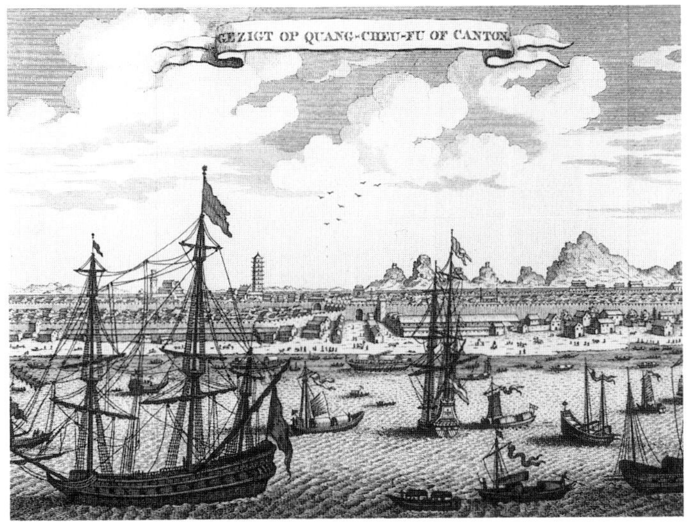

Gezicht op Kanton, China, 17e eeuw.
Coll. KITLV, Leiden.

(Boven) Gouverneur-generaal Gustaaf Baron van Imhoff afgebeeld op een penning van M. Holtzey, in 1742 geslagen bij zijn vertrek uit Nederland naar Batavia. Koninklijk Penningkabinet, Leiden.

(Onder) Keerzijde van de penning van Van Imhoff. Van Imhoff neemt afscheid van de VOC, op de achtergrond het schip 'Hersteller', waarmee hij naar Batavia zeilt, en de rede van Batavia. Koninklijk Penningkabinet, Leiden.

ring van de Balinese opstandeling Soerapati kwam eisen. Na de dood van Amangkoerat II koos de Compagnie partij tegen de wettige troonopvolger en hielp de eigen kandidaat, Pakoeboewana I, in het zadel (de eerste Javaanse successieoorlog, 1703-1708). Ongeveer tien jaar later greep de VOC opnieuw in, nu om de opvolging van Amangkoerat III veilig te stellen (tweede Javaanse successieoorlog, 1718-1723). De daarop volgende troonswisseling ging niet met strijd gepaard, maar onder het bewind van de nieuwe vorst, Pakoeboewana II (1726-1749), vond de zogenaamde Chinese oorlog plaats. In deze oorlog (1741-1743), een uitvloeisel van de beruchte Chinezenmoord in 1740 te Batavia, verbonden Chinezen zich met opstandige Javanen. In 1749 gaf Pakoeboewana II op zijn sterfbed het rijk aan de Compagnie in leen. De vertegenwoordiger van de Compagnie, Von Hohendorff, verhief onmiddellijk de kroonprins tot *soenan*, maar tegelijkertijd liet een broer van de overleden vorst, Mangkoeboemi, zich in zijn *kraton* Jogjakarta tot vorst uitroepen. Onder gouverneur-generaal Van Imhoff streefde de VOC er naar Mangkoeboemi uit te schakelen, maar dit bleek niet mogelijk. Geleidelijk groeide het inzicht dat een compromis de beste oplossing zou zijn en Mossel, die Van Imhoff in 1750 was opgevolgd, volgde een gematigde lijn. De handige en bekwame Nicolaas Hartingh wist de beide vorsten er inderdaad toe te brengen een verdeling van het rijk te aanvaarden (1755, verdrag van Gyanti). Deze verdeling was geografisch zeer ingewikkeld; het uitgangspunt was namelijk dat de vorsten ieder een gelijk aantal gezinnen onder zich kreeg.
Inmiddels was het compagniegebied op Java aanzienlijk uitgebreid. De gebieden rond Batavia, de Ommelanden en de Preangerregentschappen stonden onder rechtstreeks compagniegezag, de VOC beschouwde deze gebieden als delen van het oude koninkrijk Jakatra, die krachtens het recht van verovering aan de Nederlandse Maatschappij waren toegevallen. De zwakke sultanaten Bantam en Cheribon waren vast in de greep van de

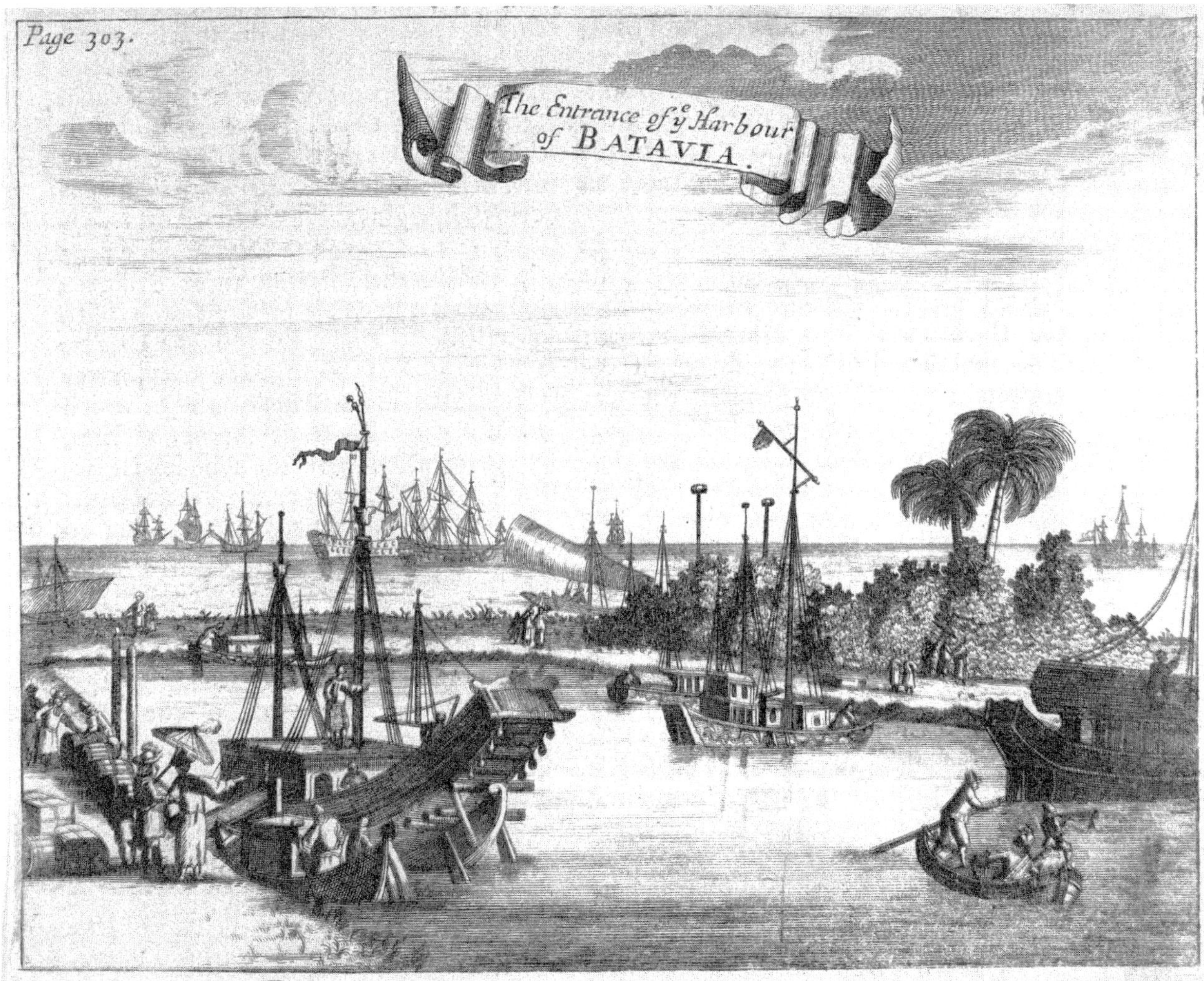

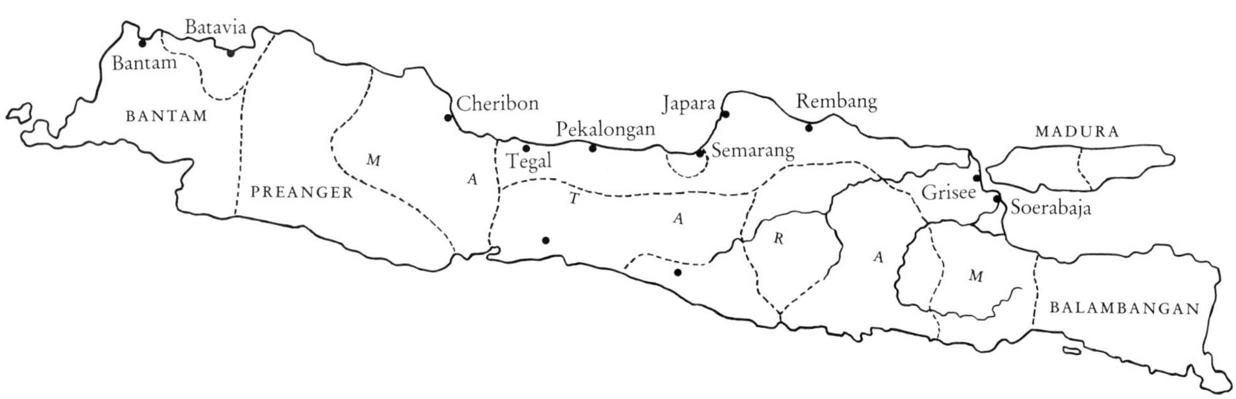

(Boven) Een Chinese jonk gelegen voor Batavia. (Anonieme gravure, 1704, National Maritime Museum, Greenwich)

(Onder) *Kaart 3* Java. De stippellijnen geven de situatie in de tweede helft van de 18e eeuw weer; Bantam, de Preanger, Java's Nooordoostkust en Balambangan waren onder Compagnies gezag, het overgebleven Mataram was in twee delen gesplitst.

Compagnie geraakt. In 1755/1756 werd een opstand te Bantam bedwongen en sedertdien was het een 'leen' van de Compagnie. Te Bantam mocht de hoogste compagnie-ambtenaar zich commandeur noemen, in Cheribon zetelde een resident, beide heren vielen onder gezag van de Hoge Regering.
In 1678 was Semarang in bezit gekomen van de VOC, tezamen met een aantal loges en havens langs de kust van Tegal tot Soerabaja. Het hoofdkantoor van Java's Noordoostkust werd in 1708 van Japara naar het belangrijkere Semarang overgebracht. In 1743 en 1746 werd bij contract de zeggenschap van de Compagnie over de kuststrook vergroot: de VOC kocht in feite het recht op alle inkomsten, in ruil voor een vaste vergoeding aan de *soenan*. Het betekende promotie voor het opperhoofd te Semarang, die sedert 1748 de titel van gouverneur mocht dragen. Von Hohendorff was de eerste, Nicolaas Hartingh de tweede die deze functie bekleedde. De 'eerste aan de gouverneur ondergeschikte ambtenaar' was de gezaghebber van Java's Oosthoek (waaronder Balambangan dat in 1777 aan de Balinese invloedssfeer onttrokken), ook al een aanzienlijk personage, die zijn standplaats in Soerabaja had. Ook de residenten aan het hof van de sultans van Soerakarta en Djokjakarta waren aan de gouverneur te Semarang ondergeschikt. Minder aanzien genoten de residenten die in de belangrijke kustplaatsen waren gestationeerd. Omstreeks 1770 waren dat er zeven, meest in de rang van koopman of onderkoopman: te Tegal, Grisée, Japara, Soemanap, Rembang, Joana en Pekalongang.
Het is na dit overzicht van de militaire en politieke activiteiten van de Compagnie op Java noodzakelijk om de macht en invloed van de Nederlanders verregaand te relativeren. Het lijkt erop dat de VOC een verdeel-en-heers politiek heeft toegepast. Maar zoals Ricklefs in zijn studie over Java in de 18e eeuw heeft aangetoond, betekent een dergelijke opvatting een grote overschatting van de invloed van de Compagnie. Het streven van de Maatschappij was beperkt: het voorkomen van het ontstaan van een machtsvacuüm op Java, hetgeen tot onrust en strijd in het binnenland zou leiden, en het beheersen van de kuststreken ter verzekering van een ongestoorde handel en scheepvaart. Het lijkt alsof er eerder sprake was van wat in de Engelse geschiedschrijving *reluctant imperialism* wordt genoemd, een aarzelende expansie, waarbij de Compagnie haar beperkte doeleinden niet kon realiseren zonder zich in een onbedoelde vergaande machtstrijd op Java te verwikkelen. Al in 1680, toen Speelman de kans greep Bantam te onderwerpen, hadden de Heren Zeventien geschrokken gereageerd en in hun brieven naar Batavia op terughoudendheid aangedrongen. Maar niet alleen de bewindhebbers in patria, ook de dienaren in Azië spraken soms hun twijfels uit over de gevolgen van territoriale machtsuitbreiding. Zo verzuchtte Hartingh in 1761:

'Ach! had de Compagnie koopman gebleven en nooyt het lijntje zo hard getrokken, 'tgeen men al begreep in den jare 1733... en dus de Javaan in geen denkbeeld te brengen, dat men alles in wilde slokken, en wat heeft de Comp. tot nog toe voor alle zyne uytgeschoten schatten?'[9]

Batavia meende er het beste aan te doen die kandidaat te steunen die de meeste waarborgen leek te bieden voor rust en orde, maar was bij lange na niet bij machte om geheel naar eigen inzicht en goeddunken de opeenvolgende dynastieke crises in Mataram op te lossen. De Compagnie was één van de partijen, zij het een machtige en, althans naar de mening van Ricklefs, tegelijk ontregelende en destructieve te midden van de strijdende facties. De verdeling van het rijk in 1755 betekende voor alle partijen, ook de Compagnie, een compromis. Bovendien behielden de nieuwe staten hun soevereiniteit.[10] De Nederlanders werden in de 18e eeuw door de Javanen nog niet gezien als een bedreigende koloniale macht waartegen zij zich zouden moeten aaneensluiten. Uiteindelijk was het militaire gewicht dat Batavia in de schaal kon leggen, beperkt. De enorme kosten en de hoge tol die ziekten eisten bij expedities op grote schaal waren voor de Hoge Regering reden om slechts bij uiterste noodzaak een grote legermacht op de been te brengen. En daarbij was men dan nog grotendeels afhankelijk van inheemse soldaten en troepen van bondgenoten.

Buiten Java heeft de VOC in de Archipel in de 18e eeuw weinig macht gewonnen. In het oosten van de Archipel waren de posities reeds in de 17e eeuw gevestigd. Op Sumatra bezat de Compagnie enig territoriaal gebied op de westkust. Door de overwinning op Bantam kreeg men ook invloed op het aan dit sultanaat onderhorige gebied in het zuiden van Sumatra, de Lampongs. Tenslotte was er gedurende de gehele 18e eeuw een factorij te Palembang. Ook met Borneo werden contacten gelegd (Pontianak, Bandjermasin), die voorlopig van weinig betekenis waren maar grond vormden voor latere aanspraken van het Nederlands gezag in de 19e eeuw.

HOOFDSTUK 3

Personeel en vestigingen van de VOC in Azië

''t Bestier te Batavia en op de subalterne comptoiren'

Ten gevolge van de enorme machtsuitbreiding van de VOC in Azië groeide het bestuursapparaat overzee uit tot een gigantische omvang. Het bestuur en beheer op de vestigingen diende, zoals reeds uit het voorgaande hoofdstuk bleek, op veel meer dan alleen handel berekend te zijn: ook het regeren over onderdanen in gebieden onder gezag van de Compagnie, het onderhouden van betrekkingen met andere Aziatische staten en de zorg voor een defensief en offensief militair apparaat behoorde tot de taken van de compagniedienaren.
Het hoogste gezag berustte bij de gouverneur-generaal en Raad van Indië, ook de 'Hoge Indiase Regering' genoemd, die te Batavia zetelde. De gouverneur-generaal was niet oppermachtig, hij was de eerste persoon 'in Rade', maar mocht buiten de Raad om geen belangrijke beslissingen nemen. De directeur-generaal was de tweede persoon; hij had het oppertoezicht over alle handel van de Compagnie in Azië. Bij de verdeling van de overige posten in de Raad was aanvankelijk aan een zekere taakverdeling gedacht, waardoor veelvuldig dubbelfuncties ontstonden. Eén van de raden was als visitateur-generaal belast met de controle op de boekhouding, één was tevens president van de Raad van Justitie, voorts zou één der raden met militaire zaken belast worden, de ander zou zich met de scheepvaart bemoeien. In de praktijk bleek een dergelijk schema moeilijk te handhaven, door vertrek of overlijden ontstonden dikwijls vacatures. Tenslotte streefde men ernaar om naast de gouverneur-generaal zes raden in functie te hebben, uiteraard gekozen uit de 'capabelste ministers'. De correspondentie tussen Batavia en de verschillende vestigingen in Azië was tussen de raden verdeeld. Conform deze verdeling van de 'beschryvinge' was ook de 'generale missive' opgebouwd, waarin de gouverneur-generaal en raden verslag uitbrachten over de gang van zaken op de kantoren en verantwoording aflegden van hun beleid. De Hoge Regering stelde tevens de 'generale eis van Indië' op, waarin werd vastgelegd hoeveel geldmiddelen, goederen, schepen en manschappen men dacht nodig te hebben om het bedrijf overzee gaande te houden en aan de uit Europa gedane bestellingen te kunnen voldoen. In deze 'generale eis' waren de bestellingen van alle kantoren verwerkt, Batavia had de macht om die afzonderlijke eisen of bestellingen naar eigen inzicht te korten of te vergroten—slechts Ceylon was het gelukt om althans gedurende lange tijd een eis buiten Batavia om naar de Heren Zeventien te zenden. Omgekeerd was Batavia een doorgeefluik van de eisen die door de bewindhebbers uit patria aan de overige kantoren waren gesteld.
Gouverneur-generaal en Raad waren natuurlijk ondergeschikt aan de Heren Zeventien, maar ver weg in de Aziatische omgeving, waar zij oorlog voerden of verdragen aangingen met vorsten en potentaten, verloren zij die formele band gemakkelijk uit het oog. In de interne Aziatische zaken handelde de Hoge Regering dan ook dikwijls als een oppermachtig en, naar de opdrachtgevers in Nederland toe, als een eigenmachtig bestuurscollege, hetgeen soms leidde tot grote onenigheid. Eén van de scherpste botsingen deed zich voor in 1649 met Cornelis van der Lijn, die ten aanzien van zijn krijgshaftige politiek tegen Perzië stevig door de bewindhebbers op de vingers werd getikt. Zijn antwoord loog er niet om: natuurlijk zetten de leden van de Hoge Regering zich met

' 't Eyland Onrust'. De werf van de VOC op het eilandje Onrust voor Batavia. (Sepia gewassen pentekening door J.F.W., 1732, coll. Bodel Nijenhuis, UB, Leiden)

'lijff en siele' in om de bevelen vanuit patria uit te voeren, maar

'wanneer wij bevinden, den dienst van de Comp.e anders compt te vereysschen ende den tijd en occasie niet toelaet U Ed. naerder advijs daerop in te wachten, soo moeten wij daer aff treden ende alsdan doen, tgene wij oordelen, tot den meesten dienst ende welstant van de Comp.e sal comen te behooren, dat U Ed. om verscheyde consideratiën ons volcomen behoorden toe te vertrouwen ende niet soo cleen te achten, even off wij hier kinderen waren.'

Er was natuurlijk ook wel een andere uitweg.

'De Heeren in't vaderland besluyten de zaaken zoals zij daer goetvinden, maar wy doen het hier, zoals wy het verstaen en best oordelen.'

Aldus vatte gouverneur-generaal Van Riebeek in 1714 een in de loop der tijd gegroeide praktijk samen.[1] De tijdrovende verbinding met patria kon altijd wel als excuus dienen, als men dan toch tenslotte de heren meesters in de Republiek met een omhaal van woorden voor een ongewenst *fait accompli* moest stellen. En mettertijd groeide in de generale missiven de omhaal meer nog dan de woorden.
Formeel waren voor het nemen van beslissingen in de Raad zeven stemmen nodig, maar lang niet altijd waren er zoveel raden in functie of te Batavia aanwezig. Bij het ontbreken van voldoende stemgerechtigde leden ging het stemrecht over naar de zogenaamde extraordinaris leden van de Raad; in belangrijke kwesties gaf men er echter soms de voorkeur aan een stem 'op te halen' door vanuit Batavia een afgezant naar een elders verblijvend ordinaris lid van de Raad te sturen. Onderlinge samenwerking hing natuurlijk mede af van persoonlijke kwaliteiten en karakters. De problemen met de ambitieuze Van Goens als gouverneur van Ceylon en de regering te Batavia zijn hierboven al gesignaleerd, deze problemen bleven bestaan toen Van Goens het ambt van gouverneur-generaal uitoefende en de meerderheid in de Raad tegen zich vond. Speelman, die bij de bewindhebbers een groot krediet genoot dank zij zijn faam als diplomaat en krijgsman, werkte nauw samen met zijn directeur-generaal Bort en negeerde veelal de overige raden. In tal van administratieve zaken echter bleef hij in gebreke—de bewindhebbers deden hem tenslotte zelfs een proces aan wegens het te laat laten vertrekken van de retourvloot!—en aan het einde van zijn ambtstermijn trachtte een aantal leden van de regering zich aan de kritiek van de bewindhebbers te onttrekken door in bedekte termen te kennen te geven dat zij niet altijd met de gang van zaken hadden ingestemd en daarvoor geen verantwoordelijkheid wilden dragen. Het hoogtepunt in de onderlinge twisten vond plaats in 1740, toen tijdens de kritieke situatie in Batavia ten gevolge van een vermeende Chinese opstand de ruzie in de raad van Indië zo hoog opliep dat gouverneur-generaal Adriaan Valkenier Van Imhoff en enkele andere raden gevangen nam en naar patria zond. Deze maatregel pakte overigens anders uit dan Valkenier kon vermoeden, de Heren Zeventien namelijk hadden Van Imhoff inmiddels als gouverneur-generaal aangesteld en bijgevolg waren de bordjes spoedig verhangen. Partij- en factiestrijd bleven tot op het laatst toe in de Hoge Regering aanwezig, waarbij niet alleen verschil in inzicht of ideologie maar ook eigenbelang een rol speelde. Terecht merkte de uit Nederland gezonden commissaris-generaal S.C. Nederburgh in 1794 op dat onder leidende ambtenaren in Batavia

'eene onbepaalde heerszugt plaats heeft, welke gepaart gaat met eene niet te betoomen drift om hunne considerabel uijtgestrekte familien in alle eerste bedieningen te dringen, en immense schatten in dezelve uijt te storten'.[2]

Tussen de verschillende 'comptoiren' of factorijen in Azië bestonden grote verschillen in omvang, in economisch belang en in staatkundige positie. In hun 'Generale Instruc-

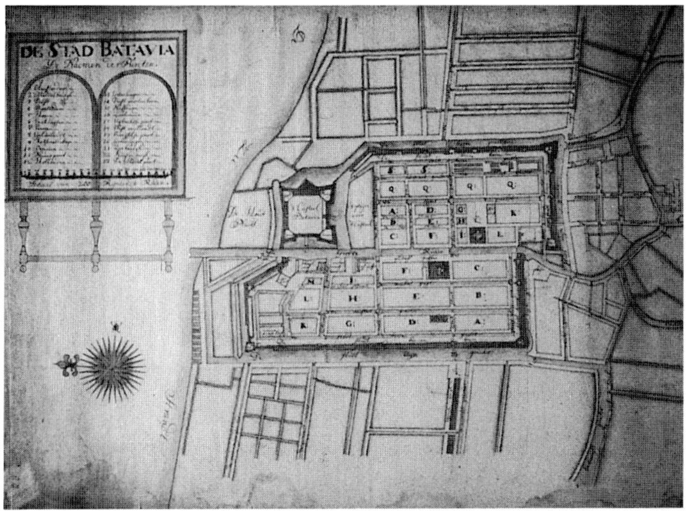

Plattegrond van Batavia, circa 1675. Openbare Bibliotheek Rotterdam.

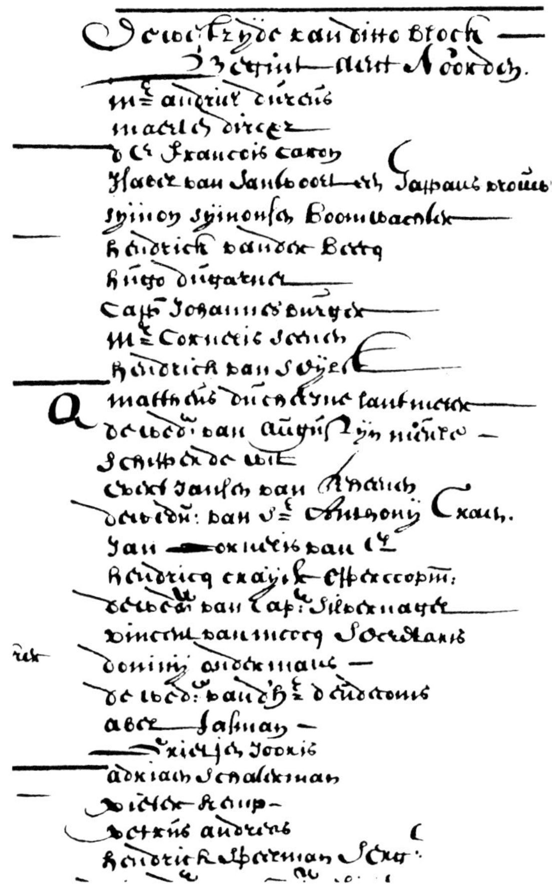

Détail uit naamlijst van eigenaren van huizen te Batavia, 1650. Op het midden van de bladzijde, onder Q, de naam van Abel Tasman. Openbare Bibliotheek, Rotterdam.

Gezicht op Cochin aan de Malabarkust, door Johannes Vingboons. Dit schilderij maakt deel uit van een serie van zeven, die in 1663 door Vingboons werd gemaakt voor de kamers het Oostindisch Huis van Amsterdam. (Rijksmuseum, Amsterdam)

Een lichter langzij een Delftse Oost-Indiëvaarder. Delftse VOC-schepen vertrokken vanuit het Goereese Gat en werden voor Hellevoetsluis geladen en gelost. (Detail van tekening door G. Groenewegen, 1781, Scheepvaartmuseum Amsterdam)

(Rechts boven) De door de kamer Amsterdam aangeworven matrozen en soldaten scheepten zich bij de Montelbaanstoren in de lichters of boeiers in, die hen naar de Oost-Indiëvaarders op de rede van Texel brachten. (Schilderij van A. Storck, eind 17e eeuw, Amsterdams Historisch Museum)

(Rechts onder) Gezicht op het IJ met een VOC-schip dat tussen twee 'kamelen' door waterschepen over de ondiepte wordt getrokken, 1776. Voor het schip vaart een bewindhebbersjacht. Dit zullen de in 1755 door de VOC gebouwde scheepskamelen zijn geweest. In 1780 waren de kamelen af, ze waren toen 477 keer gebruikt en de kamer Enkhuizen kreeg opdracht nieuwe te bouwen.
(Aquarel van Hendrik Kobell jr., Scheepvaartmuseum Amsterdam)

tie' voor gouverneur-generaal en raden van 1650 onderscheidden de bewindhebbers drie categorieën, waarin de handel op de verschillende kantoren verdeeld kon worden:

- de handel, die de Compagnie uit 'eigen conqueste' bezat, zoals op de Banda-eilanden en op Formosa het geval was;
- de handel, gedreven 'uit kracht van hare gemaakte exclusieve contracten', zoals met de koning van Ternate en op Ambon;
- de handel, gedreven 'uit kracht van gemaakte accoorden' met andere 'oriëntische' koningen en vorsten, waarbij de VOC geen uitzonderingspositie innam of enigerlei beperkingen of wetten kon opleggen.[3]

Nu was een dergelijke scheiding wel wat kunstmatig, soms leek de Compagnie bij het afsluiten, om niet te zeggen opleggen van de 'exclusieve contracten' meer op soeverein of veroveraar dan op een gelijkwaardige verdragspartner. In zijn verslag aan de Staten-Generaal in 1620 kon Laurens Reael, die overigens ook al een dergelijke driedeling maakte, ten aanzien van de contracten met de koning van Ternate en onderhorige vorsten nog wel zeggen dat dezen 'ons tot hare schut en scherm aengenomen' hadden 'ende derhalve erkennen beleefdellijcken onse superi(orit)eyt ende hoocheyt', in 1650 bekommerden de bewindhebbers zich vrijwel uitsluitend over het monopolie dat met strenge controle en eventueel militair ingrijpen gehandhaafd diende te worden.[4]
Het belang en de positie der kantoren kwam ook tot uiting in de titulatuur—en de daaraan vastgeknoopte salariëring!—van de hoogste gezagsdragers. De grote vestigingen, waar de VOC tevens een zekere mate van territoriaal gezag uitoefende, kenden een gouverneur—rond 1685 waren Ambon, Banda, de Molukken, Coromandel, Ceylon en Malakka gouvernementen, een eeuw later waren ook Kaap de Goede Hoop, de Noordoostkust van Java en Makassar tot deze status gestegen. Andere economisch belangrijke kantoren, als Bengalen, Suratte en Perzië, hadden een directeur, een titel, die in de compagnieterminologie op de handel betrekking had. Elders stond een commandeur aan het hoofd, zoals te Malabar en op Sumatra's westkust (Padang) en te Bantam, of residenten (in de 18e eeuw te Cheribon, Bandjermasin en Palembang) of opperhoofden (Japan, Timor). Het bestuur was steeds een afspiegeling van dat te Batavia: de gezaghebbers bestuurden het kantoor te zamen met een 'Raad van Politie', waarbij aan de leden weer een zekere taakverdeling was toegedacht. De gouverneur was de eerste persoon in de Raad, daarop volgde de 'secunde', veelal een opperkoopman, een militair bevelhebber, het hoofd van de boekhouding en de hoogste gerechtsdienaar, de fiscaal. Net als te Batavia echter kon in de praktijk de samenstelling nogal variëren.

Functie en karakter van de compagniekantoren

Er is door de Duitse historicus Dietmar Rothermund een typologie opgesteld van het karakter van de factorijen van Oostindische compagnieën.[5] Dat maakt het mogelijk om fasen in de ontwikkeling van de factorij te onderscheiden. De betrokkenheid van de factorij bij de verwerving van goederen geldt dan als norm. De eerste fase is die waarbij de factorij de aankoop en verscheping van produkten verzorgt, in de tweede fase wordt overgegaan tot het vooruitbestellen van goederen en tot voorraadvorming. Vervolgens wordt door voorschotten aan de leveranciers en door controle op de produktie de greep op de producent versterkt, en in het laatste stadium wordt de produktie door de factorij geheel in eigen handen genomen. Deze trapsgewijze ontwikkeling in de bemoeienis met de inheemse producent geeft aan welke oplossing de Europese compagnieën zochten om aan het onzekere marktmechanisme in de Aziatische handelssteden te ontkomen. Wanneer Europese kooplieden met hun aankopen moesten wachten tot de komst van één of twee grote compagnieschepen met een grote hoeveelheid edel metaal en goederen,

dan stonden zij voor een welhaast onmogelijke opgave. Zij moesten deze lading zo snel en voordelig mogelijk van de hand doen om vervolgens met de opbrengst produkten in te kopen die hun opdrachtgevers in Europa hadden besteld. Natuurlijk pasten de plaatselijke handelaren de prijzen direct aan bij de gestegen vraag. De verwerving van de retourgoederen mocht bovendien niet te lang duren, omdat de scheepvaart was gebonden aan de heersende moessons. Wanneer de schepen niet op tijd waren geladen, moesten ze een heel seizoen wachten voordat ze konden vertrekken en dat betekende natuurlijk kostbaar tijdverlies. En tenslotte was het vooral bij textielstoffen van doorslaggevend belang om de juiste kwaliteiten en kleuren in te kopen.
Toch volstaat de theorie niet als men een overzicht wil geven van de vestigingen van de VOC. De classificatie is te zeer geënt op India, waar de inkoop van textiel inderdaad zeer belangrijk was. Elders, op Ceylon of in de Molukken, berustte de marktbeheersing bij de inkoop van specerijen niet zozeer op 'mercantiele' middelen als wel op militaire macht en onderdrukking. Bovendien was voor de factorijen van de VOC—anders dan bij de concurrenten—niet alleen de inkoop, maar ook de verkoop van Aziatische produkten een belangrijke activiteit, die in aanzienlijke mate tot de inkomsten bijdroeg. En tenslotte golden ook in de Indiase vestigingen voor de diverse produkten waarin handel werd gedreven uiteenlopende verwervingsmethoden. De organisatie van bestuur en handel op de vestigingen van de VOC was in hoge mate afhankelijk van de functie die de desbetreffende factorij in het gehele compagniebedrijf in Azië vervulde en van de macht die de Compagnie ter plaatse kon ontplooien.
Batavia, het *rendez-vous*, nam in het systeem een unieke plaats in. Het was het centrale punt, waar alle draden van het administratieve, commerciële en maritieme netwerk te zamen kwamen. Als centrum van handel en bestuur was de stad naar zee gericht, relaties met het achterland ontbraken aanvankelijk geheel. Dit isolement ten opzichte van het binnenland werd in de tweede helft van de 17e eeuw doorbroken, er werden in de omstreken verdedigingswerken gebouwd en na het uitschakelen van Bantam in 1684 werden de Ommelanden snel gecultiveerd.
Daardoor kreeg de stad nieuwe functies: zij werd leverancier van suiker en koffie. De aanplant en verwerking van het suikerriet was over het algemeen in handen van Chinezen, die de meeste suikermolens bezaten, al hadden ook Europese bewoners financiële belangen bij de suikercultivatie. De koffieaanplant werd een door de Compagnie gecontroleerde activiteit. Reeds door Joan van Hoorn was in 1706 koffieaanplant op Java beproefd; vanuit Nederland stimuleerde de Amsterdamse bewindhebber Nicolaas Witsen de introductie van de koffiestruik op het eiland. Al spoedig ontstond het 'Preangerstelsel', waarbij de bevolking in het gebied van de Preanger werd gedwongen tot aanplant van koffie, die vervolgens via de regenten aan de Compagnie werd geleverd. De VOC handelde daarbij zoals zij ook elders met de onder eigen beheer geteelde monopolieprodukten deed: bij overproduktie werd een deel van de aanplant vernietigd, een politiek die nogal veel spanningen opriep, omdat het daarna onmogelijk was om bij het aantrekken van de vraag aan de eisen van de Heren Zeventien te voldoen. Aldus werd de bevolking slachtoffer van de economische politiek van de Compagnie, de schraapzucht van de ambtenaren en de willekeur van de inheemse hoofden, welke laatsten slechts in het uiterste geval door de Compagnie werden gecorrigeerd.
Bovengenoemde facetten bepaalden het karakter van de stad. Ondanks het Europese aanzien van veel gebouwen, ondanks de vele instellingen die aan de Hollandse steden waren ontleend—de vroedschap, het weeshuis—was er een relatief kleine Europese gemeenschap, nauw verbonden met de Compagnie. Van een economische zelfstandige Europese bevolkingsklasse was geen sprake. Omstreeks 1700 leefden er ongeveer 70.000 personen in en

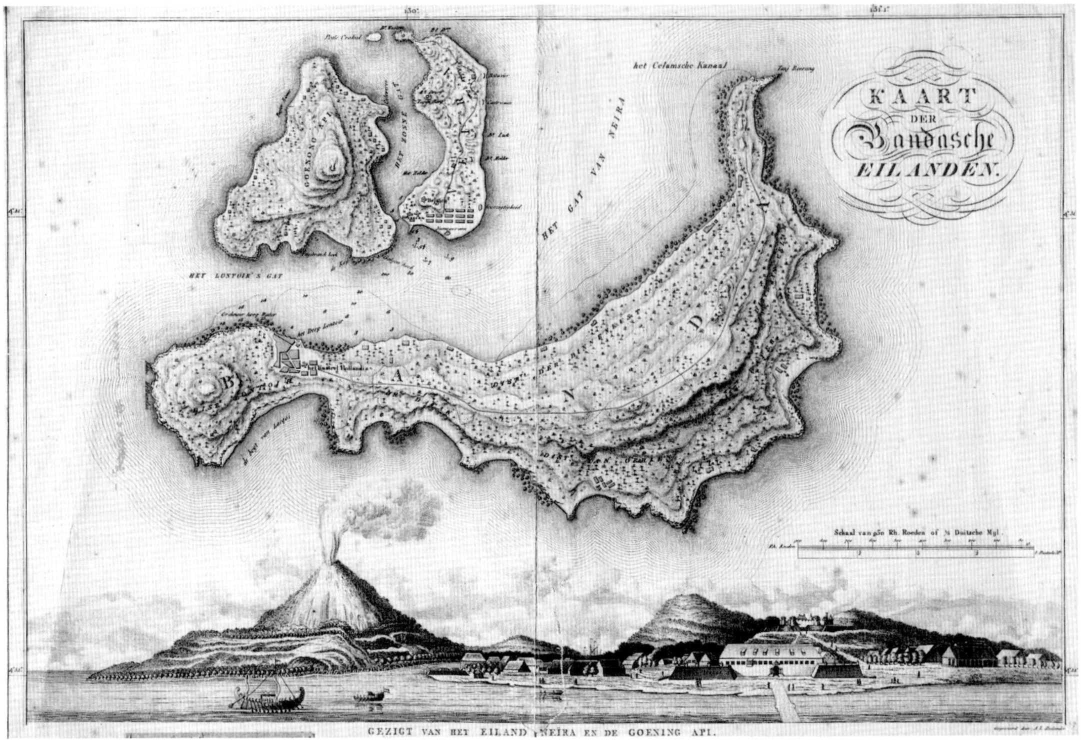

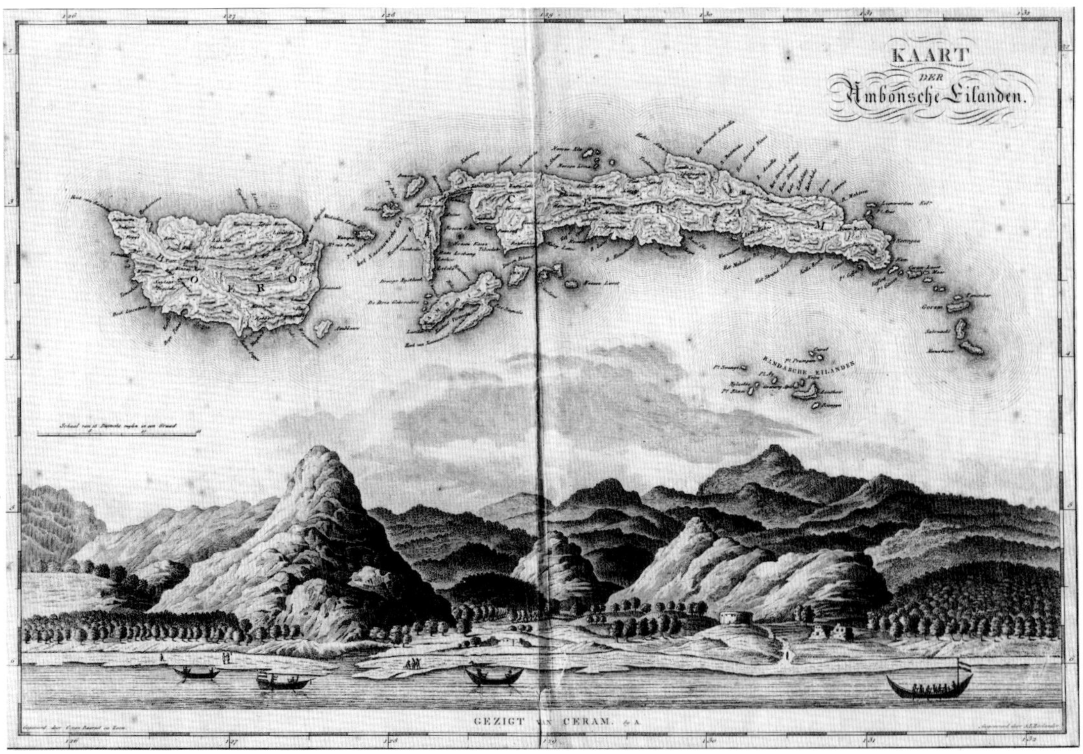

Kaart van de Bandasche eilanden met daaronder gezicht op het eiland Neira en de Goening Api, gegraveerd door C. van Baarsel, begin 19e eeuw. Coll. KITLV, Leiden.

Kaart van de Ambonsche eilanden, met gezicht op Ceram, gegraveerd door C. van Baarsel, begin 19e eeuw. Coll. KITLV, Leiden.

(Boven) Een gast dient zich aan bij de residentie van de gouverneur van Ceylon, eind 18e eeuw.
(Onder) De voorhal van de residentie van de gouverneur van Ceylon te Colombo.

(De afbeeldingen maken deel uit van een serie aquarellen gemaakt door J.L.K. van Dort in 1888 op verzoek van de Nederlandse consul op Ceylon; coll. KITLV, Leiden)

rondom de stad, waarvan 6000 van Europese afkomst. Aan het einde van de 18e eeuw was het inwonertal tot 150.000 gegroeid; het aantal Europeanen was toen iets teruggelopen. De bevolkingssamenstelling werd gekenmerkt door een grote verscheidenheid. Groepen afkomstig uit diverse delen van de Archipel, zoals de Balinezen, Makassaren, Javanen of Boeginezen woonden bij elkaar in kampongs bij de stad. De Chinezen vormden de grootste bevolkingsgroep. Zij leverden een onmisbare bijdrage aan de ontwikkeling van de stad. Vooral na 1680 kwamen Chinezen in groten getale met de jonken mee uit hun vaderland. Het merendeel van de immigranten vond emplooi in de suikercultivatie. De ineenstorting van de suikermarkt omstreeks 1720 had desastreuze gevolgen en leidde tot de ondergang van Batavia als 'Chinese koloniale stad'.[6] Onder de werkloos geworden Chinese arbeiders ontstond grote onrust, in gewapende bendes trokken zij door de Ommelanden. De Hoge Regering was niet bij machte het probleem op te lossen, hetgeen de Europese bevolking in onzekerheid bracht. In 1740 kwam de climax. Terwijl in de Raad van Indië de twisten zo hoog opliepen dat gouverneur-generaal Valkenier Van Imhoff en enkele andere raden naar patria zond, woedde in de stad een moordpartij waarvan de Chinezen het slachtoffer werden. Tot grote opluchting van de Compagnie leed de handel met China nauwelijks onder de gebeurtenissen, maar voor de interne economie van de stad waren zij uiterst nadelig.
Inmiddels trokken steeds meer Europese inwoners uit de laaggelegen, ongezonde benedenstad weg. Al voor 1700 was de aristocratie van Batavia begonnen met de aanleg van statige landhuizen en weelderige parken. Bekend was het landgoed van de raad van Indië Cornelis Chastelein (1714), dat het motto droeg:

'Slaat handen aan de ploeg
En ligt gints niet te wroeten,
Te speelen met uw breyn,
Maar grijpt de steenen aan
En metselt metterdaad.'

Dichtregels die, zoals De Haan in zijn monumentale werk *Priangan* stelt, uitstekend kunnen slaan op die kring van ambtenaren, waartoe ook een Joan van Hoorn of Hendrik Zwaardecroon behoorden, die niet alleen de bevordering van de 'simpele commercie' maar ook de stichting van een 'colonie van lantbouw' als opdracht zagen.[7]

Toen de Compagnie na 1790 onafwendbaar het faillissement tegemoet ging en enkele jaren later de buitencomptoiren één voor één in Engelse handen vielen, beleefde de maatschappij op Java nog een laatste periode van voorspoed dank zij de koffie uit de Preanger. Toen na 1795 de scheepvaart vanuit Nederland naar Batavia ten gevolge van de stichting van de Bataafse Republiek en oorlog met Engeland bemoeilijkt werd, ging de Hoge Regering er toe over koffie en andere produkten rechtstreeks aan neutrale handelaren te verkopen. De opbrengsten waren hoog en poetsten de financiële resultaten van het Aziatisch bedrijf mooi op. Ook de dienaren zelf zullen er niet minder van geworden zijn. Als stad kon Batavia aan deze nieuwe situatie geen glans meer ontlenen. Terwijl de ster van Batavia daalde, rees die van Semarang. Deze stad was gezonder dan de hoofdplaats en leek meer dan Batavia te profiteren van de liberalisering van de particuliere handel in het laatste kwart van de 18e eeuw. De gouverneur van Java's oostkust voerde er een grootse statie, hetgeen nodig werd geacht omdat hij de contacten met de Javaanse vorsten diende te onderhouden. Economisch was het gebied niet zozeer van belang vanwege de handelsgoederen, die in vrij kleine hoeveelheden (het betrof katoenen garen, koffie, indigo, suiker en peper) werden geleverd, maar vanwege rijst en hout. In toenemende mate werd tot desaverhuur overgegaan. Chinezen pachtten de desa en kregen daarmee de bevoegdheid om gedurende een bepaalde termijn de inkomsten

te trekken die aan de overheid toekwamen. De inkomsten bestonden naast het presteren van diensten door de desabewoners uit opbrengsten van de landbouw, die door de pachters meestal weer aan de Compagnie werden doorverkocht.
Elders in de Archipel bleef de bestaande situatie gehandhaafd. Nog steeds werden Ambon en Banda van bijzonder belang geacht vanwege de monopolieprodukten die er werden voortgebracht. Op Banda was de teelt van de nootmuskaat sedert de ontvolking van het eiland in 1622 opgedragen aan kolonisten, de 'perkeniers'. In de 17e eeuw hadden de perkeniers niet slechts via de officiële handel, maar ook met smokkel gouden winsten behaald. In de 18e eeuw echter waren er minder mogelijkheden om daarvan te profiteren en de welvaart was er toen veel minder groot. Op Ambon hield de VOC zo stevig mogelijk de greep op het kruidnagelmonopolie. Regelmatig werd het gebied geïnspecteerd, en als er 'illegale' kruidnagelbomen werden aangetroffen, dan werden deze gekapt (de hongitochten). Maar op den duur bleek de Compagnie toch niet in staat de concurrentie te weren en buiten de deur te houden. Omstreeks 1770 wisten Fransen het gebied binnen te dringen en kruidnagelplantjes buit te maken. De plantjes werden uitgezet op Mauritius en Réunion en later ook op de Caraïbische eilanden. Na afloop van de Vierde Engelse Oorlog, in 1784, moest aan de EIC de vrije vaart in de Oosterse zeeën worden toegestaan en hoewel dat niet direct leidde tot een massale 'smokkel' in kruidnagelen door Engelse schepen, verschenen na enkele jaren toch Engelse kooplieden met deze specerij in Indiase havens.
Evenals op Java kreeg het bestuur op Ceylon steeds meer trekken van een koloniale regering. De zetel van gouverneur en raad was Colombo. Het territorium van de VOC was verdeeld in drie districten: het commandement Jaffna, de *dissawany* van Colombo en het commandement Galle. In de belangrijkste havensteden van deze districten waren opperhoofden aangesteld, evenals te Tuticorin op de zuidkust van India, dat onder het gouvernement Ceylon ressorteerde. De VOC hield het bestaande ambt van *dissave* in stand en benoemde daarin haar eigen dienaren. De taak van de *dissave* hield onder meer in het toezicht op de inheemse bestuursstructuur, die zoveel mogelijk intact werd gelaten. Het belangrijkste produkt van Ceylon was kaneel. Voor de kaneelleverantie kon men gebruik maken van het kastenstelsel: het was de taak van de *chalia's* om voor de overheid kaneel te schillen en naar de kuststeden te brengen.
In de 18e eeuw werden nieuwe handelsgewassen geïntroduceerd, zoals koffie en peper. Maar zoals zo vaak in de geschiedenis van de VOC werkten bewindhebbers en dienaren ter plaatse elkaar tegen, hetgeen resulteerde in een stroom van tegenstrijdige besluiten, volgens welke de koffieaanplant afwisselend moest worden uitgebreid dan wel beperkt. De boeren waren tenslotte niet meer bereid om de koffiecultuur ter hand te nemen, zodat deze poging van de Compagnie op niets uitliep.
Ondanks het feit dat de VOC de gehele kust van het eiland in bezit had, was het niet mogelijk voor de Nederlanders om de zeehandel volkomen te monopoliseren. Wel trok de Compagnie de handel in olifanten naar zich toe en oefende zij controle uit op het parelduiken, maar de handel in betelnoten, rijst en textiel tussen Ceylon en India bleef een Aziatische aangelegenheid. Noch de VOC, noch Europese vrijburgers konden deze lokale scheepvaart overnemen en het verbod leidde tot verarming van een groot deel van de bevolking. Van Imhoff nam het tijdens zijn gouverneurschap (1736-1740), vooruitlopend op zijn maatregelen die hij later vanuit Batavia zou nemen, op voor de particuliere vaart en stimuleerde Indiase kooplieden in hun handel. Op de factorijen in India was het compagniebestuur door het ontbreken van territoriaal bezit veel minder verstrekkend. Het zijn daar dan ook de economische en commerciële middelen, zoals reeds eerder genoemd, die de VOC aanwendde om greep te krijgen op de

Ook na het einde van de VOC bleef Deshima als Nederlandse handelspost bestaan en bleven de Nederlanders nog lange tijd de enige Europeanen die het begin van de 19de eeuw met een Nederlands schip, links (met Nederlandse vlag) is Deshima zichtbaar en het eilandje helemaal links is de Chinese handelspost. (Penseel op zijde, K. Keiga, omstreeks 1810, Scheepvaart Museum Amsterdam)

produktie. De vestigingen waren niet beperkt tot enkele grote havensteden, ook kleinere en in het binnenland gelegen plaatsen, produktiecentra van de textiel of regionale markten, kenden loges. Zo bezat de Compagnie in het achterland van Suratte kantoren te Broach, Baroda, Cambay en Ahmedabad; voorts behoorden tot de directie Suratte loges te Burhanpur en Agra, waar de beste kwaliteit indigo vandaan kwam en een bij de Nederlanders zeer geliefde soort beddespreien werd ingekocht. In Coromandel lagen langs de kust tal van dorpen en steden waar wevers woonden, en in vele daarvan was voor lange of korte tijd een koopman van de VOC geplaatst. In het noorden waren behalve te Masulipatnam kantoren te Bimelepatnam, Dacheron, Palaicol en Petapuli, zuidelijker lagen Paleacatta, tot 1690 hoofdzetel, Sadraspatnam, Tegenapatnam, Kaarikal en Negapatnam. Eerst lag het zwaartepunt voor de VOC in het noorden, maar mede door interne onlusten en toenemende Engelse concurrentie concentreerde de Maatschappij zich in de 18e eeuw meer op het zuiden, waar het strategisch gelegen maar economisch minder belangrijke Negapatnam nu de hoofdplaats was. Te Bengalen waren naast Hougli belangrijke loges te Kazimbazar, centrum van de zijdeteelt en dichtbij Ramiahol, de plaats van de Bengaalse munt, en te Patna, waar salpeter en opium werd verzameld.

Malabar vormde in zoverre een uitzondering onder de vestigingen in India, omdat de Compagnie daar erin geslaagd was monopoliecontracten af te sluiten met onder anderen de vorst van Cochin. Het bezit van verschillende forten aan de kust kon echter smokkel niet verhinderen; in de 18e eeuw verloor het monopolie door het opkomen van nieuwe koninkrijken alle betekenis. Ook het noordelijk gelegen Vengurla, waar textiel werd ingekocht, behoorde tot het commandement Malabar.

In al deze plaatsen was de VOC voor leveranties of afzet van haar handelsgoederen aangewezen op samenwerking met Indiase kooplieden. De

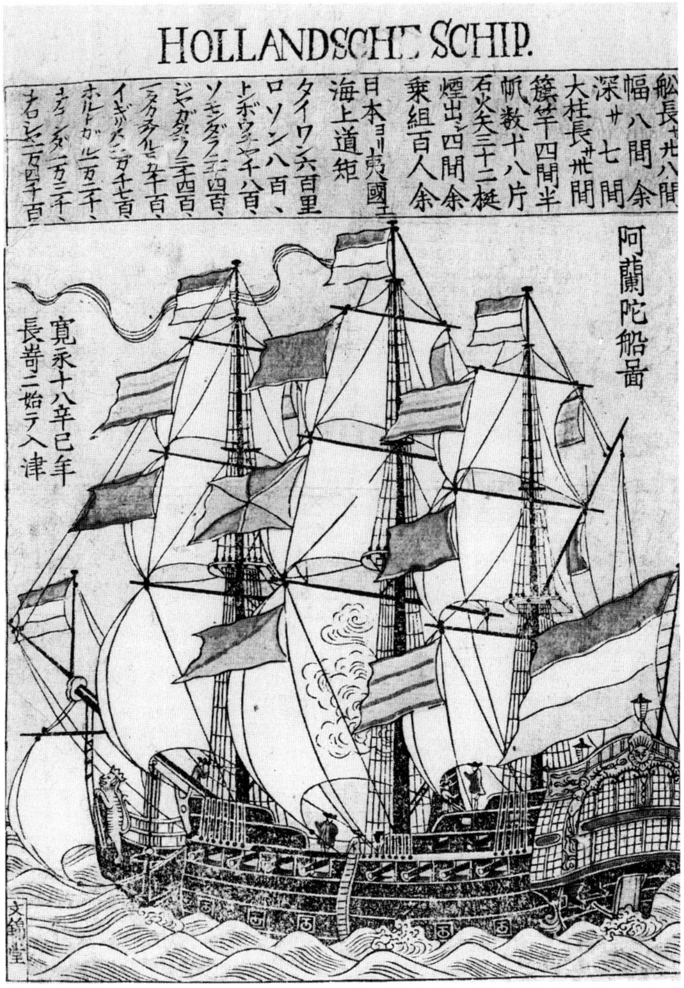

'Hollantsch schip', Japanse prent van een Oostindiëvaarder, eind 18e eeuw. (Collectie KITLV, Leiden)

houding van de Indiase kooplieden ten opzichte van hun collega's bij de compagniefactorijen was begrijpelijkerwijs nogal verdeeld, zoals heel duidelijk bleek te Suratte. Een aantal handelaren, behorend tot de clan van de schatrijke reder Abdul Ghafur bestreed en beconcurreerde de VOC uit alle macht, anderen, zoals de van oorsprong Turkse Chellabies verbonden zich juist met de factorij en steunden de Nederlandse kooplieden.
Bij de inkoop van textiel was het gebruikelijk de makelaar of producent een voorschot te geven, maar bij de verwerving van bij voorbeeld indigo gebeurde dit hoogst zelden. In Coromandel had gouverneur Laurens Pijl in 1663 een aantal kooplieden te Paleacatte bijeengebracht in een kleine 'compagnie'; het kapitaal dat door de leden-makelaars werd ingebracht, werd als voorschot aan de wevers uitbetaald. Niet alleen bleek dit goedkoper voor de VOC, maar ook werden zo de belangen van de inheemse makelaars bij een juiste leverantie van het eindprodukt groter, hetgeen de kwaliteit van de stof ten goede kwam. Ook elders op de kust werden dergelijke associaties opgezet. De beinvloeding van de produktie ging echter het verst in Bengalen. Daar werd te Kazimbazar een eigen zijderederij opgericht, waar enkele honderden arbeiders te werk werden gesteld.
Uiteraard ondergingen de Nederlanders uit India, gering in aantal en aangewezen op de Indiase gemeenschap, de invloed van de hen omringende beschaving, terwijl de uitstraling van de Europese cultuur minimaal was. Aan de dienaren werd officieel verboden het 'vadsige, luy en verwijfde Mohametaans kleet' te dragen. Overal bleef het Portugees de *lingua franca*. Furber geeft van een dergelijke kleine gemeenschap van compagniedienaren en aanhang in India een typerend voorbeeld. De bezetting van de versterking Cochin omvatte in 1716 336 huishoudens, waarvan er zeker 232 Europees of Indo-europees waren. Van de 116 Europese mannen waren 12 gehuwd met een Europese vrouw, 80 mannen hadden een Indo-europese echtgenote en 12 een Indische vrouw. De 'Portugezen' vormden een aparte categorie; waarschijnlijk ging het om Indo-europeanen en Indiërs, die na het vertrek van de Portugezen aan het katholieke geloof en de Portugese taal hadden vastgehouden. Aan al deze huishoudens stond een groot aantal slaven ter beschikking; hoe hoger de positie in de bestuurshiërarchie, des te meer slaven.[8]
De inpassing in en aanpassing aan de Indiase omgeving maakte dat de factorijen steeds minder als *Fremdkörper* werden beschouwd. Bovendien raakten de Nederlanders door hun nauwe contacten met hun omgeving van vele ontwikkelingen in India op de hoogte, iets waar de VOC-archieven thans nog van getuigen.
De positie van de compagniedienaren in Japan of China stond in schril contrast met de situatie in India. Te Japan werden de Nederlanders geïsoleerd op het eilandje Deshima in de haven van Nagasaki, dat zij niet mochten verlaten—met uitzondering van de jaarlijkse hofreis naar Edo, die door het opperhoofd en zijn gevolg werd gemaakt. Voor het overige was men aangewezen op de gesloten kring van tolken. Japanners mochten evenmin op Deshima verblijven, al bestond ook hierop een uitzondering, namelijk voor de meisjes van plezier, die de dienaren bij de tolken konden 'bestellen'. Soms ontstonden duurzame verhoudingen met Japanse vrouwen; de kinderen uit zulk een verbintenis moesten echter bij hun moeder blijven en mochten Japan niet verlaten. De handel werd in een steeds strakker keurslijf gewrongen; sedert 1722 was alle handel aan de Japanse kant geconcentreerd in de 'Geldkamer', welke instantie de omvang en samenstelling van de goederenstroom dicteerde.
In Kanton was de isolatie minder sterk. De kooplieden van de VOC, met de titel carga of supercarga, huurden ieder jaar, later ook voor een aantal jaren achtereen, een gebouw dat als factorij dienst kon doen. Aanvankelijk verbleven de carga's slechts gedurende het handelsseizoen in China, van oktober tot half januari, waarna het meubilair werd opgeslagen en aan

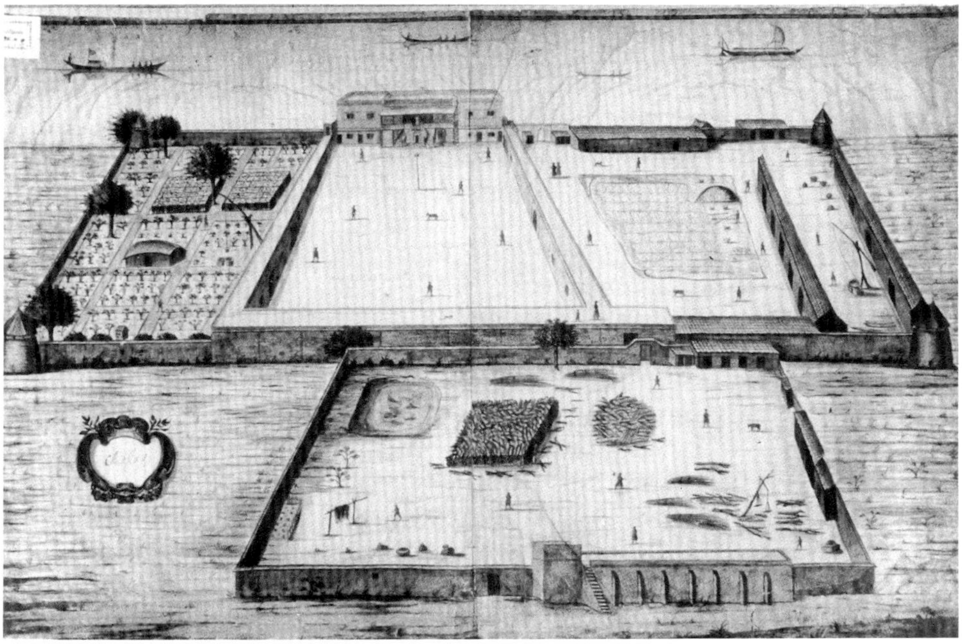

(Boven) Gezicht op Deshima, de vestiging van de VOC in de baai van Nagasaki te Japan. (Maritiem Museum 'Prins Hendrik', Rotterdam)

(Onder) De factorij Chapra te Bengalen, waar de VOC salpeter inzamelde. (Collectie Bod Nijenhuis UB, Leiden)

De voc-factorij op Deshima werd in 1640 opgericht en bleef er ver na de ondergang van de Compagnie tot aan 1863 bestaan. (Nagasaki Prefectural Museum, Nagasaki)

Tekening van een matroos in het reisjournaal van de Gelderland, bijgehouden op een tocht van vijf schepen naar de Molukken in 1602. Algemeen Rijksarchief, Den Haag.

de Chinese verhuurder in bewaring gegeven. Na 1750 bleven de carga's echter enige tijd in Kanton achter om in de stille tijd transacties te verrichten, waarna zij dan naar Macao vertrokken om de schepen af te wachten. Tegenover de Europese kooplieden stond de Co Hong, de organisatie van Kantonese kooplieden, die van overheidswege gerechtigd waren om met de Europeanen handel te drijven. Die organisatie was niet steeds even hecht. Soms slaagden de Hong-kooplieden of 'Hangisten' erin onderlinge prijsafspraken te maken, soms was sprake van een min of meer vrije handel. Aan het einde van de 18e eeuw werd de handel aan Chinese kant min of meer beheerst door enkele grote handelshuizen.

De vestiging aan de Kaap de Goede Hoop week in alle opzichten af van de factorijen in Azië. De Kaap was niet bedoeld als handelspost maar als verversingsstation voor de schepen onderweg tussen Europa en Azië. Om deze functie beter te kunnen vervullen liet de VOC er vrijburgers toe, die zich als boeren konden vestigen om de noodzakelijke voedselproduktie ter hand te nemen. Anders ook dan in Azië was de mortaliteit er gering en te zamen met een overigens bescheiden stroom van immigranten, hoofdzakelijk personen die uit compagniedienst traden, leidde dit tot een snelle groei van de bevolking. De daarmee gepaard gaande gebiedsuitbreiding ging ten koste van de autochtone bevolking, de Khoikhoi en Bushmen of San (vroeger met de denigrerende namen Hottentotten en Bosjesmannen aangeduid). Opvallend is voorts het grote aandeel van slaven op het totaal van de bevolking; slaven werden zowel uit Madagascar gehaald, hetgeen voornamelijk door de Compagnie zelf gebeurde, als uit Azië, dan voornamelijk aangevoerd door compagniedienaren, die op hun terugreis een aardig voordeel met deze slavenhandel wisten te behalen. Het VOC-bestuur in Kaapstad hield lang niet altijd rekening met de belangen van de groep vrije boeren, hetgeen van tijd tot tijd tot grote spanning leidde—de boeren waren behalve op het platteland niet ingeschakeld in het bestuur. Daarbij beklaagden de boeren zich bovendien over de onrechtmatige particuliere handel en geldzucht van de VOC-dienaren. In de laatste decennia van de 18e eeuw ontwikkelde zich dit verzet tegen de 'tyrannieke Maatschappij' in het spoor van de patriottenbeweging. Tot grote verandering in het systeem kwam het echter niet.

Een generale monsterrol van het compagniepersoneel

In de loop van de 17e en 18e eeuw hebben grote aantallen personen de Republiek verlaten met de Oost als reisdoel. Velen zullen dat gedaan hebben met de bedoeling na verloop van tijd weer naar Europa terug te keren. Bij vertrek ging men een dienstverband aan voor een aantal jaren, drie jaar voor de zeelieden, vijf jaar voor het overige personeel. In 1658 werd de termijn voor de laagste rangen der zeelieden ook op vijf jaar gebracht. Deze termijn gold uitsluitend voor de dienst in Azië, heen- en terugreis bleven er buiten. Het grootste aandeel onder de vertrekkers werd gevormd door zeevarenden en militairen; volgens een niet al te strikte regel zonden de bewindhebbers het ene jaar één derde, het daaropvolgend jaar twee vijfde van het aantal opvarenden als militair uit. De aantallen passagiers—hoge ambtenaren of predikanten met hun vrouwen en eventueel huispersoneel—en ambachtslieden, die aangenomen waren voor diverse diensten op de kantoren, vallen daarbij in het niet.

In de 18e eeuw is het aantal vertrekkers meer dan verdubbeld. De sterke stijging tekende zich na 1710 duidelijk af en in de jaren 1760-1770 bereikte de migratie een hoogtepunt. De werving van een steeds maar toenemend aantal matrozen en soldaten legde in de Republiek een groeiend beslag op de arbeidsmarkt voor deze beroepscategoriën.

Omstreeks 1630-1640 had de VOC nog maar 9% van het totaal in de Nederlandse havensteden beschikbare aantal zeelieden in dienst, tegen 1680 was dit percentage al gegroeid tot 18% en aan het einde van de 18e eeuw stond een kwart van de zeelieden in de Republiek op de loonlijst bij de Compagnie. Ook bij de soldaten was het aandeel van de VOC enorm toegenomen, van 16% rond 1680 tot 33% in de tweede helft van de 18e eeuw.

De Nederlandse provincies konden bij lange niet in deze personeelsbehoefte voorzien. Een groot aantal dienaren was uit het buitenland afkomstig, vooral uit Duitse staten. Over de gehele periode van de VOC zou circa 40% van de matrozen en 60% van de soldaten van buitenlandse afkomst zijn. In de zogenaamde 'scheepssoldijboeken' werd van ieder bemanningslid onder andere de plaats van herkomst aangetekend en onderzoek in deze bron maakt het mogelijk het aandeel van buitenlanders in het VOC-personeel nader te preciseren. Tot omstreeks 1660 was dit aandeel hoog, bij de soldaten circa 65%, bij de zeevarenden 35%. Daarna daalde het percentage buitenlanders en namen meer inwoners uit de Republiek dienst bij de Compagnie. Omstreeks 1700 sloeg deze tendens weer om. Om in de groeiende behoefte aan personeel te voldoen moest de VOC in toenemende mate een beroep doen op buitenlanders. Rond 1770 was niet minder dan 80% van alle soldaten en 50% van alle zeelieden in compagniedienst uit landen buiten Nederland afkomstig! Het ging om grote aantallen: van de 82.000 personen die tussen 1765 en 1775 op de Nederlandse Oostindiëvaarders naar Azië voeren, waren 51.800 buitenlanders. Bovendien kan worden vastgesteld, dat de recruteringsgebieden steeds verder van de kust kwamen te liggen. Bij zeelieden kwam het merendeel nog wel uit kuststreken, zoals uit de aan de Noordzee en Oostzee gelegen Duitse staten en uit Scandinavië, maar bij de soldaten kwam de meerderheid uit ver van zee gelegen gebieden als de Palts en Hessen.[9]

De stijgende behoefte aan personeel is gedeeltelijk toe te schrijven aan de groei van het compagniebedrijf. De enorme vlucht die het scheepvaartverkeer tussen Europa en Azië na 1700 nam, eiste een groter aantal zeelieden,

terwijl tegelijkertijd de territoriale machtsontplooiing en toenemende bureaucratisering in Azië ook om meer personeelsleden vroegen. De grote sterfte onder het Europese personeel werd echter een steeds belangrijker factor. Het grote verschil in het aantal van hen die zich op de uit Nederland varende Oostindiëvaarders inscheepten, en het aantal dienaren dat vanuit Azië repatrieerde, geeft aan dat velen gedurende hun dienstverband stierven.
Het sterftecijfer in Azië was altijd al hoog geweest maar steeg na 1700 verder doordat te Batavia de hygiënische situatie verslechterde. Als oorzaak wordt vaak de aardbeving van 1699 genoemd, die grote grondverschuivingen in de kuststreek van Java teweegbracht, waardoor de loop van de rivier van Batavia, de Tjiliwoeng, werd gewijzigd. Voor de kust van de stad ontstonden banken en de afwatering werd daardoor belemmerd. De hoge mortaliteit in de 18e eeuw is voorts in verband gebracht met het toegenomen aantal ziekte- en sterfgevallen op de schepen uit Europa.[10] Het percentage sterfgevallen op de uitgaande schepen schommelde in de 17e eeuw rond de 4% en kwam slechts bij uitzondering hoger dan 10%, maar na 1700 steeg dit percentage en in de jaren 1770-1775 kwam het zelfs op 23%. Het is waarschijnlijk de vlektyfus geweest, die de meeste slachtoffers heeft gemaakt. Bij aankomst in Batavia werden de zieken direct van de schepen gehaald en naar het hospitaal gebracht. Dat was wel een bijzonder ongezonde plek en de meesten zullen daar na korte tijd gestorven zijn. Tenslotte is ook gewezen op de désastreuze gevolgen van de ongecontroleerde uitbreiding van de suikercultuur in de omgeving van de stad. De suikermolens vervuilden het water dat naar de stad stroomde en de op Hollandse wijze gegraven grachten van Batavia slibten dicht en werden poelen van verderf. Een poging om de irrigatie te verbeteren door het graven van een afwateringskanaal, de Mookervaart, had een averechts resultaat. Er werd meer vervuild water naar de stad getransporteerd en malaria, dysenterie en tyfus verspreidden zich op ongekende wijze.

Tabel 8 Aantallen personen aan boord van compagnieschepen bij vertrek uit patria en Azië, 1602-1795

	uit patria	uit Azië
1602-1610	8.500	3.700
1610-1620	19.000	4.500
1620-1630	23.700	6.300
1630-1640	28.900	10.000
1640-1650	36.100	11.900
1650-1660	40.200	13.000
1660-1670	40.900	14.400
1670-1680	42.700	15.900
1680-1690	37.800	16.400
1690-1700	43.000	18.300
1700-1710	49.600	22.400
1710-1720	59.900	26.500
1720-1730	71.700	34.300
1730-1740	74.300	34.600
1740-1750	73.100	23.900
1750-1760	80.500	28.000
1760-1770	85.500	27.700
1770-1780	75.500	28.400
1780-1790	61.900	17.700
1790-1795	22.900	9.100
1602-1700	317.800	114.400
1700-1795	655.200	252.500
Totaal	973.000	366.900

Bron: J. R. Bruijn e.a. (eds.), *Dutch-Asiatic Shipping* I, 144.

Welke oorzaak ook de doorslag moge hebben gegeven, het is begrijpelijk dat steeds meer inwoners tenslotte de stad ontvluchtten en zich in de hoger gelegen omgeving vestigden.[11] De gegevens over het personeelsbestand in Azië sluiten aan bij de cijfers van de aantallen opvarenden op de uitgaande schepen, doch bevestigen, dat in de loop van de 18e eeuw het uitzenden van meer personeel niet resulteerde in een overeenkomstige groei van het aantal compagniedienaren in Azië. Het was overigens voor de bewindhebbers niet eenvoudig zicht te krijgen op de omvang van hun personeel.

'Indien nu iemant alle die bedenckingen en difficulteyten soude weten op te lossen en te surmonteren, wat my aangaet, ick sal seer genegen wesen die te horen, maar sooals se my voorkomen, sie ick het maken van een vasten staat dienaangaende, en het uytvinden van het kostende van dien jaarlijcx, voor een ondoenelycke saecke aan'.[12]

Deze verzuchting van de compagnieadvocaat Pieter van Dam uit 1700 met betrekking tot het opmaken van een 'vaste staat' van het aantal dienaren in Azië komt overeen met de opmerking van de historicus Furber uit 1976: *How many they really were it is impossible to know.*[13] Inderdaad is het zeker voor de 17e eeuw moeilijk vast te stellen hoeveel personeel de VOC op een bepaald moment in dienst had. De opmerking van Van Dam staat overigens in een zeer bepaalde context. Rondom 1680 beseften de bewindhebbers dat zij de greep op het bedrijf begonnen te verliezen. Daarom trachtten ze onder meer de boekhouding te verbeteren, en het doen samenstellen van een jaarlijkse 'generale monsterrol' maakte deel uit van die maatregelen—het ging uiteraard daarbij om 'het kostende van dien'. Te Batavia was Paulus de Roo als boekhouder-generaal belast met het verbeteren en 'schonen' van de boeken. Hij werd door de Heren Zeventien en Van Dam zeer geprezen; waren zijn aanwijzingen gevolgd, dan zou dat niet alleen een 'groot light komen te geven' maar 'selfs een redelijck perfect werck maecken'.[14] De Roo nu maakte bij zijn uitvoerige 'Staat van Indië' over 1687-1688 een tabel op van de gemiddelde bezetting van Europees personeel in de diverse gewesten, ingedeeld naar categorieën (tabel 10). Toch was ook die opgave niet compleet, en dat toont tevens de problemen aan waarmee men kampte om een werkelijk volledig financieel overzicht te krijgen.
Japara, basis van de oorlogshandelingen tegen Mataram, was sinds 1677 niet meer in de negotieboeken 'vertoond', evenmin waren er opgaven ontvangen van Jambi, van Pulau Tjingkuk (aan de westkust van Sumatra) en

Opvarenden aan boord van de 'Mercurius', détail uit een pentekening van Willem van de Velde de Oude, 17e eeuw. Maritiem Museum 'Prins Hendrik', Rotterdam.

Scheepskist van teakhout, met (nagebootste) inhoud voor matroos bij de VOC. Coll. Westfries Museum, Hoorn.

Tabel 9 Aantal compagniedienaren in Azië, 1625

Molukken	570
Ambon	520
Banda	300
Solor	50
Taiwan	134
Schepen in de Chinese Zee	586
Coromandel	120
Batavia	665
Op 35 schepen in Azië	1.555
Totaal	4.500

Bron: Coolhaas, *Generale Missiven* I, 170-171.

van het onder Galle ressorterende Matura, waar de boekhouder ziek was. Veel belangrijker was dat De Roo geen opgave kon doen van de opvarenden op de verschillende schepen in de intra-Aziatische vaart. Dit laatste aantal moet men schatten. In deze jaren waren ongeveer 80 schepen in Azië in gebruik, het aantal opvarenden kan, met ruime marge, op ongeveer 4.000 worden gesteld. Voor het totale personeelsbestand moeten natuurlijk ook de bemanningen op de vloten varend tussen de Republiek en Azië worden berekend.
Stelt men deze aantallen op grond van de gegevens uit tabel 8 op respectievelijk 4.000 en 1.600 à 1.900 koppen, dan moeten dus bij de 12.000 dienaren op kantoren nog eens 10.000 opvarenden op schepen in Azië en onderweg geteld worden. De uitkomst, een personeelsbestand van 22.000 man rond 1689, ligt aanzienlijk lager dan het waarschijnlijk te hoge cijfer van 30.000 dat elders soms genoemd wordt. Ook het aantal zeelieden in dienst van de VOC in deze jaren wordt vaak te hoog ingeschat en ligt eerder in de buurt van de 10.000 dan van de 15.000. Overigens was het personeel flink in aantal toegenomen. In 1625 berekende de regering te Batavia een personeelsbestand van 4.500 man, waarvan zeker de helft zeelieden (zie tabel 9). Voegt men daarbij de opvarenden op de uit- en

Tabel 10 Bezetting van Europees personeel op de 'Indische Comptoiren' van de VOC, 1687-1688

kantoren	bestuur en handel	zeevaart	krijgsmacht	overig	totaal
Malabar	47	99	418	55	619
Ceylon	149	448	1735	299	2.631
Ambon	48	38	607	104	797
Banda	31	89	515	75	710
Ternate	26	37	291	63	417
Perzië	20	0	1	5	26
Bengalen	53	2	1	16	72
Suratte	43	5	21	9	78
Makassar	19	40	350	58	467
Timor	6	28	97	14	145
Coromandel	100	36	508	39	683
Malakka	34	100	215	81	430
Sumatra	24	4	118	49	195
Siam	9	10	10	8	37
Palembang	8	23	51	14	96
Batavia	205	143	1.803	490	2.641
Bantam	10	45	339	33	427
Japan	22	3	0	2	27
Tonkin	4	2	0	1	7
Amoy	4	0	0	0	4
Jambi	5(?)	121	65	10 (?)	201
Japara	10(?)	140	661	30	841
Totaal	877	1.413	7.806	1.455	11.551

NB Niet opgenomen in de tabel is het kantoor te Pulau Tjingkuk, waar in 1685-1686 57 dienaren werkzaam waren, en Matura op Ceylon.
Op geheel Ceylon met inbegrip van Matura waren in 1686-1687 2.774 dienaren. Het getal der dienaren aan Kaap de Goede Hoop zal niet boven de 500 hebben gelegen, in 1693 waren er het 473. Tenslotte zijn niet meegeteld de opvarenden van schepen in de intra-Aziatische vaart; zij ressorteerden niet onder een bepaald kantoor.
Bron: ARA, coll. Hudde no. 7, 'Staat van Indië', 1687/88.

thuisvarende schepen, naar schatting 2.500 en 700, dan wordt het totaal voor deze vroege periode 7.700.
Beschouwt men de cijfers over de aantallen compagniedienaren als op zich zelf staande gegevens, dan gaat het om indrukwekkende getallen, die aan een 17e- of 18e-eeuwse bedrijfsorganisatie enorme eisen moeten hebben gesteld. Maar te midden van de Aziatische bevolking, omstreeks 1650 geschat op 350 miljoen zielen, verzinken de aantallen in het niet. En ook als nogmaals het verschil tussen de aantallen opvarenden op de uitgaande schepen met die op de retournerende in aanmerking wordt genomen, blijkt dat het 'overschot' als sneeuw voor de zon wegsmolt en niet heeft geresulteerd in kolonisatie van betekenis. Een politiek van volksplanting door uitzending van Europese vrouwen of gezinnen van 'settlers' is wel eens, met name door Coen,

Tabel 11 De omvang van het personeel van de VOC in Azië in de 18e eeuw

kantoren	1700	1783	1780
Batavia	3.853	4.860	3.283
Bantam	310	407	209
Cheribon	64	148	77
Java's Oostkust	1.017	2.822	1.849
Ambon	919	864	1042
Banda	784	646	497
Ternate	564	759	859
Timor	49	68	68
Makassar	834	995	902
Palembang	93	83	140
Sumatra's Westkust	226	478	170
Poulo Gondi		22	
Bandjermasin		68	39
Pontianak			87
Malakka	468	471	477
Ceylon	2.966	4.652	3.784
Coromandel	514	789	775
Bengalen	162	440	205
Malabar	690	1.395	949
Suratte	106	385	56
Gamron		22	
Nagasaki	10	12	12
Siam	21		
Ligor	10		
Kaap de Goede Hoop	544	1.439	1.687
Op de schepen	3.913	3.054	1.285
Totaal	18.117	24.879	18.452

NB De gegevens zijn niet geheel volledig. De monsterrol van 1700 geeft niet de bezetting van het kantoor Gamron, die van 1753 niet de bezetting van Siam, Jambi (dat in 1700 onder Palembang ressorteerde) en Basra aan de Perzische golf.
Bron: ARA, VOC-archief 11.545, 11546, 5.201 en 5228, 'Generale land-en zeemonsterrollen' van 1700, 1753 en 1780.

bepleit, maar bleek in de praktijk niet realistisch.
Wel kwam het voor dat dienaren na afloop van het dienstverband in Azië achterbleven en zich als zogenaamde vrijburger vestigden. De commerciële politiek van de VOC echter gaf aan deze vrijburger weinig mogelijkheden om in handel of scheepvaart een bestaan op te bouwen, terwijl in nering en nijverheid de inheemse of vooral de Chinese concurrentie voor hem te sterk was.
Het meest populaire beroep werd tenslotte dat van kroegbaas. Overigens gaat het ook hier niet om grote aantallen; een stempel hebben de vrijburgers nergens in Azië op de Europese gemeenschappen kunnen drukken. Er was dan ook nergens in het gebied van de VOC—met uitzondering van de Kaap de Goede Hoop—een Europese gemeenschap die uit zich zelf groeide of zich zelf in stand hield.
Een overzicht van het personeel in de 18e eeuw is wat gemakkelijker te geven, omdat gebruik gemaakt kan worden van de generale monsterrollen, die nu inderdaad jaarlijks uit Azië naar de rekenmeesters in patria werden gezonden. Zoals verwacht kon worden op grond van de cijfers betreffende de opvarenden van de schepen uit Nederland, nam het personeelsbestand na 1700 toe, maar de groei hield geen gelijke tred met het aantal vertrekkers uit patria. Waren er in 1688 omstreeks 16.000 compagniedienaren in Azië—de 12.000 die De Roo telde plus 4.000 op schepen in Aziatische wateren, in 1750 was dat aantal gestegen tot 23.000 (uitsluitend Europese) manschappen, terwijl er in 1780 nog maar 18.550 Europeanen in dienst waren. Voor een schatting van het totaal aantal personeelsleden zowel op de vloten onderweg van en naar Azië als in de Aziatische wateren en op de kantoren kunnen de gegevens van tabel 11 gecombineerd worden met de cijfers uit de generale monsterrollen. Aangenomen mag worden dat rondom 1700 ongeveer 25.000 man op de betaalrol van de Maatschappij stonden, vijftig jaar later ongeveer 35.000 man en omstreeks 1780 27.000. De achteruitgang van het bestand in Azië geeft aan dat het de Compagnie ondanks het enorme aantal vertrekkenden uit Nederland en het dalend aantal repatrianten niet langer mogelijk was om in de verliezen te voorzien. De VOC raakte in een vicieuze cirkel. Het

tekort aan matrozen en soldaten bracht wijziging in het rekruteringspatroon: steeds meer onervaren, berooide en slecht gevoede werkkrachten werden in dienst genomen en deze waren weer extra vatbaar voor ziekten en epidemieën.
Zodra de grote Oostindiëvaarders voor Batavia ten anker waren gegaan, verschenen de sloepen om de zieke manschappen naar het hospitaal weg te voeren. In de jaren zeventig van de 18e eeuw lagen per dag 1.000 à 1.100 man in het hospitaal, per jaar stierven daar in die tijd ongeveer 2.000 Europeanen. De ontoereikendheid van de aanvulling van personeel uit patria is in feite nog groter dan uit de cijfers van de monsterrollen blijkt, omdat ook in Azië geboren afstammelingen van compagniedienaren van Europese of gemengde Europees-Aziatische afkomst onder 'Europeanen' werden gerangschikt. Deze groep was in de 18e eeuw aanzienlijk. Volgens Stapel bedroeg deze categorie (aan het einde van de 17e eeuw?) hoogstens 1/6 van het totaal. Op Ceylon, waar een vrij grote Europese gemeenschap was, zou omstreeks 1786 niet minder dan een kwart van het Europese personeel in Azië geboren zijn.
Tenslotte nam de VOC ook steeds meer Aziatisch personeel in dienst. Soms werden in de Indiase vestigingen hele scheepsbemanningen onder leiding van een of twee voormannen ingehuurd. Ook in het scheepsverkeer met patria werden Aziaten ingeschakeld. De retourvloot van 1792 telde volgens gegevens van Kaap de Goede Hoop 233 'Moorsche', 101 Javaanse en 504 Chinese zeelieden naast 579 Europese. Bovendien waren er grote aantallen inheemse soldaten in dienst en werden er bij oorlog grote contingenten extra ingehuurd. Tijdens de eerste Javaanse successieoorlog voerde majoor Govert Cnoll een leger aan van 100 Europeanen en 2.500 inlandse troepen—afgezien van de 10.000 man Javaanse en Madoerese hulptroepen van bondgenoten. In de oorlog met Kandy in 1765 beschikte het Ceylonese gouvernement over een legermacht van 4.842 Europeanen en 6.638 Aziaten.
De globale ontwikkeling in het personeelsbestand wordt weerspiegeld in het verloop bij de afzonderlijke vestigingen. Bijna overal zijn in 1753 de hoogste aantallen te vinden. Op Java en Ceylon is ongeveer de helft van het personeel gestationeerd.Toch zijn er enkele opvallende afwijkingen van de algemene trend. Het debâcle in het westen is duidelijk zichtbaar in de grote terugval van Suratte. De halvering van het aantal dienaren te Bengalen is verklaarbaar, omdat in 1759 met de EIC was overeengekomen het aantal soldaten drastisch te verminderen. Het personeel te Ambon neemt toe in aantal, maar te Batavia vermindert het, terwijl het aandeel van Ceylon in het totale bestand in de tweede helft van de 18e eeuw groeit.
Bij de verschillende beroepsgroepen doen zich evenzeer verschuivingen voor, die afwijken van het totale beeld, zodat de onderlinge

Tabel 12 De verdeling van het personeel van de VOC in Azië in de 18e eeuw naar in de monsterrollen genoemde categorieën

categorie	1700	1753	1780
Bestuur, handel en justitie	1.026	1.731	1.506
Godsdienst	95	172	148
Geneeskunde	205	378	308
Ambachtslieden	1.266	2.253	1.650
Zeevarenden	1.375	3.314	2.881
Militairen	8.923	11.040	9.173
Artillerie	393	710	858
Diversen	201	503	643
Aziatisch personeel	723	1.724	–
Personeel op de schepen	3.913	3.054	1.285
Totaal	18.117	24.879	18.452

NB De rol van 1700 geeft op dat op 94 schepen 3913 personen waren, waaronder 183 Europese en 111 inlandse militairen. De rol van 1753 spreekt van 34 schepen met 3054 koppen; deze opgave betreft vermoedelijk niet de gehele vloot in Azië. De rol van 1780 geeft op dat op 32 schepen 1285 man voeren. In 1780 wordt geen opgave van het Aziatisch personeel gedaan.
Bron: Zie tabel 11.

verhoudingen worden gewijzigd. Het meest opvallend is de achteruitgang van het aantal opvarenden op schepen in Aziatische wateren, voor het merendeel zeelieden. Het is echter niet zeker of de opgave van opvarenden op de schepen voor met name de personeelsrol van 1753 compleet is,—tenslotte was het niet eenvoudig voor de boekhouders van de Compagnie om al het scheepsvolk op de her en der varende schepen bij te houden. Bovendien is het goed mogelijk dat in 1753 en 1780 een verschuiving in de registratie plaatsvond en dat er meer zeelieden onder de kantoren werden geregistreerd. Het getal van het zeevarend personeel op de schepen liep volgens de monsterrollen op tot 6.517 man in 1725, daarna liep het terug tot bijna 4.000 in 1743 en in het jaar daarop was het aantal gehalveerd tot iets meer dan 2.000.[15] Wanneer deze twee categorieën worden gecombineerd (zeevarenden + personeel op schepen) dan blijkt dat het aandeel der zeevarenden op het totaal iets afneemt. Een stijging, ook in absolute zin, is te zien bij de groepen 'diversen' en 'artillerie'; relatief neemt in het tweede deel van de 18e eeuw het aantal ambachtslieden in de categorie 'bestuur en handel' toe. Exact kan de vergelijking niet zijn, omdat in 1780 geen opgave van het inheemse personeel wordt gedaan. De voorzichtige conclusie kan luiden dat de cijfers bevestigen dat de Compagnie zich ontwikkelde van een maritieme tot een territoriale macht.

''t Gemene personeel en de gequalificeerde dienaren'

Het krijgshaftig karakter van de VOC wordt benadrukt door het feit dat het grootste aandeel in de vaste personeelsbezetting op de kantoren werd gevormd door militairen—van de 7.806 die De Roo telde waren er 5.860 soldaten, 682 korporaals, 'schalmeyblasers' en andere onderofficieren, 382 sergeanten en 200 militairen van hoger rang. Door onderzoek in de nog overgebleven personeelsadministratie raakt langzamerhand steeds meer bekend over de sociale en geografische herkomst. Zeker is dat de soldaten voortkwamen uit de laagste maatschappelijke kringen en dat zich onder hen, zoals reeds werd gezegd, zeer veel buitenlanders bevonden. Oost-Indië, zo schreef de scheepschirurgijn Nicolaus de Graaff in zijn *Oost-Indise Spiegel*, was een toevluchtsoord voor

'alderhande vreemdelinge en uitheemse natie, als Polakke, Sweeden, Deenen, Noor-luyde, Jutte, Hamborgers, Bremers, Lubekkers, Dantsikers, Koninxbergers, Hoogduytse, Oosterlingers, Westfaalders, Bergse, Gulikse, Kleefse, en voort alderhande Moffen, Poepen, Knoete, Hannekemaijers en andere groene kassoepers die 't gras nog tussen de tanden steekt'[16].

Voor matrozen gold grotendeels hetzelfde, al zal het feit dat voor deze categorie nog voor een deel uit het zeeliedenbestand van de Republiek kon worden geput, een positieve invloed op gehalte en kwaliteit hebben uitgeoefend.

Wat had nu de grote massa van opvarenden van de Oostindiëvaarders ertoe gedreven heil bij de Compagnie te zoeken en de reis naar Azië te ondernemen? Gelet op het loonpeil, de arbeidsomstandigheden en de sombere perspectieven—één op de drie keerde immers niet terug!—komen Bruijn en Lucassen in hun studie over VOC-personeel en arbeidsmarkt tot de conclusie dat in het algemeen slechts die personen zich als matroos of soldaat konden aanmelden, die niet waren getrouwd, geen zorg hadden voor een gezin en die tot de allerarmsten behoorden. Dienstneming bij de VOC was een noodsprong, een laatste keuze van diegenen die elders op de arbeidsmarkt geen plaats hadden kunnen vinden. Voor de compagniedienaren afkomstig uit de landgewesten of het Duitse achterland was de situatie misschien iets gunstiger, omdat lonen en prijzen daar wat lager waren dan in zeeprovincies, zodat de betaling van de VOC wat minder ongunstig tegenover de overige beroepen afstak.

'De O:Compagnieswerf te Delfshaven', pentekening in Oostindische inkt, gewassen, door Gerrit Groenewegen, 1787. Maritiem Museum 'Prins Hendrik', Rotterdam.

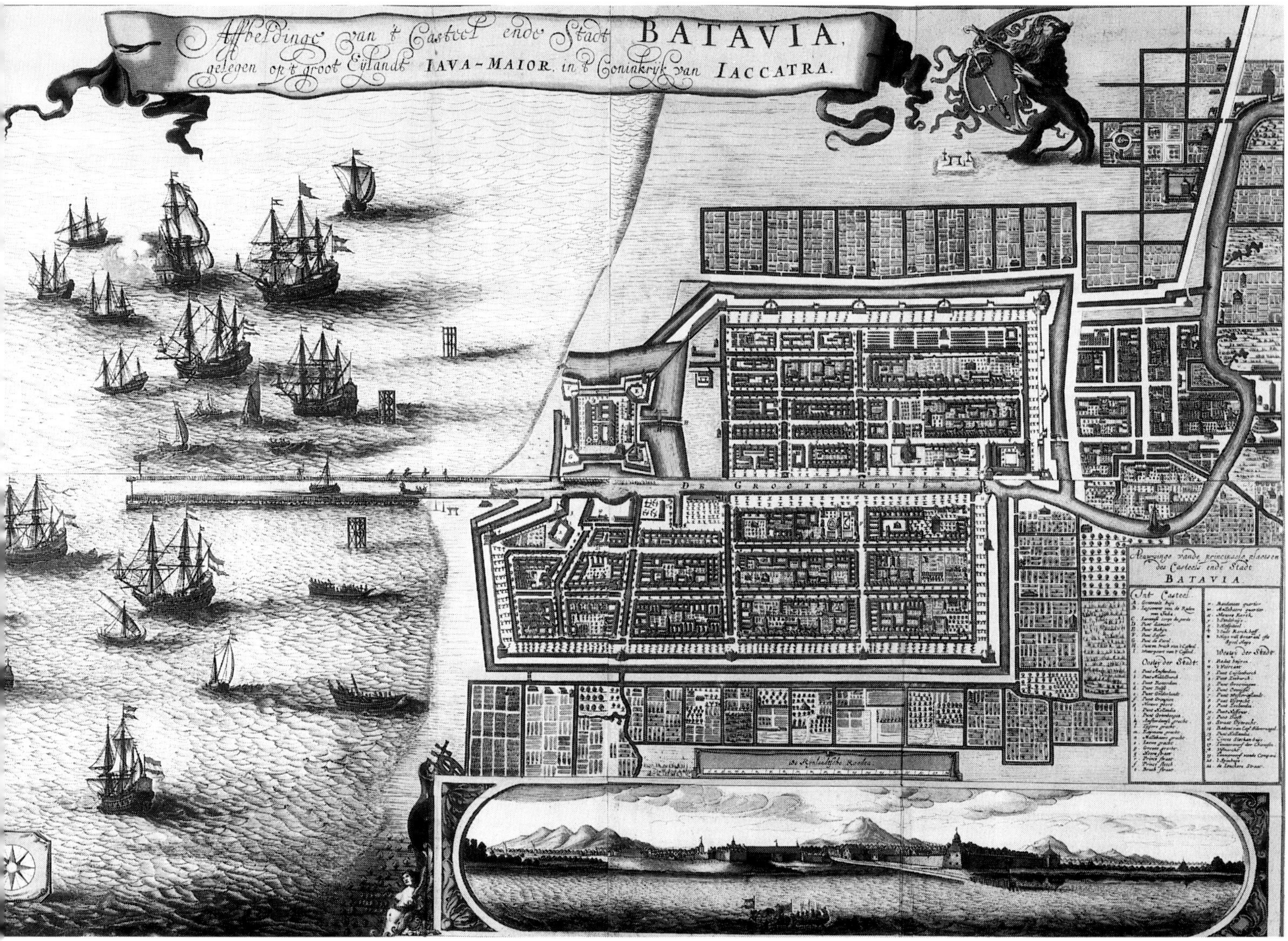

Plattegrond van stad en kasteel van Batavia van H. Focken, begin 18e eeuw. (Maritiem Museum Prins Hendrik, Rotterdam)

Tabel 13 Opvarenden van de schepen van de kamer Delft, 1700-1795

	totaal	uit Delft afkomstig totaal	percentage
kader	6.979	2.467	35%
matrozen	20.449	5.805	28%
militairen	13.713	2.035	15%
diversen	824	245	29%
totaal	41.965	10.552	25%

Overigens kan het dramatische beeld van de VOC als 'verslinder' van mensen enigszins genuanceerd worden dankzij het systematisch onderzoek van K.L. van Schouwenburg in de soldijboeken van de kamer Delft. Van Schouwenburg analyseerde de soldijboeken van de 202 Oostindiëvaarders die tussen 1700 en 1795 voor deze kamer met in totaal 41.965 opvarenden naar Azië uitvoeren.[17] Daarvan waren er 10.552 afkomstig uit Delft.
Opvallend is, dat het aantal Delftenaren onder de militairen veel geringer is dan onder de matrozen of het kader. Het Delftse aandeel in deze categorie liep na 1720 al terug en in de tweede helft van de 18e eeuw zijn er nog maar enkele Delftenaren bereid om als soldaat naar Azië te trekken. Ook het aandeel Delftenaren onder matrozen nam wel af, maar veel minder sterk, terwijl bij het kader—zeevarenden in officiers- of onderofficiersfuncties—het percentage op peil bleef. Voor de meesten van de zeevarenden in de hogere rangen betekende het vertrek op één der schepen van de Delftse kamer geen definitief afscheid van het vaderland: 70 tot 80% van hen keerde weer behouden terug. Ook van de matrozen zetten velen weer voet aan wal, in de eerste helft van de 18e eeuw keerde 60% van hen weer terug, na 1750 zakte dat percentage langzaam. Voor de soldaten was het perspectief om ooit nog eens in Europa terug te keren veel geringer: keerde in de eerste decennia van deze eeuw nog één op de drie weer in Nederland terug, later in de eeuw was dat nog maar één op de tien! Hoewel deze gegevens uit de scheepssoldijboeken van Delft niet zonder meer representatief kunnen worden geacht voor alle schepen van de VOC, is wel duidelijk dat vooral voor de uit het buitenland afkomstige soldaten, de 'onbevaren kassoepers', Azië meestal wel het eindstation zal zijn geweest.
De gages voor soldaten en matrozen zijn gedurende de twee eeuwen van het bestaan van de Compagnie ongewijzigd gebleven: deze varieerden van *f* 9 tot *f* 11 per maand. Onderofficieren in scheepsdienst verdienden iets meer, ongeveer *f* 18 tot *f* 24, stuurlieden konden opklimmen tot *f* 50 per maand, een schipper genoot een traktement van *f* 60 tot *f* 80. De meeste compagniedienaren, ook de matrozen en soldaten, voeren uit met een fikse schuld, die uit deze gage moest worden voldaan. Het grootste deel van de zeelieden werd namelijk bij de VOC aangebracht via ronselaars of 'volkhouders' die zich over de berooide werkzoekenden hadden ontfermd en hun 'cliënten' bij de werving voor de vloten naar Azië aan de bewindhebbers presenteerden. Na dienstneming lieten zij zich voor hun diensten goed betalen; de verse matroos of soldaat liet op het soldijkantoor een schuldbekentenis registreren, meest ter waarde van *f* 150, en met deze zogenaamde transportceel betaalde hij de volkhouder. De volkhouders waren niet zo kapitaalkrachtig dat zij konden wachten op het moment dat voldoende geld op rekening van de betrokken dienaar stond om deze transportceel te verzilveren en daarom verkochten zij deze schuldbewijzen aan de transportkopers. Men sprak daarom van ceel- of zielverkopers en zielkopers. Gezien het grote risico van sterfte of desertie en door verrekening van rente, brachten de transportcelen bij verkoop bij lange niet het volle bedrag op.
Naar de kansen van soldaten en matrozen om op te klimmen in rang of om over te gaan in de categorie 'bestuur en handel' om het zo 'mettertijd tot het eene of 't andere offici' te brengen, kan men slechts gissen. Mogelijker-

Boven: een grafsteen op de begraafplaats te Cochin, van Elizabeth Muller (1811).
Onder: een grafsteen op de Nederlandse begraafplaats te Suratte van Magdalena Heegers (1642), huisvrouw van Paulus Croocq, directeur van Suratte van 1639 tot 1643.
Foto's J. Akerboom/F. van der Vorst.

wijs gaven de grote sterfte enerzijds en de groeiende vraag naar ambachtslieden en schrijvers anderzijds die kansen inderdaad aan de enigszins bekwame of geletterde overlevenden. Pieter van Dam, in deze de spreekbuis van de zuinige bewindhebbers, klaagde erover dat velen die met een gage van 10 of 12 gulden per maand uitvoeren, in Azië werden bevorderd en wel 16 of 24 gulden gingen verdienen en na vijf jaar soms wel een traktement van 40 gulden genoten!
Onder het 'gemene personeel' kunnen ook de ambachtslieden worden gerekend—in tabel 10 onder 'overig' gerangschikt—die vooral werkzaam waren in de grotere centra van de Compagnie in Azië. Zij waren daar als timmerman, zeilmaker, smid of kuiper etc. werkzaam. Hun lot was beter dan dat van de soldaten, maar toch kwamen er soms grote spanningen voor. In 1723 kwam het op Onrust zelfs tot een uitbarsting van geweld en kwamen de ambachtslieden korte tijd in opstand.[18]
In de opgave van De Roo staan ook de ongeveer 200 dienaren, die als chirurgijn of in een andere functie bij de geneeskundige zorg de VOC dienden, niet als aparte categorie opgegeven. In de 18e eeuw groeide het aantal personeelsleden in deze categorie uit tot meer dan 300. Tenslotte had de Compagnie ook personeel in 'kerckelijke en daeraenklevende bedieninge': in 1688 waren er 34 predikanten, 40 ziekenbezoekers, 23 voorlezers en schoolmeesters en 11 kosters. Ook in deze categorie zou het aantal dienaren na 1700 toenemen. Volgens de staat van 1688 waren er—in tabel 10 begrepen onder bestuur en handel—557 boekhouders en assistenten, 190 onderkooplieden en 155 personen in de rang van koopman of hoger op de Aziatische vestigingen werkzaam. Onderkoopman, koopman, opperkoopman waren namen van rangen, naarmate de VOC meer bestuurder werd, kwamen functies veelal verder van de koophandel af te staan. Deze 'gequalificeerden', zoals de VOC haar hoge ambtenaren noemden, hadden uiteraard een veel beter lot dan de massa van soldaten en matrozen. Na

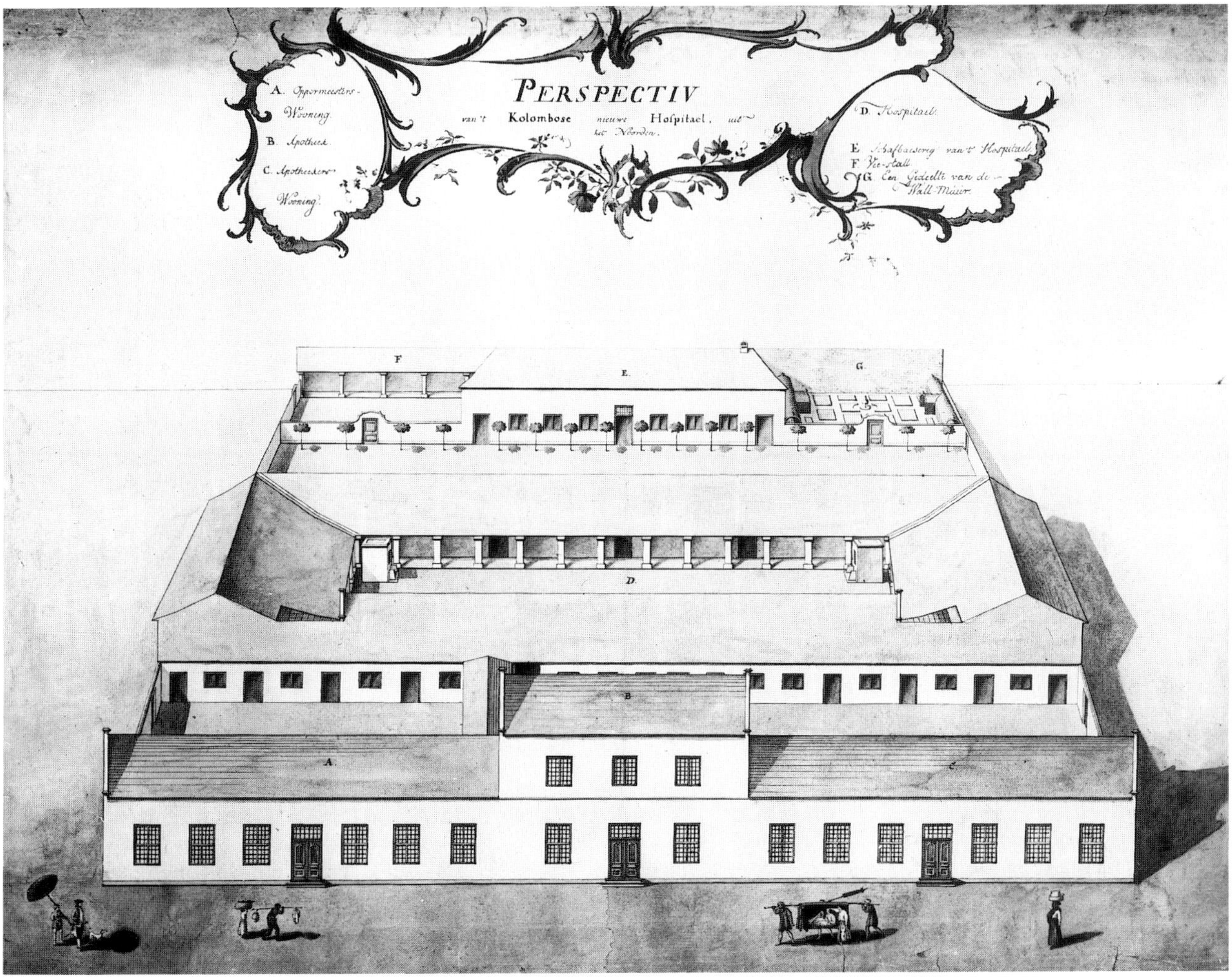

'Perspective', gezicht op het nieuwe hospitaal te Colombo, van het noorden gezien. Onbekende maker, 1771. Coll. KITLV, Leiden.

hun dienstijd in Azië keerden velen van hen gefortuneerd naar het vaderland terug.
Naast Europees personeel had de VOC in Azië grote aantallen inheemse dienaren in dienst. Het merendeel van hen bestond uit militairen, maar velen waren ook werkzaam als ambachtsgezel, schrijver, kok, barbier of kaffer van de fiscaal (de 'rakkers van de schout') en in de 18e eeuw werden zij in toenemende mate op de schepen geplaatst. In ieder geval in de 17e eeuw gaf de Compagnie de voorkeur aan Europees personeel, dat vakbekwamer en betrouwbaarder werd geoordeeld en dat bij het systeem van gagebetaling goedkoper uitviel. Uit de opgave van De Roo (tabel 10) zou men kunnen concluderen dat er in de 17e eeuw meer Aziatisch personeel in dienst van de Maatschappij zou zijn dan in de 18e (vergelijk de opgave in tabel 12). Het is echter goed mogelijk dat De Roo andere, striktere maatstaven aanlegde bij het samenstellen van zijn lijst en bij voorbeeld ook personeel in tijdelijke dienst meetelde.
'Min kostelijcker' was natuurlijk de slavenarbeid. Slaven van de Compagnie kwamen uit verschillende delen van de Archipel, uit India (Coromandel en Bengalen), en zij werden ook aangevoerd uit Madagascar of Mozambique. Het merendeel der slaven was, zoals uit de tabel blijkt, gestationeerd te Batavia en Ceylon, waar ze dienst deden in de pakhuizen, op de werven en werkplaatsen en bij het aanleggen van versterkingen.

Tabel 14 Inheems personeel en slaven op de 'Indische Comptoiren' van de VOC, 1687/1688

kantoren	inheems personeel	slaven
Malabar	168	32
Ceylon	1364	1502*
Ambon	80(?)	74
Banda	47	166*
Ternate	18	0
Perzië	35	0
Bengalen	228	0
Suratte	150(?)	0
Makassar	3	112
Timor	15(?)	62
Coromandel	784	0
Malakka	5	161
Sumatra (Padang)	30(?)	128
Siam	22	0
Palembang	26	60
Batavia	600(?)	1430
Bantam	10	18*
Japan	10	0
Tonkin	8	0
Amoy	2	0
Totaal	3.605	2.384

Van rijkdom en residenten

De 115 kooplieden en personen in hogere rangen, die De Roo in 1688 telde, vormden de top van de compagniehiërarchie en waren in alle opzichten de 'happy few'. Sommigen van hen waren al in een hoge rang uit patria gekomen, sommigen hadden hun positie door protectie en nepotisme kunnen bereiken. Maar uit een onderzoek van G.J. Schutte naar de herkomst en de carrières van de gezaghebbers op de kantoren buiten de Archipel, die tot de hoogste rangen behoorden, blijkt dat een zekere doorstroming van onderop naar de top wel mogelijk was.[19] Van de 174 gezaghebbers die tot aan 1700 in functie waren, was van 79 de rang bij uitkomst bekend: 47 waren uitgevaren in een rang beneden die van onderkoopman, dus als assistent of lager, 11 waren op dat moment onderkoopman en 21 bezaten bij vertrek reeds een hogere rang. De sociale herkomst was van 57 gezaghebbers te achterhalen: 21 waren van aristocratische afkomst. Gegevens over gezaghebbers in de tijdvakken 1701-1750 en 1751-1795 leveren een zelfde beeld. In tegenstelling tot wat men misschien voor de 18e eeuw zou verwachten, kan dus niet de conclusie worden getrokken dat er sprake is van een zich steeds meer afsluitende toplaag van bestuurders, waarin men vanuit het lagere en middenkader steeds moeilijker kon

doordringen. Loopbanen als van Van Diemen, Mossel of De Klerk, die van soldaat of scheepsjongen opklommen tot het hoogste bestuursambt, waren natuurlijk uitzonderingen. Duidelijk is wel dat afkomst en relaties het carrièreverloop aanzienlijk versnelden. Bij aanstelling en promotie speelden nepotisme en patronage een belangrijke rol. Zo hadden de Zeeuwse bewindhebbers onderling afgesproken dat zij bij toerbeurt iemand als onderkoopman op de schepen naar Azië mochten aanstellen. Ieder jaar op de herfstvergadering van de Heren Zeventien brachten de afgevaardigden van de kamers een lijstje van gunstelingen mee, die de betreffende kamer voor promotie in Azië in aanmerking wilde laten komen.
Voor wie in een rang als van onderkoopman wegtrok, golden heel andere motieven dan voor het gros der soldaten en matrozen. Deze posten waren begeerd vanwege de financiële verdiensten, niet die uit de officiële gage, maar uit de privé-handel. De enorme sluikhandel en corruptie—misschien een te zwaar woord voor het *ancien régime*—was aan de Heren Zeventien natuurlijk niet onbekend: waartoe stelden zij anders gunstelingen in deze functies aan? Bovendien werden de verdiende gelden voor een groot deel via officiële VOC-kanalen door het kantoor te Batavia en de kamers in Nederland naar Europa overgemaakt. Ook daar konden de bewindhebbers niet blind voor zijn. Hoe kon een Gerard Demmer in zijn lange loopbaan bij de Compagnie, onder andere gouverneur van Ambon, raad van Indië en president van de Raad van Justitie, waarmee hij een traktement van *f* 350 per maand bereikte, in 1652 *f* 165.750 en in 1654 nog eens *f* 57.100 naar Nederland overmaken? Uit welke bron kwamen de *f* 52.500 die een Pieter Sterthemius, die het bracht tot directeur van Bengalen en extra-ordinaris raad van Indië (*f* 200 in de maand), bij zijn terugkeer naar Europa op wissel naar Amsterdam overmaakte? Hoe kon een Jacob van Waijen, opperkoopman te Bengalen en naderhand lid van de Raad van Justitie te Batavia, maar overigens een nietsnut, die voor de Compagnie geen 'naamwaardige diensten' had verricht, bij zijn repatriëring *f* 51.125 naar Nederland zenden? In een enkel geval werd de omvang van dit wisselverkeer de Heren Zeventien wel eens te bar. Zo weigerden zij aanvankelijk de uitbetaling van *f* 42.000 die Jan van Muyden (onderkoopman, *f* 40 per maand) op wissel naar één van de kamers in patria had gestuurd. Waar nu de bewindhebbers enerzijds deze praktijken stilzwijgend erkenden en min of meer als een fikse toeslag op de karige gages beschouwden, lukte het hun anderzijds niet om de privéhandel of andere malafide handelingen in de hand te houden.
Alle controle faalde. De fiscaals, de officiële opsporingsambtenaren, behoorden tot de bestuurskliek op de kantoren en werkten er even hard aan mee. Ook de commissarissen die Batavia nu en dan naar de vestigingen zond ter 'visitatie' konden of wilden niets uitrichten. In 1682 ontstond grote beroering onder het compagniepersoneel, omdat de Heren Zeventien ten lange leste besloten hadden een commissaris-generaal, Hendrik Adriaan van Rheede tot Drakestein, uit te zenden naar de Kaap en naar de kantoren in India, waar de misstanden het ergst waren. Als gevolg van deze belangrijke missie verloor inderdaad een aantal ambtenaren hun post, maar de nieuw benoemden bleken geen haar beter. De enkeling die wel strengere voorschriften wilde opleggen, kreeg het moeilijk. Commissaris Isaack Solemans kon te Suratte geen der 'pennisten' bewegen om hem in zijn werk bij te staan en werd te Bengalen zo tegengewerkt dat hij ziek naar Batavia terugkeerde, waar de Hoge Regering hem in bescherming moest nemen. De meergenoemde De Roo klaagde in zijn brieven herhaalde malen over de tegenwerking die hij ondervond. Op een inspectietocht te Suratte stierf hij, naar algemeen in Azië werd aangenomen door vergiftiging.
Op aanraden van Van Rheede gingen de bewindhebbers er in 1692 toe over om 'inpendente fiscaals' aan te stellen, die direct

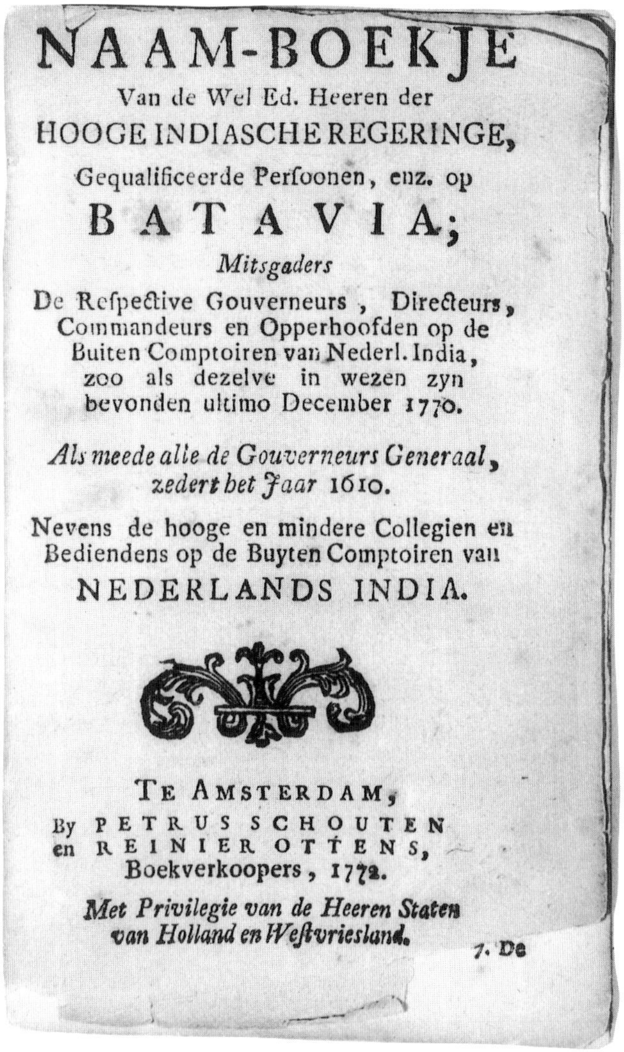

NAAM-BOEKJE
Van de Wel Ed. Heeren der
HOOGE INDIASCHE REGERINGE,
Gequalificeerde Perſoonen, enz. op
BATAVIA;
Mitsgaders
De Reſpective Gouverneurs, Directeurs, Commandeurs en Opperhoofden op de Buiten Comptoiren van Nederl. India, zoo als dezelve in wezen zyn bevonden ultimo December 1770.
Als meede alle de Gouverneurs Generaal, zedert het Jaar 1610.
Nevens de hooge en mindere Collegien en Bediendens op de Buyten Comptoiren van
NEDERLANDS INDIA.

TE AMSTERDAM,
By PETRUS SCHOUTEN
en REINIER OTTENS,
Boekverkoopers, 1772.
Met Privilegie van de Heeren Staten van Holland en Weſtvriesland.

7. De

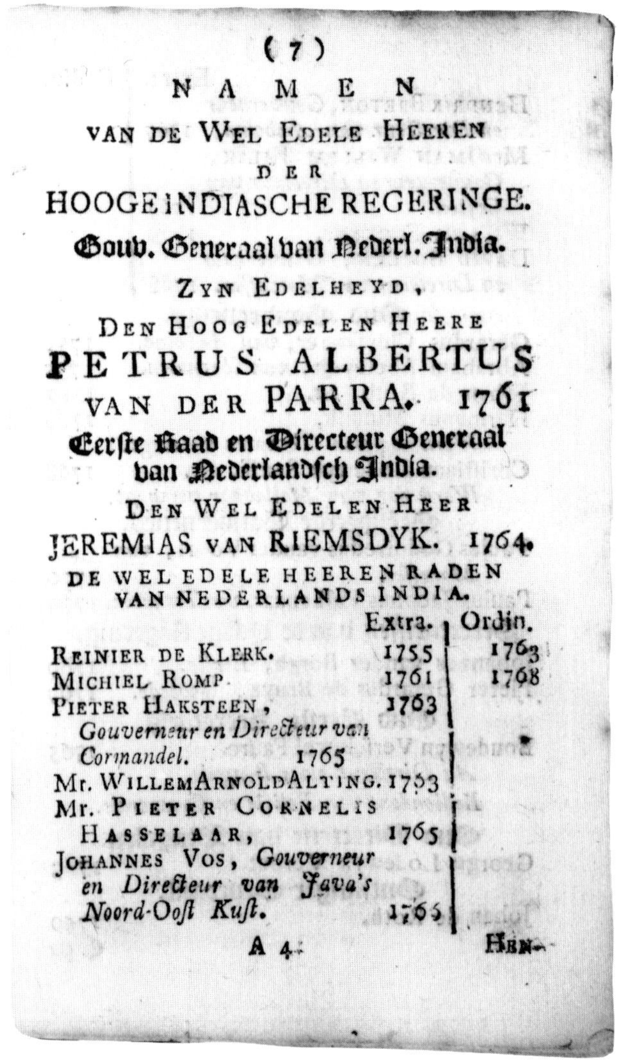

(7)
NAMEN
VAN DE WEL EDELE HEEREN
DER
HOOGE INDIASCHE REGERINGE.
Gouv. Generaal van Nederl. India.
ZYN EDELHEYD,
DEN HOOG EDELEN HEERE
PETRUS ALBERTUS VAN DER PARRA. 1761
Eerſte Raad en Directeur Generaal van Nederlandſch India.
DEN WEL EDELEN HEER
JEREMIAS VAN RIEMSDYK. 1764.
DE WEL EDELE HEEREN RADEN VAN NEDERLANDS INDIA.

	Extra.	Ordin.
REINIER DE KLERK.	1755	1763
MICHIEL ROMP.	1761	1768
PIETER HAKSTEEN, *Gouverneur en Directeur van Cormandel.* 1765	1763	
Mr. WILLEM ARNOLD ALTING.	1763	
Mr. PIETER CORNELIS HASSELAAR,	1765	
JOHANNES VOS, *Gouverneur en Directeur van Java's Noord-Ooſt Kuſt.*	1765	

A 4 HEN-

'Naam-boekje van de Wel. ed. Heeren der Hooge Indiasche Regeringe, gequalificeerde Persoonen enz.' op de factorijen van de VOC, 1772.
Bladzijde uit het 'Naam-boekje' van 1772.

aan de Heren Zeventien ondergeschikt waren en buiten de plaatselijke machthebbers en de Hoge Regering om met patria mochten corresponderen. Maar ook deze poging om corruptie en particuliere handel terug te dringen faalde. Sommigen van de zo onafhankelijke fiscaals bleken zich als opsporingsambtenaren toch niet vrij te kunnen bewegen en werden effectief tegengewerkt—hun meesters, de Heren Zeventien zaten toch ver weg in patria. Maar anderen hadden die behoefte ook niet en deden zelf mee aan de praktijken, die zij geacht werden te bestrijden.

De achteruitgang in de kwaliteit van het compagniepersoneel, in de 18e eeuw, niet alleen van soldaten en matrozen, maar zeker ook van het kader, en van de gevolgen daarvan voor de Compagnie vormen een veelbesproken thema in de literatuur. Is het zo dat het 18e-eeuwse beeld van een zich steeds meer afsluitende regentenstand en dalende ondernemingslust ook opgaat voor de Nederlanders in Azië? J.C. van Leur heeft in zijn klassieke studie *On the Eighteenth century as a category in Indonesian history* deze opvatting met kracht verworpen. Pruikentijd in Europa was nog geen pruikentijd in Azië! Naar zijn mening zijn er wel degelijk bekwame dienaren aan te wijzen: gouverneurs-generaal als Joan van Hoorn, Van Imhoff, en Mossel, of ambtenaren als Von Hohendorff of Hartingh zou men daartoe kunnen rekenen. En dat op grond van de nu beschikbare gegevens niet gesproken kan worden van een gesloten hiërarchie werd reeds hierboven aangetoond. C.R. Boxer heeft in zijn monografie over de VOC de mindere kwaliteit van de compagniedienaren als factor in de achteruitgang van de Compagnie benadrukt en daarbij Van Leurs opvatting weersproken.[20]

Sedert 1970 zijn tal van studies verschenen waarin dit thema besproken is en daarbij is ook het beleid van de bewindhebbers niet buiten schot gebleven. Maar tot een éénsluidende conclusie heeft dit debat niet geleid. Zeker is dat de geringe financiële middelen en de gewijzigde machtsverhoudingen tussen VOC en andere Europese compagnieën in de 18e eeuw de Nederlandse compagniedienaren tot voorzichtigheid noopten. Dat zij na 1700 veel minder agressief optraden dan in de periode daarvoor, heeft dus niet veel te maken met hun bekwaamheid of kwaliteit. Ten aanzien van de handel is bovendien opgemerkt, dat dienaren overzee soms wel nuttige initiatieven ontplooiden, zoals bijvoorbeeld ten aanzien van de handel op Japan, maar dat deze initiatieven geen effect sorteerden omdat de bewindhebbers er niet op reageerden. Inertie of falend ondernemerschap lag misschien dus eerder bij de directie dan bij de kooplieden in Azië.[21]

Bij alle discussie over kwaliteit kan echter niet ontkend worden dat corruptie en particuliere handel in de 18e eeuw enorme vormen ging aannemen. Op tal van manieren wisten de vertegenwoordigers van de Compagnie zich te verrijken: door regelrechte fraude en bedrog van de Maatschappij, door optreden als tussenhandelaar tussen VOC en inheemse kooplieden, door het innen van percentages van door de Compagnie aan de bevolking opgelegde leveranties of door handel te drijven naast de compagniehandel, veelal in de officieel door de VOC gemonopoliseerde produkten. De Engelse particuliere *countrytrade* nam in Azië sterk toe en in vele gevallen waren daarin ook belangen van andere Europeanen verstrengeld. Holden Furber heeft de compagnieën wel façades genoemd, waarachter zich een internationaal geöriënteerde handelsgemeenschap verschool. Furber heeft ook enkele van deze handelskluwens ontward en daarin het aandeel van leden van de Bataviase Hoge Regering en gouverneur-generaal Mossel kunnen aantonen. Slechts in een enkel geval laten de officiële compagniestukken toe een blik achter de façade te werpen. Dat is bij voorbeeld het geval met de brieven die de independent-fiscaal G. E. Ploos van Amstel in 1691 en 1692 aan de Heren Zeventien heeft geschreven. Ploos van Amstel, die werkzaam was te Coromandel, ontdekte dat de gouverneur aldaar, Laurens Pit, te zamen met nagenoeg alle leidende

Gouverneur-generaal Petrus van der Parra (1761-1775), gravure. Coll. KITLV, Leiden.

kooplieden aan de kust, waaronder de secretaris van het gouvernement en tevens schoonzoon van Pit, Rijcklof de Bitter, tot over hun oren betrokken waren bij sluikhandel. De kooplieden hadden regelmatig grote bedragen geïnvesteerd in de handel op Manilla, de Spaanse havenstad in de Filippijnen die sedert 1648 officieel voor Nederlandse handel was gesloten. De compagniedienaren maakten voor hun transacties gebruik van een kleurrijke tussenpersoon, vermoedelijk een Portugees, die zich echter uitgaf voor de Poolse edelman Don Theodoor de St. Lucas—de Poolse vlag was ongetwijfeld een uitzonderlijke verschijning in de Aziatische wateren maar kon in ieder geval als veilige dekmantel dienen. Don Theodoor werd door de kooplieden onder andere van kaneel, kruidnagelen en textiel voorzien, waarmee hij te Manilla Spaanse realen kon kopen. Overigens blijkt niet dat de gedetailleerde en in verontwaardigde toon gestelde rapporten van Ploos van Amstel enig effect sorteerden. In ieder geval kon Pit opgelucht ademhalen toen de fiscaal in 1692 stierf; Pit excuseerde zich in dat jaar voor het laten afzenden van de schepen omdat

'mij de valsche en wel sinistre beschuldigingen van de overleden fiscael Ploos uytnemenende geturbeert en moet benomen (had)',

een plichtsverzaking die hem achteraf zelf onbegrijpelijk voorkwam,

'daar ik egter bij mijnselve wel versekert was van mijn onschult in alle poincten tot mijnen laste'.

Blijkbaar dacht Batavia er ook zo over, Pit werd in 1693 bevorderd tot raad extra-ordinaris en eveneens in dat jaar gaf Batavia aan de dienaren in Malakka een reprimande omdat deze gemeend hadden Don Theodoor de doorvaart door Straat Malakka te moeten beletten.[22]
Meer bekendheid heeft de beruchte affaire rond Pieter Phoonsen, van 1729 tot 1740

Tekening aangeboden aan de gouverneur van Coromandel Gerrit van Westrenen (1718-1724) door tamboers van het garnizoen van Negapatnam. De gouverneur en zijn gezin zitten in de koets en hebben een escorte van Europese en Indiase militairen. Algemeen Rijksarchief, Den Haag.

(Boven) 'Straat in de stad Amboina. Kleeding der inwoners', zo is de titel van deze aquarel, die omstreeks 1830 gemaakt zou zijn, maar toch ook de sfeer aan het einde van 18e eeuw goed weergeeft. (Anoniem, Collectie KITLV)

(Rechts) In april 1682 voerden Compagniestroepen onder leiding van veldoverste François Tack een landing uit bij Bantam. De militaire ingreep van de VOC in een twist in het sultanshuis bracht deze havenstad onder gezag van de Compagnie. (Algemeen Rijksarchief Den Haag)

Maccassaren
Baleyers
Baleyers
Wegh naer Cartiasse
TANCO
T Schip Exprement
DE VLOODT

directeur te Suratte, gekregen. Phoonsen had een handel in specerijen opgezet, die uit de compagniemagazijnen waren gestolen. Waarschijnljk waren de overige leden van de Raad te Suratte medeplichtig, maar Phoonsen werd zondebok en vluchtte om aan zijn veroordeling te ontkomen naar de autoriteiten van het Mogolrijk en vervolgens naar de Engelsen te Bombay. Naar buiten had het geleken of het kantoor steeds goed had gedraaid; in de boeken was jaarlijks verslag gedaan van de veilingen in specerijen die in werkelijkheid nooit hadden plaatsgevonden. Maar in werkelijkheid, zo geeft de Indiase historicus Das Gupta als zijn mening, was de compagnievestiging na 1730 verworden tot een organisatie die eigenlijk alleen maar de privébelangen van de beambten diende.[23]

Van de toch al lucratieve kantoren in India gold Bengalen als de 'vetste weide'. In een anoniem pamflet van omstreeks 1690, *Het Oost-Indische Sacspiegeltje*, werden krasse staaltjes van verboden handel gegeven. Zo zou de vrouw van de directeur van Bengalen samen met onder anderen de fiscaal een 'kleine compagnie' hebben opgericht om op grote schaal handel te drijven. De fiscaal was natuurlijk de aangewezen persoon om de inkomende VOC-schepen op smokkelwaar te inspecteren: de schippers en kooplieden aan boord hadden dan de keus ofwel een boete te betalen ofwel met de 'kleine compagnie'in zee te gaan! De omstreeks 1700 aangestelde independent-fiscaal Barend Kaaskoper kon in Hougly werkelijk geen enkele onrechtmatigheid ontdekken; een dronken matroos, die amok maakte, dat was al wat hem wel eens bezig hield. Toch wist deze Kaaskoper voor circa *f* 100.000 via wissels naar patria over te maken. In de 18e eeuw bleef Bengalen voor de ambtenaren een aantrekkelijke post, verschillende directeuren werden er schatrijk. Aan het einde van de 18e eeuw verwachtte Dirk van Hogendorp als secunde te Patna, dat onder de directie Bengalen ressorteerde, nog wel *f* 100.000 per jaar te kunnen binnenhalen.[24]

In 1792 poogde commissaris-generaal Nederburgh op de valreep van het compagnietijdperk door het instellen van het 'ambtsgeld', een soort belasting op de onofficiële verdiensten, een deel van de privé verdiensten weer in de VOC-kas te doen vloeien. De discussie over de hoogte van de aanslag van dit 'ambtsgeld' geeft een onthullende kijk op omvang van de inkomens van de compagniedienaren op Java, en gegevens daarover zijn gepubliceerd in een aardige studie over de resident van Cheribon, Godfried Carel Gockinga.

Gockinga, afkomstig uit Groningen, huwde kort na zijn aankomst in Batavia de dochter van gouverneur-generaal Alting en maakte onder de hoede van zijn schoonvader een snelle carrière. Na enkele functies te Batavia te hebben vervuld werd hij in 1783 tot resident van Tegal benoemd en in 1786 volgde—met cessie van gage, dus buiten bezwaar van 's Compagnies schatkist—zijn benoeming tot resident van Cheribon. Daar verbleef hij tot 1792, toen hij zijn post overgaf aan zijn zwager Johan Umbgrove. Gockinga keerde als een gefortuneerd man naar patria terug. Zijn zwager Umbgrove, die opgave moest doen van alle aan deze functie klevende emolumenten en inkomsten geeft wel enig inzicht in de verdiensten. Voordelen kreeg de resident uit exploitatie van de hem toebehorende suikermolen, uit de handel in opium, die hij aan Chinese kooplieden leverde, en voorts uit het geven van voorschotten op geleverde rijst en kredietverlening aan Chinezen. Umbgrove had bij diverse personen zo'n *f* 210.000 uitstaan, en door deze kredietverlening werd de handel bevorderd en dus ook het belang van de VOC gediend:

'waermede ik met Gods Zeegen door de tijd in staat hoop te geraeken om onder 't behartigen van de Compagnie belangen mij zelven gelukkig te maken.'

Maar Umbgrove verklapte niet alles. In een anonieme memorie, mogelijk opgesteld door Gockinga's voorganger en door deze van aantekeningen voorzien, werd nog een inkomstenbron aangewezen, één die alle andere in belang overtrof. De regenten leverden koffie met 'overwicht' af, zij kregen de oogst dus niet voor het volle pond betaald, maar daarentegen werd de Compagnie wel het juiste gewicht in rekening gebracht. Het verschil verdween in de zakken van de resident. Die kon zo wel *f* 130.000 per jaar maken. Dat in een pamflet uit deze tijd voor de resident van Cheribon een jaarinkomen van *f* 192.000 wordt opgegeven zal dus niet ver bezijden de waarheid zijn, al moet de opmerking daarbij, dat desondanks geen sterveling tekort werd gedaan voor rekening van de pamfletschrijver blijven. Ook de andere residentschappen op Java waren lucratief, het meest aantrekkelijk was—natuurlijk afgezien van het ambt van gouverneur-generaal—de post van gouverneur van Java 's Noordoostkust. 'Als zijnde het neusje van de zalm in geheel India' maakte het verschillende houders ervan miljonair.[25]

Furber meent dat de VOC minder dan haar concurrenten door privé-belangen van de dienaren was aangetast. Bij vergelijking met de EIC moet echter worden bedacht dat de Engelse Compagnie zich veel minder bezighield met intra-Aziatische handel dan haar Nederlandse tegenhanger. In vele gevallen, zoals bij de scheepvaart tussen Bengalen en Kanton, vormde de particuliere Engelse 'country-trade' een aanvulling op de officiële handel. Bij de VOC lagen de zaken anders. Bij hun privé-handel bedreigden de Nederlandse dienaren vaak rechtstreeks de marktpositie van de Maatschappij, die zij moesten dienen. Privé-handel en corruptie waren niet de voornaamste oorzaak maar wel een factor van betekenis voor het verval van de VOC. Het was bovendien een symptoom van gewijzigde omstandigheden in de economische situatie, waarbij het de Compagnie nauwelijks mogelijk was om met enig succes te concurreren tegen particuliere kooplieden van welke herkomst dan ook in de Aziatische wateren. Het is dan ook begrijpelijk dat degenen die ijverden voor reorganisatie, zoals een Van Imhoff, een Mossel of een Van Hogendorp, die overigens onder het vigerend stelsel hun privé-belangen zeer goed veilig wisten te stellen, ervoor pleitten dat de VOC terrein zou prijsgeven aan particuliere handel en zo haar verliezen zou beperken—Van Hogendorp ging er het verst in. Maar deze plannen werden aarzelend en te laat doorgevoerd en konden de Maatschappij tenslotte niet meer redden.

Sociale en culturele aspecten

Het is gelet op bovenstaande uiteenzettingen over het karakter van de Aziatische vestigingen van de VOC en van de grote verdiensten van de hoge ambtenaren, niet verwonderlijk dat de grote centra overzee, Batavia in de eerste plaats, gekenmerkt werden door een parvenu-achtig vertoon van rijkdom. De plaats die in de samenleving werd ingenomen, werd tot uitdrukking gebracht door de gevoerde staatsie: het rijtuig, het gevolg van slaven en bedienden, de pajoengdrager en uiteraard de kleding en de sieraden. Vanuit patria trachtte de bewindhebbers keer op keer paal en perk te stellen aan deze staatsie—zij waren bang dat daardoor particuliere handel zou worden uitgelokt. Zo ontstonden al in de 17e eeuw de 'Reglementen op pracht en praal', waarin nauwkeurig werd voorgescheven welke sier en opsmuk bij een bepaalde rang paste. Of het veel hielp is de vraag, de reglementen werden steeds opnieuw uitgevaardigd en verfijnd, totdat het in 1754 niet minder dan 124 artikelen telde. Zo was 'een soort wetboek op uiterlijk fatsoen' ontstaan, zoals De Haan stelt, waarin tot in details als knoopsgaten en schoengespen werd voorgeschreven waaraan men zich te houden had.[26]

Op grond van de beschrijvingen van Batavia van bezoekers lijkt het of het vooral de vrouwen waren, die deze staatsie ten toon spreidden. Nicolaus de Graaff raakte er niet over uitgepraat:

'Het meest daar men sig op Batavia moet

(Boven) Batavia gezien vanuit het bastion 'Gelderland' naar de Portugese Kerk. (Ingekleurde gravure van J.W. Heydt, 18e eeuw, Collectie KITLV, Leiden)

(Links) Interieur van de Wolvendaalse kerk te Colombo, die op 6 maart 1757 werd ingewijd. Tegen de achterwand naast het raam in het transept is het memoriaal ter nagedachtenis van gouverneur Iman Willem Falck zichtbaar. (Aquarel door J.L.K. van Dort, Collectie KITLV, Leiden)

verwonderen, is de grote en pragtige staat en hovaardije, die aldaar niet alleen onder de Hollandse, maar ook onder Mistise en Kastise vrouwen getoont word, insonderheyd, in 't aangaan, of uitgaan van de predicatie, 't sy Sondags, of ook op andere dagen, alsser maar gepredikt sal worden; want alsdan is yder kostelijker als anders uitgedost, en gekleet, in 't Zijd en Sampt, in Satijn, Fulp, Damast, goude Alesijs, of in alderhande kostelijke goudlakense gestreepte of geblomde stoffen, met goude kanten geborduert... Dus sittense by honderde, in de kerk opgepalleert, als geparelde poppe te pronken, de minst van hen alle schijnt eer een Princes als een burgers-vrouw of dogter te wesen, so datter den Hemel selfs van walgt, en dat meer is, als sy naar de Kerk gaan of wederom naar huys keeren, wordt de minste van haar alle van haar slave, die agter haar gaat een kippersol of sonnescherm, voor de hetten der sonne boven 't hoofd gedragen.'[27]

De Graaff schreef omstreeks 1700, maar Francois Valentyn in 1723 en de kapitein Johan Stavorinus in 1780 oordeelden niet anders. Nu was de positie van de vrouw in Batavia bijzonder. Vele vrouwen, ook de echtgenotes van de hoogste bestuurders, waren van Indo-Europese afkomst, waren in Batavia geboren en getogen en spraken Portugees in plaats van Nederlands. Van de kinderen van deze belangrijke families werden de zoons vaak voor een opleiding naar Nederland gezonden, de meisjes bleven in de 'Indische' omgeving en groeiden in Batavia op. Voor nieuwkomers uit Nederland was een huwelijk met een van deze meisjes uit een belangrijke Bataviase familie de snelste weg voor sociale stijging—kortom, de belangrijke functies en banen werden vooral aan zwagers en niet zozeer aan zoons doorgegeven. Bovendien zou door deze omstandigheid een eigen Indo-Europese cultuur stand hebben kunnen houden, invloeden uit Nederland zouden slechts beperkte betekenis hebben gehad.
Achter het vrouw-onvriendelijke oordeel van vele tijdgenoten kan wellicht een cultuurkloof zijn schuil gegaan. Overigens is het niet toevallig dat De Graaff juist de gang naar de kerk voor zijn venijnige schets uitkoos. De kerk zou, zeker in het begin van de 17e eeuw, een belangrijke rol hebben gespeeld in de assimilatie van vele Indo-Portugese vrouwen in de Bataviase samenleving—het lidmaatschap van de Nederduits Gereformeerde kerk en toegang tot het avondmaal waren, zoals Blussé heeft aangetoond, de vereisten om een huwelijk met een VOC-dienaar te kunnen sluiten en een plaats in de Bataviase gemeenschap in te nemen.[28]
Predikanten in de VOC-vestigingen werden in de Republiek door de bewindhebbers aangezocht en door de Compagnie betaald. De kerk in Azië was ondergeschikt aan de kooplieden van de Compagnie. De predikanten hadden een tweeledige taak: de pastorale zorg en prediking voor het compagniepersoneel en het bedrijven van zending onder de inheemse bevolking. Dit laatste viel hun niet gemakkelijk. Tal van belemmeringen stonden een al te grote zendingsijver in de weg. Men kreeg in Azië te maken met de Islam, het Hindoeïsme en het Boeddhisme, religies die diep geworteld waren in de maatschappij maar slecht door de Europeanen werden begrepen. De zuinige kooplieden van de VOC gaven bovendien weinig steun. Door calvinistische dominees bepleite restrictieve maatregelen ten aanzien van 'heidense' godsdiensten konden onrust brengen of de handel schaden en vonden geen instemming. Zo wees de regering te Batavia een voorstel van de kerkeraad om de moskeeën en Chinese tempels te sluiten van de hand. Tenslotte was, op enkele gunstige uitzonderingen na, het gehalte der predikanten niet adequaat voor de enorme problemen. In 1622 was te Leiden een 'Seminarium Indicum' gesticht, waar dominees een aparte opleiding konden volgen, maar reeds na tien jaar werd het seminarie opgeheven en naderhand lieten de bewindhebbers zich niet meer bewegen geld beschikbaar te stellen voor een meer doelgerichte theologische opleiding.

Toch wisten de predikanten op enkele plaatsen—Ambon, Ceylon en Formosa—enig succes te boeken bij het bekeren van de inheemse bevolking. Op Formosa waren tussen 1627 en 1662 ruim dertig dominees en tal van lekenpredikers werkzaam en zij slaagden erin om op scholen aan de leerlingen de eerste beginselen van de 'ware hervormde religie' bij te brengen. Op Ambon kreeg de Compagnie, na het verdrijven van de Portugezen, te maken met een deels katholieke bevolking, die naderhand op het protestantisme overging. Al in de eerste helft van de 17e eeuw hadden verschillende actieve predikanten de zending ter hand genomen, zoals Sebastiaan Dankaerts en Justus Heurnius, en ook hier werden inheemse schoolmeesters opgeleid om het Woord te verbreiden. Op Ceylon ging de VOC het verste in het inschakelen van inheemse krachten bij het verbreiden van het christendom. In 1689 gaf Van Rheede tot Drakestein de stoot tot de oprichting van seminaria te Jaffna en Colombo. Het doel was kinderen van de inheemse élite tot predikant of catechesist op te leiden; lange tijd werden ook kinderen van compagniedienaren tot de opleiding toegelaten. Belangrijk motief voor de oprichting was de wens om de katholieke invloeden op het eiland terug te dringen: nog steeds bestond er een zekere angst voor de grote katholieke geloofsgemeenschap, die na het vertrek van de Portugezen in stand was gebleven. De seminaria hebben in omvang en kwaliteit een nogal wisselend bestaan gehad. De instelling te Jaffna werd in 1723 opgeheven, die te Colombo bleef gedurende het gehele VOC-tijdperk bestaan. Er werden tolken, schoolmeesters en proponenten opgeleid, van wie er enkelen in de Republiek een universitaire theologische studie afmaakten. In nauwe samenhang met dit onderwijs werd door de predikanten veel vertaalwerk verricht en in 1736 werd te Colombo een drukpers geïnstalleerd, waarmee bijbelse en stichtelijke literatuur in het Tamil en Singalees werd gedrukt.[29]

Niet alleen bij predikanten, maar ook bij een

'Eenige inscriptiën binnen en om het fort Victoria te Ambon'. Ten gevolge van een vulkaanuitbarsting werd in 1754 het kasteel op Ambon zwaar beschadigd, het herbouwde kasteel kreeg de naam 'Nieuw-Victoria'. In 1840 tekende F. W. de Steurs de Waterpoort van het kasteel. Coll. KITLV, Leiden.

groot aantal ambtenaren was er kennis en inzicht en soms ook waardering voor de Aziatische maatschappij. In de meeste gevallen werd deze kennis niet naar buiten gebracht maar bleef verborgen in de officiële rapporten, zoals de 'memories van overgave', door gezaghebbers aan het einde van hun ambtsperiode geschreven ten behoeve van de opvolger, of in de journalen van ambassades naar vorsten van Aziatische rijken. Soms werden deze geschriften door anderen benut en verschenen ze tenslotte toch in de openbaarheid. Zo baseerde Johannes de Laet zich in zijn geschiedenis van het Mogolrijk (1631) op de *Kroniek* van Francisco Pelsaert, die de VOC als koopman te Agra had gediend.[30] Pieter van Dam, wiens werk voor intern gebruik bij de Compagnie was bestemd, heeft voor zijn hoofdstukken over de vestigingen van de VOC in Azië van tal van geschriften en rapporten gebruik kunnen maken.

Hetzelfde geldt voor Francois Valentyn, wiens omvangrijke werk *Oud en Nieuw Oost-Indiën*—in vijf foliobanden met in totaal ruim vijfduizend bladzijden en duizend afbeeldingen—tussen 1724 en 1726 werd gepubliceerd. De bewindhebbers waren nogal geschrokken en verbolgen over de hoeveelheid materiaal die Valentyn voor zijn boek bij de verschillende zegslieden had weten los te krijgen. Valentyn zelf gaf overigens aan dat hij werk van anderen gebruikte, en het verwijt van plagiaat, dat hem vroeger door historici wel gemaakt is, is niet terecht. Valentyn, die in 1684 als predikant in dienst van de Compagnie trad en lange tijd op Ambon werkzaam was, maakte tijdens zijn verblijf in Azië de waarlijk culturele opbloei mee, die juist in deze tijd onder de compagniedienaren zichtbaar is.

Gouverneur-generaal Joannes Camphuys (1634-1695) trad toen op als beschermer van kunst en wetenschappen. Camphuys zelf schreef een historische beschouwing over de stichting van Jakarta, die in *Oud en Nieuw Oost-Indiën* is opgenomen, en verzamelde net als Valentyn schelpen en hoorntjes voor zijn rariteitenkabinet. Camphuys bleef na zijn aftreden op zijn landhuis bij Batavia wonen, voorts bezat hij een buiten op het eilandje Edam in de baai voor Batavia, waar hij zijn geleerde gasten, waaronder Valentyn, ontving. Tot de VOC-dienaren die zich in deze tijd op wetenschappelijk terrein onderscheidden behoorde Engelbert Kaempfer, door Camphuys naar Japan gezonden om materiaal voor een beschrijving van dat land te vergaren, en de taalgeleerde Herbert Jager, die een studie maakte van het Oud-Javaans en Sanskriet. Het bekendste van allen is G. E. Rumphius, de 'Indische Plinius' of ook 'de blinde ziener van Ambon' genoemd, die in 1697 zijn *Amboinsche Kruidboek* gereed maakte, kort daarop gevolgd door *D'Amboinsche rariteitenkamer*. H. A. van Rheede tot Drakestein liet tussen 1678 en 1703 zijn indrukwekkende *Hortus Indicus Malabaricus* verschijnen.

Veel later, in 1778, leek te Batavia een nieuw tijdperk van verlichting aan te breken, toen door J. C. M. Radermacher en Reynier de Klerck de Bataviaase Academie voor Kunsten en Wetenschappen werd gesticht. Het geleerde genootschap heeft inderdaad een aantal pennen in beweging gebracht, maar al voor 1800 waren de activiteiten op een laag pitje, de oorlogsomstandigheden waren uiteraard weinig gunstig voor een culturele opleving. Scholing van hoger niveau was in het gebied van de VOC nauwelijks aanwezig. Enkele malen, in 1649 en 1666 en vervolgens onder Van Imhoff in 1743, werd een Latijnse school opgericht te Batavia, die echter na korte tijd niet levensvatbaar bleek. Van Imhoff richtte tevens een *Académie de Marine* op in een poging het zeewezen te verbeteren. Het instituut werd al in 1755 weer opgeheven. In 1782 werd een hernieuwde poging ondernomen om het zeevaartonderwijs in Azië van de grond te krijgen. In dat jaar nam de gouverneur van Java's Noordoostkust, Johannes Siberg, het initiatief tot oprichting van een zeevaartschool te Semarang, welke tot in de Franse tijd is bleven bestaan.

Sedert het einde van de 17e eeuw prefereerde een groeiend aantal ambtenaren na hun ontslag in Azië blijven. Het kapitaal kon men wel naar patria meenemen, de luxueuze levenstijl en grootse staatsie niet. Ook voor de vrouwen van deze ambtenaren—'het zijn me de Mevrouwtjes wel', zo sprak een pamflet uit 1773 de kritiek van De Graaff na, 'altijd Maleissprekend, bier drinkend en betel kauwend'—zal de overgang naar het kille Holland vaak moeilijk geweest zijn.

Onmiskenbaar ontstond een koloniale gemeenschap, die getalsmatig echter zeer klein bleef. Buiten de Archipel verdween de Nederlandse invloed al spoedig in de 19e eeuw, met uitzondering van Ceylon, waar een groep van 'Dutch Burghers' tot op de dag van vandaag aan een eigen traditie en aan de protestantse godsdienst vasthoudt.

HOOFDSTUK 4

Handel en scheepvaart

In dit hoofdstuk worden na een overzicht van de handelsroutes en de omvang van het scheepvaartverkeer de handel van de VOC in Azië en de handel tussen Europa en Azië gescheiden behandeld. Deze scheiding heeft iets kunstmatigs, immers beide handelssystemen waren nauw met elkaar verweven. Toch is gescheiden behandeling geboden om de onderlinge samenhang en verschuivingen te kunnen analyseren. Een aparte bespreking ligt te meer voor de hand omdat de Compagnie de financiële resultaten in Azië en in de Republiek eveneens gescheiden van elkaar vastlegde.

Voorafgaand aan een verhandeling over de commerciële activiteiten van de VOC moet echter eerst worden ingegaan op de vraag die thans in het debat over het optreden van de Noordeuropese compagnieën centraal staat: in hoeverre vormden deze handelscompagnieën een nieuw element in de Aziatische economie, in hoeverre onderscheidden zij zich van de Portugese expansie in Azië en brachten zij verandering in de internationale economische verhoudingen?

Het primaat van de markt

De sociologisch georiënteerde historicus Van Leur was één der eersten die de handel van de VOC in een Aziatische context plaatste.[1] Van Leur karakteriseerde de Aziatische handel als één gedreven door kramers, kleine handelaren, die hun goederen op lokale markten kochten en verkochten en geen enkele greep op de prijsvorming hadden. Voor zover met de handel grote bedragen waren gemoeid, betrof het de machthebbers, die door tolheffing en invoerrechten en dergelijke grote inkomsten uit de commercie trokken. Het gehele stelsel kon, aldus Van Leur, vergeleken worden met het Europese middeleeuwse systeem. De Portugezen hadden hierin geen verandering gebracht en ook de Nederlanders hadden dat niet gedaan. De omvang van de scheepvaart van de VOC was alles bij elkaar opgeteld misschien wel indrukwekkend, maar verspreid over de zeeën van Arabië tot Japan toch vrij gering naast de bestaande Aziatische scheepvaart. En qua organisatie, zo stelde Van Leur, was de VOC eerder middeleeuws dan modern kapitalistisch.

Deze visie heeft nog steeds grote waarde, maar wordt in zijn totaliteit niet meer aanvaard. In haar fundamentele studie over de handel in Azië in de 16e en begin 17e eeuw heeft Meilink-Roelofsz erop gewezen dat er wel degelijk grote kapitaalkrachtige kooplieden, o.a. uit Suratte, een rol speelden in de handel. Bovendien was de Compagnie van een moderner economisch karakter dan Van Leur meende. En tenslotte geeft zij aan dat het optreden van de Nederlanders in de Archipel een grote en rampzalige invloed heeft uitgeoefend op de inheemse scheepvaart van steden als Grisee op Java.[2]

Door de Deen Steensgaard is de idee van de institutionele vernieuwing in de wereldhandel van de zijde van de compagnieën verder uitgewerkt.[3] Steensgaard stelde de compagnieën tegenover de Aziatische en Portugese *redistributive enterprises*, waarbij de prinsen en vorst een inkomen uit de handel verkregen in ruil voor bescherming van handelsroutes, maar zonder in te grijpen in de markt of prijspolitiek. De Portugezen ontvingen in Azië revenuen door tribuutheffing op de Aziatische scheepvaart, onder andere door middel van het passenstelsel, en zij gaven via het contractensysteem de aankoop en verkoop van produkten voor de Europese markt aan derden. Het optreden van particuliere

Portugese kooplieden, wier activiteiten niet 'redistributief' kunnen worden genoemd, acht Steensgaard van geringe betekenis. De kleine handelaren, Aziaten zowel als Portugezen, hadden geen enkele greep op de markt: in de havensteden konden prijzen al naar gelang vraag en aanbod enorm fluctueren.

De VOC en EIC daarentegen voerden wel een actief prijsbeleid, trachtten wel de markt te manipuleren en beschouwden bescherming van de routes als op hun bedrijf drukkende kosten. In verband met dit laatste spreekt Steensgaard van *internationalization of protection costs*. Na de val van Hormuz in 1622 prevaleerde dit nieuwe systeem en ontstonden de internationale markten voor Aziatische produkten in Amsterdam en Londen, waar de compagnieën een monopolistische of oligopolistische positie innamen en waar de prijzen relatief stabiel waren. Daarbij moet in aanmerking worden genomen dat de compagnieën opereerden vanuit een geheel ander marktconcept dan het Aziatische. In Europa was een 'hiërarchie van markten' ontstaan, regionale overschotten kwamen terecht op de markt aan de top van hiërarchie: de stapelmarkt. Deze stapelmarkt werd gekenmerkt door het streven naar monopolie. Kooplieden trachtten prijzen te manipuleren en in de hand te houden door voorraadvorming. Gevolg was dat extreme prijsfluctuaties achterwege bleven. Bij overdadig aanbod of wegvallen van de vraag werd de prijs van een produkt op peil gehouden doordat kooplieden hun goederen in voorraad hielden. In het omgekeerde geval, bij grote vraag of gering aanbod, hoefde de prijs niet buitensporig te stijgen, omdat dezelfde kooplieden nu hun pakhuizen konden openen en de goederen op de markt konden brengen.

Ook de opvattingen van Steensgaard zijn niet onweersproken gebleven. In deze theorie zou de commerciële kracht van de Portugezen worden onderschat en zou een te kunstmatig onderscheid tussen compagnieën en Portugese expansie worden gemaakt. In een recente studie heeft de Indiase historicus Subrahmanyam er op gewezen dat het gewelddadig en militair optreden van de VOC, zowel tegen Aziaten als tegen Europese concurrentie, moeilijk te rijmen valt met de door Steensgaard verdedigde opvatting, dat het succes van de VOC gebaseerd was op de concurrentie-kracht op de markt, niet op geweld of het overheidsmonopolie.[4] Steensgaard zelf gaf ook wel toe dat VOC enige 'redistributieve' trekjes had. Toch moet men constateren, zoals ook reeds hiervoor in hoofdstuk twee is opgemerkt, dat militair optreden door de VOC in dienst stond van het winnen van de markt, dat de kosten ervan als bedrijfskosten werden beschouwd en uiteindelijk door een winstgevende 'negotie' moesten worden opgebracht.

Betekende het feit, dat de VOC zich, al dan niet met geweld, een plaats op de Aziatische markt verwierf, een grote verandering in het daar vigerende handelssysteem? Of voegde de VOC zich daar in bestaande structuren, nam de Compagnie een aandeel in reeds lang bestaande goederenstromen? Stellig was dit laatste voor een groot deel het geval. De uitvoer van Indiaas textiel naar de Archipel, de uitvoer van peper naar China en Perzië, de uitvoer van zilver naar India, dat alles bestond al lang voor de komst van de VOC en bleef ook naderhand voor een deel in handen van inheemse kooplieden. Maar de Nederlandse Compagnie bezat in ieder geval in de 17e eeuw een belangrijke voorsprong: geen der concurrenten was in staat de prijs van zilver in Japan, Perzië en Amsterdam tegen elkaar af te wegen en te vergelijken met de marktsituatie in Suratte, China en de Archipel. De VOC kon kiezen of het zijde zou inkopen in Perzië, China of Bengalen, en of het deze zou verkopen in Japan of Europa.

Typerend voor de wijze waarop de alternatieve handelsmogelijkheden tegen elkaar konden worden afgewogen, is het verwijt dat de Hoge Regering in 1645 de opperkoopman Pieter Overtwater maakte: deze had Perzische zijde van Japan, waar het niet boven de inkoopsprijs verkocht kon worden, naar Batavia teruggestuurd om het met de retourschepen naar patria mee te geven. Daarmee had hij 'een

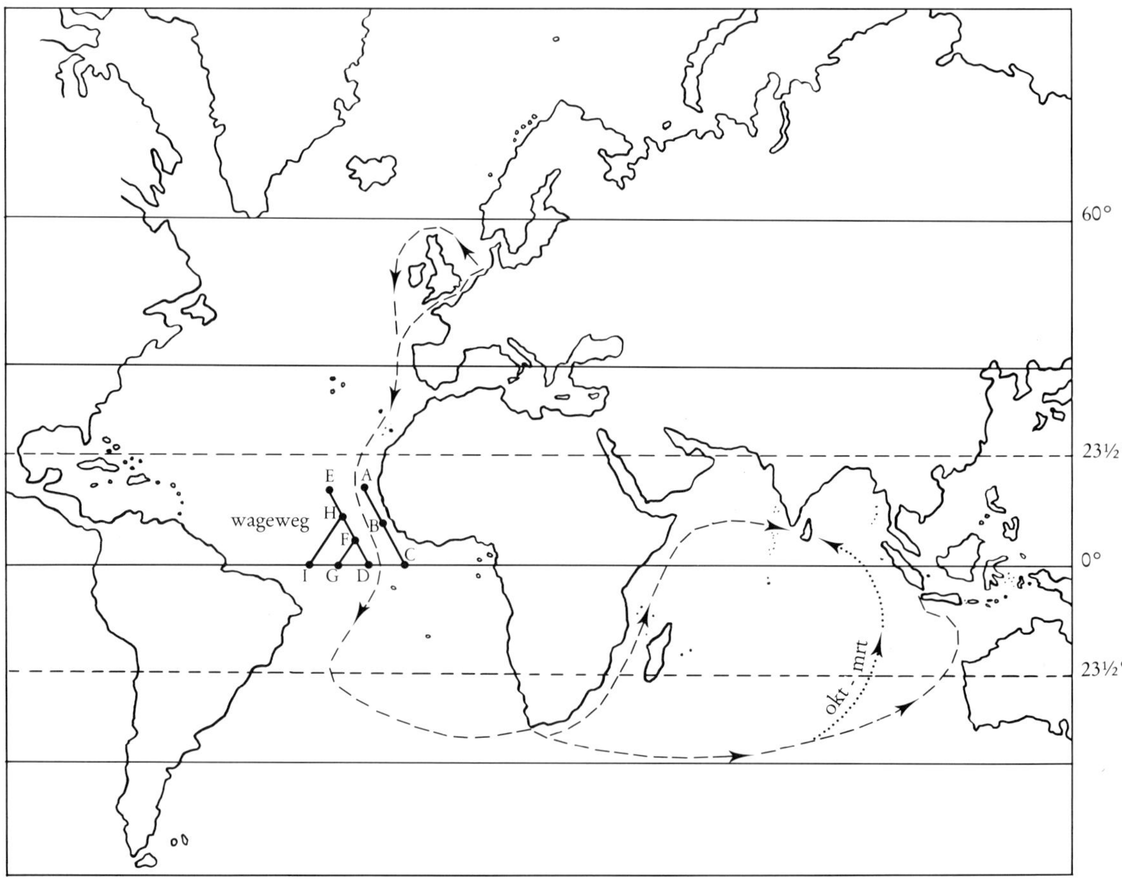

(Boven) 'Int vreede jaer belant dees vloot door Wollebrant van Oostindus rijcke Cust int lieve Vaderlant'. Gouden 'commandeurspenning' voor Wollebrant Geleynsz. de Jong, 1648; onbekende maker. Koninklijk Penningkabinet, Leiden.

Kaart 4 De zeilroute tussen Europa en Azië. Aangegeven is de 'wageweg'. De schepen moesten binnen deze lijnen blijven om niet onder de Afrikaanse kust of het Caraïbisch gebied te belanden.

groten misslach begaen, ende doet blijcken, geen recht coopman is ofte weynigh overlegh heeft.' Want zelfs bij deze lage prijs zou het in ruil verkregen Japanse zilver te Coromandel goed kunnen worden besteed aan textiel dat vervolgens in Batavia zeker een winst van 100% zou maken, zodat bij een snellere omzet een veel groter voordeel behaald had kunnen worden.[5]

Natuurlijk was er, op de monopolieprodukten na, geen sprake van marktbeheersing. Bovendien werkte het systeem van communicatie ook niet zo soepel als hierboven gesuggereerd wordt: berichten werden laat en vertraagd doorgegeven, de kooplieden waren vaak allereerst op eigen gewin uit of waren soms, als in het geval van Overtwater, niet in staat de weg van het meeste voordeel te kiezen. Maar toch moeten de halve wereldwijde handelsbetrekkingen van de VOC voor een aantal produkten, als peper, textiel en edel metaal, de marktsituatie in Azië belangrijk hebben beïnvloed.

Het scheepvaart- en communicatiesysteem

Het meest tastbare beeld van de scheepvaart op Azië leveren natuurlijk de beschrijvingen van de gevaarvolle en met durf en energie ondernomen scheepsreizen naar Azië. Inderdaad had de uitzending van grote, zwaar bemande en met rijke kapitalen beladen schepen naar onbekende gebieden iets spectaculairs—de vele reisverhalen en scheepsjournalen die in de 17e eeuw zijn uitgegeven, zijn een bewijs van de grote belangstelling van de tijdgenoten. Toch werd de vaart steeds regelmatiger en verliep deze steeds meer volgens vaststaande schema's.[6]

Het aantal scheepsuitrustingen nam al spoedig toe. In het begin van de 17e eeuw zeilden de Oostindiëvaarders op twee tijdstippen uit: omstreeks Kerstmis en rond Pasen. Vertrek in de winter bracht weliswaar gevaar mee van storm en slecht weer op de Noordzee en noordelijk deel van de Atlantische Oceaan, maar had het voordeel, dat proviandering wat gemakkelijker was—aan het eind van de herfst was er nog vers vlees beschikbaar—en dat er meer zeevolk voorhanden was, omdat andere vaarten stil lagen. Bovendien kwamen de schepen dan in het gunstige seizoen bij de evenaar. Schepen die in april of mei vertrokken, misten dat voordeel. Sedert 1636 was het regel dat enkele schepen al in september of oktober vertrokken om op tijd in Batavia te zijn om berichten en goederen door te zenden naar de factorijen in India, China en Japan. Zo ontstond het beeld van drie vloten: de kermisvloot, genoemd naar de Amsterdamse kermis in september, de Kerst- en de Paasvloot. Bij de grote aantallen schepen die in de 18e eeuw werden uitgereed, viel dat onderscheid weg, in feite zeilden gedurende het gehele jaar schepen van de VOC uit Nederland naar Azië.

Na een eerste periode van experimenteren met ervaringen van de Portugese navigatie werd de route vastgelegd en voorgeschreven in de 'seylaesordres'. De schepen koersten door het Kanaal of 'achterom' Schotland—in oorlogstijd was dat laatste regel—de Atlantische Oceaan op. Om bij het passeren van de evenaar niet te vervallen in de Bocht van Guinée en om anderzijds te vermijden dat schepen bij een te westelijke koers noordwaarts zouden afdrijven, was nauwkeurig een 'wagenspoor' ten zuiden van de Kaapverdische Eilanden tot aan de evenaar op de zeekaarten aangegeven. Met de gunstige wind langs de Zuidamerikaanse kust bereikte men dan met een grote boog de Kaap de Goede Hoop, de verplichte verversingspost. Vanuit de Kaap koos men niet de kortste route naar de Archipel, die door tegenwind en storm niet de snelste en veiligste was. Reeds in 1610 had Henrick Brouwer de zuidelijke route genomen. De schepen zeilden dan, profiterend van de constante winden rond de 40ste breedtegraad oostwaarts om vervolgens met de zuidoostpassaat Straat Soenda te bezeilen. Deze weg werd spoedig door de bewindhebbers verplicht gesteld. Het gevaar van de route school in het feit dat het schip bij een te ver doorzetten van de oostelijke koers op de

A 1110

De schepen *Amsterdam* (op de spiegel gezien), *Mauritius* en *Hollandia* en het jacht *Duyfken* van de 'Eerste schipvaart' voor Bantam in 1596. De stad is als een Europese, laat-middeleeuwse havenstad afgebeeld, daarboven Asia op de troon, en brengen kooplieden van alle windstreken goederen aan of vragen om handel. (Gravure van Pieter Serwouter, Rijksprentenkabinet, Amsterdam)

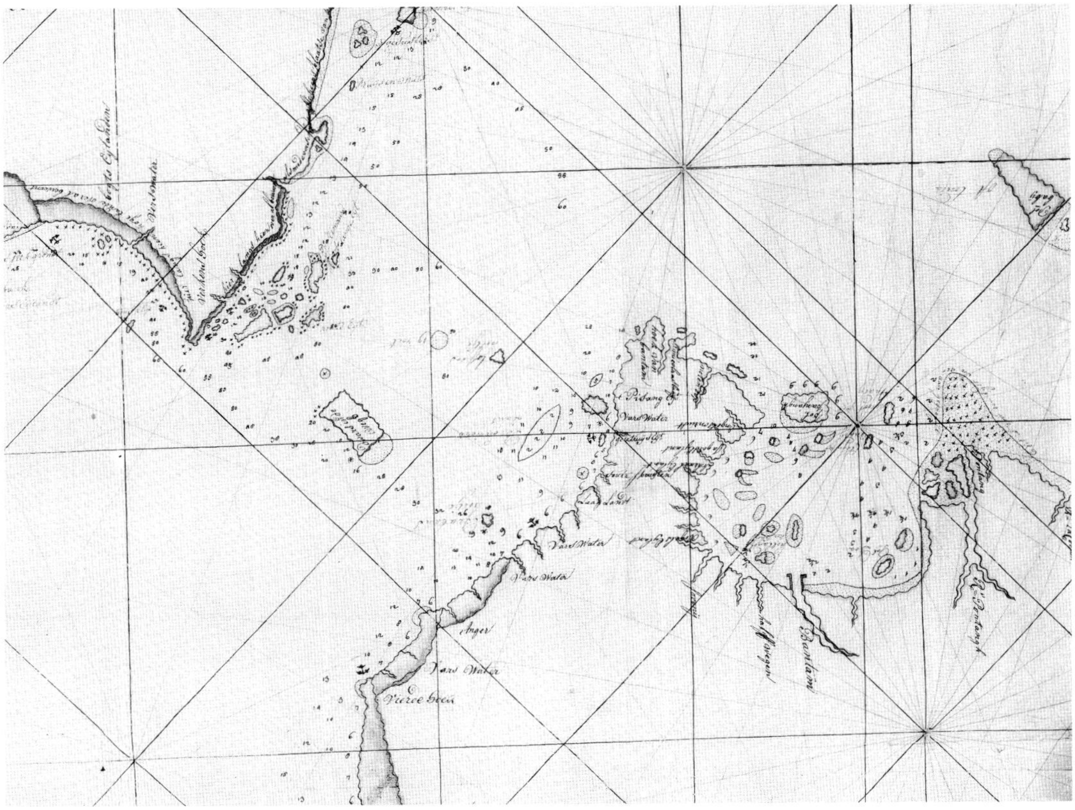

Straat Soenda, détail van kaart . Maritiem Museum 'Prins Hendrik', Rotterdam.

Het eiland 'Dwars in de Weg' in Straat Soenda, voor de uit Europa komende schepen het teken dat de lange reis ten einde was. Coll. KITLV, Leiden.

klippen voor de Westaustralische kust terecht kon komen, hetgeen overigens slechts vier schepen overkwam.

Batavia was in het algemeen aankomsthaven en plaats van vertrek van de schepen. De retournerende schepen konden dank zij de zuidoostpassaat en een gunstiger stroming een meer rechtstreekse route over de oceanen kiezen. De thuisreizen waren dan ook wat korter, ongeveer zeven maanden, tegen acht à negen maanden voor de uitreizen. De retourschepen vertrokken in december of januari; bij het toenemende aantal schepen gegroepeerd in enkele contingenten—'bezendingen'—tussen november en februari. Op de thuisreis hielden de schepen een strakker vlootverband aan dan op de weg naar Azië, bij de Kaap de Goede Hoop werd op achterblijvers gewacht en de retourvloot bereikte dan in de zomermaanden de Republiek. Ook retourschepen voeren meestal 'achterom' en werden op de Noordzee opgewacht door kruisers van de Compagnie en enkele oorlogschepen. Die konden bescherming bieden aan de vloot en tevens smokkelhandel tegengaan.

Aanvankelijk voeren sommige VOC-schepen rechtstreeks van en naar Coromandel, Suratte of Gamron. Tot voldoening van Batavia, dat deze vaart als een ondermijning van de eigen positie als *rendez-vous* beschouwde, werd deze praktijk in 1636 gestaakt. Maar in 1665 werd Ceylon na Batavia tweede eind- en vertrekpunt. De Heren Zeventien hadden in deze vaart toegestemd om aan de in deze jaren snel groeiende behoefte aan peper te kunnen voldoen, waarvoor het pas veroverde Malabar via Ceylon zou moeten zorgen. Bovendien had deze rechtstreekse route het voordeel dat de kaneel sneller en zonder overladen en dus van betere kwaliteit in Europa werd ingevoerd. Toen eenmaal een tweede haven in de vaart op Azië was ingesteld, ontspon zich tussen Van Goens en Batavia een concurrentiestrijd, waarbij Van Goens dank zij verscheping van Indiase retourgoederen erin slaagde de waarde van de lading van de Ceylonese retourvloot te doen uitstijgen boven die van de Bataviase. Daarop besloten de bewindhebbers de directe vaart uit te breiden naar Coromandel en Bengalen. Dat bleek echter in de praktijk op grote moeilijkheden te stuiten, mogelijk ook omdat Batavia dat beleid saboteerde. Stukje bij beetje wist de Hoge Regering het verloren terrein te herwinnen en aan Batavia de centrumpositie terug te geven. Rondom 1700 vonden weer alleen van Galle op Ceylon afvaarten buiten het *rendez-vous* naar Nederland plaats.

De verschuivingen in de handel in de 18e eeuw stelden echter andere eisen. Dat er nu ook enkele 'koffieschepen' gingen varen, die vanuit Mocha meestal via Galle naar de Kaap zeilden om daar de grote retourvloot te ontmoeten, was voor de Hoge Regering nog niet zo een groot bezwaar. Maar de directe vaart op China stuitte op taaie weerstand. Batavia was namelijk niet alleen centrum van compagniehandel, ook Aziatische en met name Chinese kooplieden deden de stad aan. Uiteraard was de VOC zeer selectief in het bevorderen van scheepvaart van derden. In feite waren er, buiten de kleinschalige inheemse scheepvaart binnen de Archipel ten dienste van de bevoorrading van de stad, twee routes waarop de eigen handel niet werd geschaad: op China en op Manilla. Op Manilla mocht de Maatschappij geen handel drijven volgens het vredestraktaat van Munster van 1648. De handel op China was na het verlies van Formosa (in 1662) stukgelopen ondanks enkele omvangrijke expedities en twee kostbare ambassades naar Peking onder Pieter van Hoorn (1666/1667) en Vincent Paets (1685/1687).

Van 1674 af verschenen echter Chinese kooplieden in groten getale te Batavia en brachten daar hun produkten zo goedkoop aan dat compagnievaart op China overbodig werd. Omstreeks 1700 floreerde deze jonkenhandel en bood de stad zowel als de plaatselijke ambtenaren veel voordeel. Eén van de produkten die met de jonken werden aangevoerd, was thee, ten dele bestemd voor de Chinese gemeenschap ter stede, ten dele voor export naar de Republiek. Na 1710 schoot

Tabel 15 Aantallen VOC-schepen van en naar Azië, 1602-1795

	naar Azië totaal	van Azië totaal	Batavia	Ceylon	Coromandel en Bengalen	China	elders
1602-1610	76	44					
1610-1620	117	50					
1620-1630	141	71	58	–	6	–	7
1630-1640	157	75	61	–	–	–	14
1640-1650	165	93	93	–	–	–	–
1650-1660	205	103	103	–	–	–	–
1660-1670	238	127	112	9	5	–	1
1670-1680	232	133	108	23	–	–	2
1689-1690	204	141	90	37	11	–	3
1690-1700	235	156	112	37	2	–	5
1700-1710	281	193	142	47	–	–	4
1710-1720	310	245	177	66	–	–	2
1720-1730	382	319	260	57	–	1	1
1730-1740	375	311	231	49	15	16	–
1740-1750	314	234	140	38	32	21	3
1750-1760	290	244	133	38	40	33	–
1760-1770	292	233	128	38	32	35	–
1770-1780	290	244	129	28	32	40	15
1780-1790	298	227	138	30	11	33	15
1790-1795	119	113	77	13	2	10	11

NB Van de schepen naar Azië voer een gedeelte rechtstreeks naar havens in Ceylon, Bengalen en China; omdat rechtstreekse uitreizen minder voorkwamen dan retouren, is terwille van de overzichtelijkheid hiervan geen specificatie gegeven. Onder 'elders' vallen: Mauritus, Suratte, Gamron, Kaap de Goede Hoop, Malabar, Mocha; in 1780-1790 vertrokken 15 schepen van de Kaap.
De tabel heeft betrekking op de periode tot 1 januari 1795.
Bron: Bruijn e.a.(eds.), *Dutch-Asiatic Shipping*, II en III.

de Europese vraag naar thee omhoog en de VOC dreigde de slag om de nieuwe markt te verliezen. De Engelsen voeren rechtstreeks naar Kanton en bovendien verschenen daar nu ook schepen uit Oostende. Tussen 1719 en 1728 namen de EIC en de Oostendse Compagnie ieder 40% van de theeaanvoer naar Europa voor hun rekening, het aandeel van de VOC was slechts 13%. De concurrenten kochten te Kanton de betere soorten op, de tweede keus werd naar Batavia verscheept, waarbij bovendien door slechtere verpakking en extra overladen de kwaliteit nog verder geschaad werd. Tot overmaat van ramp stagneerde de aanvoer gedurende de jaren 1718-1722. Begrijpelijkerwijs droegen de Heren Zeventien Batavia op de vaart op Kanton zelf ter hand te nemen, maar de regering weigerde om de jonkenhandel niet in gevaar te brengen.
Daarop namen in 1728 de kamers Amsterdam en Zeeland de handel op China in eigen hand. Tot aan 1733 werden 13 schepen rechtstreeks naar Kanton uitgereed. Toen werd de organisatie weer in handen van Batavia gegeven, met dien verstande, dat jaarlijks één of twee schepen direct uit Kanton naar Nederland zouden worden gestuurd, een derde schip zou dan weer naar Batavia terugkeren. Deze

proefneming duurde tot 1756. Op grond van verschillende rapporten en op aandrang van de hoofdparticipanten, waarvan Thomas Hope de voornaamste was, werd in dat jaar de gehele China-handel min of meer uit de bestaande organisatie gelicht en ondergebracht bij een aparte commissie van de Zeventien. Deze 'Chinasche commissie' was bemand met topfiguren onder de directeuren, zoals Van der Oudermeulen, Hope en de Zeeuw Samuel Radermacher.

Hougli, het hoofdkantoor van Bengalen, werd de derde haven met een rechtstreekse verbinding op patria. Voor het bedrijf in Nederland was het nadelig dat de kostbare Bengaalse retouren pas met de schepen van de laatste 'bezending' uit Batavia werden verzonden en dan eerst in het gevaarlijke herfstseizoen voor de Hollandse kust verschenen. Soms werden daardoor de najaarsveilingen gemist. Na een jarenlange vinnige briefwisseling tussen Heren Zeventien en gouverneur-generaal en raden stelden de bewindhebbers in 1733 een ultimatum: de Bengaalse goederen zouden ofwel rechtstreeks van Hougli ofwel via Ceylon moeten worden verscheept. Natuurlijk gunde Batavia de eer niet aan Ceylon en vanaf 1734 voeren twee schepen en later zelfs vier schepen per jaar vanuit de Ganges naar Nederland. Bovendien werd sinds 1750 één schip door de kamer Amsterdam naar Hougli gezonden om de op de laatste mode afgestemde bestellingen over te brengen.

De veranderingen en verschuivingen in het scheepvaartverkeer tussen de Republiek en Azië laten zich duidelijk aflezen uit het overzicht van de aantallen reizen van en naar Azië (tabel 15). Het scheepvaartverkeer neemt in de eerste helft van de 17e eeuw enorm toe, omstreeks 1670/1680 stabiliseert zich het aantal reizen en in het daaropvolgend decennium daalt zelfs het aantal uitreizen. Zowel uitreizen als retouren liggen in de 18e eeuw op een veel hoger niveau dan in de 17e. Het meest opvallend is dat de verhouding tussen het getal der uitgaande en terugkerende schepen, tot 1660 ongeveer half om half, zich wijzigt, een trend die zich in de 18e eeuw versterkt doorzet. Het verschil tussen uit Nederland uitzeilende en uit Azië terugkerende schepen moet niet worden toegeschreven aan verliezen ter zee, die slechts enkele procenten bedroegen, maar aan het gebruiken van de schepen in de intra-Aziatische handel. De cijfers geven aan dat de enorme groei van de Compagnie in de 18e eeuw te danken is aan de toename van de handel tussen Europa en Azië; de intra-Aziatische vaart lijkt al voor 1700 het hoogtepunt te hebben bereikt.

Deze ontwikkeling wordt bevestigd door cijfers omtrent het aantal schepen dat de VOC in de Aziatische wateren tot haar beschikking had en de relatie tussen deze schepenmacht en het totale scheepspark van de Maatschappij (tabel 16). Ten aanzien van de cijfers is voorzichtigheid geboden. Het gaat om momentopnamen, het schepenbezit was aan snelle mutaties onderhevig. Bovendien speelt de bruikbaarheid van de schepen een grote rol. Tenslotte blijven in beide overzichten—ook in die betreffende het scheepvaartverkeer Europa-Azië—de omvang van de schepen buiten beschouwing. Kort na 1680 constateerden de Heren Zeventien een enorme overcapaciteit aan scheepsruimte in Azië—die zou wel eens kunnen worden gebruikt voor privéhandel van compagniedienaren, zo vreesden zij. De Hoge Regering, anders nooit karig bij het aanvragen van materiaal uit patria, meende op dat moment dat het aantal schepen voldoende was. Daarna, zo geven de cijfers toch wel aan, nam het aantal schepen dat in Azië emplooi vond af, zowel absoluut als relatief ten opzichte van het totale vlootbestand.

Het gehele scheepvaartverkeer in Azië werd gereglementeerd en georganiseerd vanuit Batavia. Op het voor Batavia gelegen eilandje Onrust waren grote scheepswerven en magazijnen van equipagegoederen, waar de grote schepen voor het onderhoud terecht konden. Scheepsbouw vond daar niet plaats. Voor zover al de VOC in Azië schepen liet bouwen, ging het, op een enkele experimente-

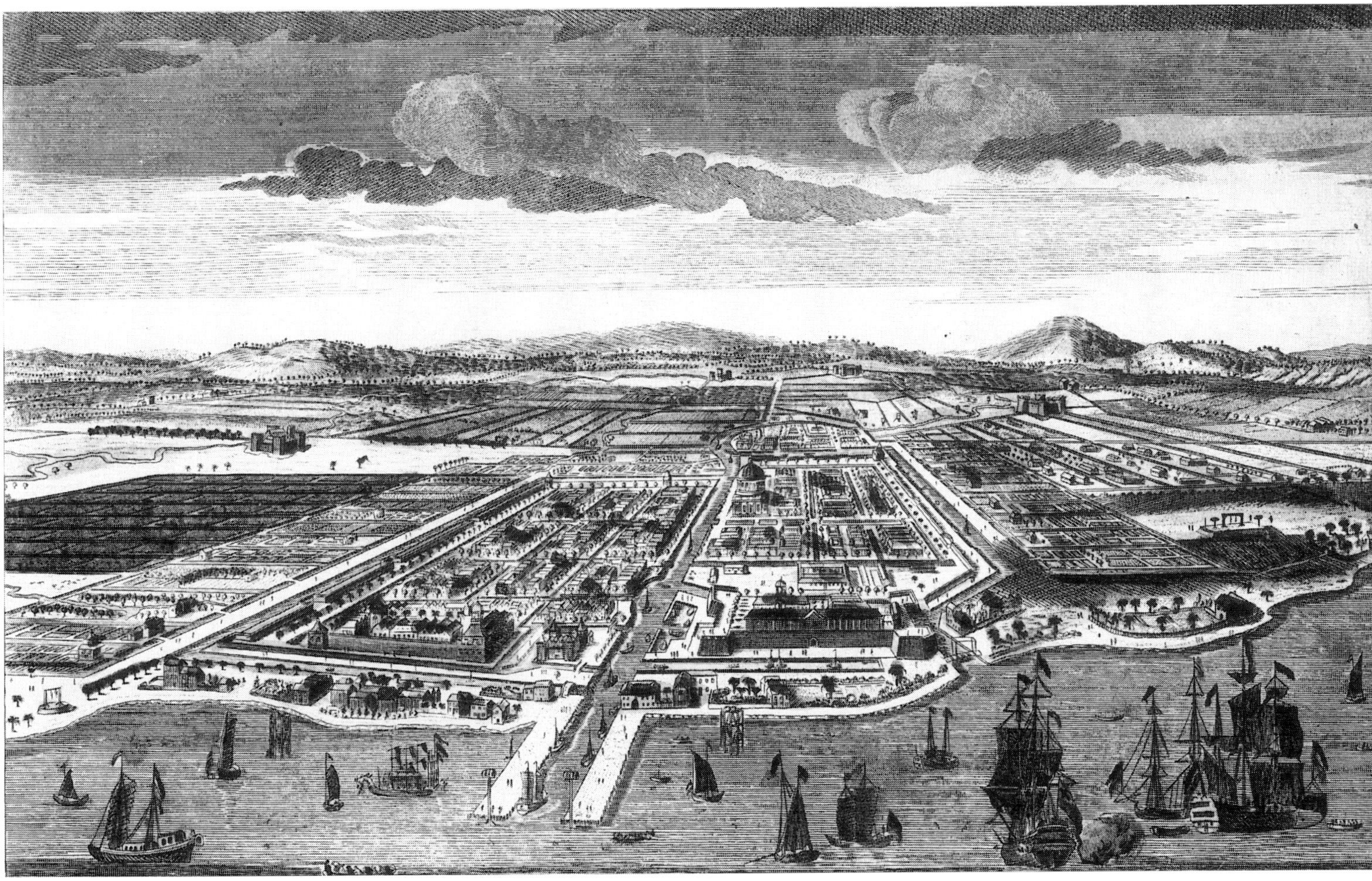

Gezicht op Batavia, circa 1800. Coll. KITLV, Leiden.

Tabel 16 Aantal VOC-schepen, totaal en in gebruik in Azië in de 17e en 18e eeuw

	totaal	in Azië
1641	?	56
1651	?	60
1659	112	83
1670	?	107
1680	±125	88
1700	150	66
1725	161	52
1750	135	43
1775	118	30
1794	108	?

NB In 1659 waren 20 van de 83 schepen in Azië in een zo slechte conditie dat deze alleen voor korte reizen binnen de Archipel konden worden gebruikt; in 1670 waren er van de 107 niet minder dan 44 van dergelijke schepen en in 1680 35 van de totaal 88.
Bron: De 'Navale Machten' in het VOC-archief.

le uitzondering na, om kleine schepen uitsluitend bestemd voor de kustvaart. Het bouwen van grotere vaartuigen werd wegens tekort aan deskundige ambachtslieden en geschikt materiaal te kostbaar en omslachtig geoordeeld. Zelfs voor de grotere onderhoudsbeurten werd Batavia opgedragen de retourschepen naar Nederland te sturen. Niet alle goederen werden via Batavia verhandeld. Malakka ontwikkelde zich als een 'subcentrum': schepen uit de Chinese Zee voeren via Straat Malakka naar India en ontmoetten daar schepen uit de Archipel. Voorts bestond er handelsverkeer tussen de oostkust van India, Ceylon, India's westkust en Perzië. Maar al deze activiteiten vonden de weerslag in de 'negotieboeken' van Batavia, waar men wel degelijk een goed overzicht van het totale scheepsverkeer had.
Als *rendez-vous* had Batavia het grote voordeel dat het in alle seizoenen te bereiken was en niet, zoals met Goa het geval was, maandenlang door moessons werd geblokkeerd. Op

Het VOC-schip 'Beekvliet', een 18e-eeuwse Oostindiëvaarder van de kamer Amsterdam van circa 850 last. Aquarel van J. Houck, Maritiem Museum 'Prins Hendrik', Rotterdam.

zich was het scheepvaartverkeer in Azië natuurlijk wel onderworpen aan het ritme van de moessons, de zuidwestmoesson, die tussen maart en oktober waait, en de noordoostmoesson in de overige maanden van het jaar. Het scheepsverkeer op de rede van Batavia kende dus een zekere regelmaat: schepen voor Japan vertrokken in mei of juni, die voor Coromandel en Bengalen volgden in juli of augustus en wat later werd de bezending naar Ceylon en de verder westelijk gelegen kantoren ondernomen. Reizen naar de Molukken werden tussen november en februari gedaan. Een goed overzicht van het scheepvaartverkeer van de Compagnie geeft het door Rijcklof van Goens de Jonge in 1686 opgestelde schema. (tabel 17) Tenslotte moet nog worden opgemerkt dat de bewindhebbers voor hun communicatie met Azië niet uitsluitend op de scheepvaartroute rond Kaap de Goede Hoop waren aangewezen. Voor het overbrengen van berichten van en naar de factorijen in Perzië en India werd ook de landroute gebruikt. De Compagnie kon gebruik maken van bestaande netwerken, waarin Armeense kooplieden en Franse missionarissen een rol speelden, om brieven via het Midden-Oosten te verzenden. De meest gebruikte route liep van Basra naar Aleppo en vandaar naar de havenstad Iskenderun aan de Middellandse zee, vanwaar de brieven naar Venetië of Livorno werden gezonden. Over Marseille kwamen deze brieven dan in Amsterdam.[7]

Het strakke snoer van het monopolie

De VOC nam al spoedig na haar komst in Azië deel aan de intra-Aziatische handel. Deze handel stond ten dele rechtstreeks in dienst van de vaart op Europa: uit diverse streken werden goederen naar Batavia gebracht om vandaar naar Nederland te worden verscheept. Maar om deze goederen te verkrijgen waren onvoldoende ruilmiddelen uit Europa voorhanden en daarmee was vanzelf de noodzaak geschapen zich ruimer op de Aziatische markt te oriënteren om daar die benodig-

Tabel 17 Een overzicht van het scheepvaartverkeer van de VOC in 1686, volgens opgave van R. van Goens jr.

Van Batavia naar	aantal schepen in lasten van 500	320	250	160	totaal lasten
Patria	5	5	2	2	4.920
	5	5	2	2	4.920
Coromandel (2 in mei/juni; 6 in juli/aug.; 2 in okt./nov., daarvan 1 door naar Perzië)	2	5			2.600
Bengalen (4 in juni, waarvan 2 via Ceylon; 2 in aug.; voorts 1 via Coromandel door naar Perzië en 2 naar Malakka			5	4	1.890
Japan, 5 waarvan 1 retour naar Coromandel en Bengalen, 1 naar Siam		2	3		1.390
Siam, in aug.			2		500
Tonkin				1	160
China		2	1		890
Suratte, 2 in aug., 1 retour naar Ceylon; 1 in okt. via Malakka.		2	1		890
Perzië, in aug.		2			640
Westkust Sumatra, 1 in juni; 1 in sept.; 1 voor Baros		1	1	1	730
Ceylon, 2 om uit Bengalen provisie te halen; 2 voor de vaart op Malabar				4	640
Timor				1	160
Makassar			1		250
Ambon		1	1		570
Banda		2	1		890
Ternate				1	160
Totaal	12	27	20	16	22.200

Voorts achtte Van Goens nog 8 grote schepen voor 'defensie' nodig, die tevens te gebruiken zouden zijn voor vaart op Palembang, Jambi en de Noordoostkust van Java; het totaal aantal lasten van de VOC-vloot zou dan op 24.200 komen.
NB Een last is nagenoeg gelijk aan twee ton.
Bron: Gaastra, *Bewind en beleid*, 168-169.

de produkten te halen. Voor Coen was al duidelijk dat deze intra-Aziatische handel erop gericht moest zijn in Azië zoveel rendement te geven dat uit de opbrengsten de retouren zouden kunnen worden gefinancierd. Dat doel werd nooit bereikt, maar toch kon deze activiteit na een aantal jaren een belangrijke bijdrage leveren aan de totale opbrengsten van de compagniehandel. Hoewel Portugezen reeds lang in Azië handel dreven, werd de deelneming aan de intra-Aziatische handel door de VOC in de 17e eeuw door geen van de Europese concurrenten op een dergelijke schaal nagevolgd en is misschien daardoor van doorslaggevende aard geweest voor het succes van de VOC in de 17e eeuw.

Dit alles betekende evenwel niet dat de scheepvaart van Aziatische kooplieden op die havensteden, die in bezit waren van de VOC, teniet werd gedaan. Zoals eerder gezegd bleef de handel van Chinezen op Batavia belangrijk; zij waren daar onmisbare handelspartners. Ook de scheepvaart vanuit de verschillende Indiase kuststeden op Ceylon bleef bestaan. De pogingen van het Ceylonese gouvernement de handel van Indiase kooplieden op Ceylon te verhinderen, had het ongewenste gevolg, dat tekorten ontstonden in de voedselvoorziening. Het viel de Compagnie niet gemakkelijk een politiek uit te stippelen ten aanzien van de scheepvaart van Aziatische kooplieden. Ook tegenover Nederlandse 'vrijburgers', die zich in verschillende plaatsen van de VOC hadden gevestigd, volgden de compagnie-autoriteiten geen vaste lijn. Hoe strak moest het snoer van het monopolie worden aangetrokken?

Een middel om scheepvaart te reguleren en concurrentie tegen te gaan zou door het passensysteem geboden kunnen worden. De VOC had dit systeem van de Portugezen afgekeken, en kon het gebruiken om de handel te kanaliseren en naar bepaalde havens te leiden. In de door de Compagnie aan de kooplieden verstrekte passen werd voorgeschreven op welke havens zij mochten varen—Bantam bij voorbeeld, dat tot aan 1680 Batavia zwaar beconcurreerde, mocht niet worden aangedaan. Schippers die van de voorschriften afweken of geen pas bezaten, konden rekenen op confiscatie van schip en goederen door de Compagnie. Voor de Portugezen was het systeem een bron van inkomsten geweest, kenmerkend voor het 'redistributieve' karakter van de *Estado da India*. Voor de VOC daarentegen zou het afgeven van passen bedoeld zijn om concurrentie uit te schakelen door schepen uit bepaalde wateren of havens te weren. In de loop van de 17e eeuw werd echter steeds duidelijker, dat het systeem daartoe niet geschikt was. Het weigeren van passen aan kooplieden uit India bood geen soelaas, omdat deze kooplieden dan Engelse, Franse of Deense passen namen, soms ook lieten ze een Europese stuurman op hun schepen meevaren of zetten ze de lading op een Engelse naam. Wanneer nu deze schepen bijvoorbeeld in Straat Malakka door kruisende VOC-schepen werden gepraaid, dan durfden de Nederlandse compagniedienaren niet verder te gaan dan een dringend verzoek om Malakka aan te lopen en daar alsnog de tol te betalen. Werkelijk ingrijpen bleef achterwege. Angst voor repercussies in Europa deed ook de Heren Zeventien aarzelen en zij konden dan ook niet anders dan deze weinig overtuigende politiek van hun dienaren goedkeuren.

Tenslotte maakte Batavia duidelijk dat het gevolg van deze houding was dat de passen hun betekenis hadden verloren:

'de rechtstem van de passen is doodt.'[8]

Tegelijkertijd meenden de bewindhebbers dat een verruiming van de voorschriften voor Aziatische kooplieden een stimulans zou zijn voor de privé-handel van de dienaren en daarom viel het de bewindhebbers niet licht de realiteit onder ogen te zien. Het beleid in deze kwestie zwalkte nogal heen en weer en vaak botsten de meningen. De Bataviase bestuurders waren meestal voor een vrije politiek, de bewindhebbers en dikwijls ook de vertegenwoordigers op de andere kantoren wensten een strakkere lijn. Daarbij kwam dat de

Gezicht op Galle, op Ceylon, de haven vanwaar de retourschepen naar Nederland vertrokken. Aquarel van J. K. L. van Dort, Coll. KITLV, Leiden.

Het grafmonument van commissaris-generaal Hendrik Adriaan van Reede tot Drakestein (c. 1635-1691) te Suratte. Foto J. Akerboom/F. van der Vorst.

dienaren soms een wat principiëler geluid lieten horen en zelfs het monopolie ter discussie stelden. Al in 1675 had de raad van Indië Pieter van Hoorn in zijn 'Preparatoire consideratiën en advys wegens de Nederlandsche Colonie in dese Indische gewesten' gepleit voor een liberalere houding. Hij poneerde dat 'kolonien eerder beter door voorname en genereuse magten worden bevorderd en bestuurd, dan door kooplieden, alzoo die presente voordelen te veel najagen en betrachten'[9].
Deze mening werd hem door de zuinige bewindhebbers niet in dank afgenomen. In deze discussie over hoe de concurrentie te bestrijden verloren de bewindhebbers in 1679 het vertrouwen in de Hoge Regering. Het collectief ontslag van de gehele Hoge Regering in dat jaar—op gouverneur-generaal Maetsuyker na, die men na een lange staat van dienst niet naar huis durfde te sturen en die bovendien wel spoedig zou komen te overlijden—hield verband met deze zaak. Maar de discussie was daarmee niet gesmoord. Kort na 1700 vonden de gouverneurs-generaal Joan van Hoorn en Van Riebeeck zowel de Heren Zeventien als de dienaren te Ceylon tegenover zich, toen zij trachtten de handel tussen dit eiland en India meer aan Aziaten over te laten.
De doorbraak leek te komen met het optreden van Van Imhoff. Deze vond in de Republiek bijval bij de 'Mayores' voor zijn 'Consideratiën', een omvangrijk plan tot herstel en reorganisatie van de Maatschappij, waarvan het vrijgeven van grote delen van de handel in Azië deel uitmaakte. Vooral Nederlandse particuliere kooplieden in Azië zouden van de nieuwe maatregelen kunnen profiteren. Vrije handel kwam echter niet van de grond. Door gebrek aan kapitaal en kennis was er onvoldoende basis voor particuliere scheepvaart, en bovendien reserveerde de Compagnie de meest lucratieve produkten, zoals specerijen en ook het Japanse koper, toch weer voor zich zelf, waardoor de ontplooiing van de beoogde vrije scheepvaart sterk werd belemmerd.
Tenslotte was men buiten Batavia niet erg ingenomen met de plannen. In Malabar

'Piper Nigrum', peperplant. Coll. KITLV, Leiden.

bijvoorbeeld voelde men er niets voor dat nu de Javaanse suiker door vrijburgers en buiten het compagniekantoor om zou kunnen worden aangebracht—een opvatting waar zeker eigenbelang van de dienaren op deze factorij een rol speelde. Onder Mossel werden de plannen weer grotendeels teruggedraaid; later in de 18e eeuw werd onder Van der Parra weer meer vrije handel toegestaan, maar het was te laat om door lastenverlichting de VOC te redden en om door inschakeling van particulieren Batavia tot bloei te brengen.

De intra-Aziatische handel van de VOC tot circa 1680

In het gecompliceerde netwerk van handel en scheepvaart dat de Compagnie in de loop van de 17e eeuw opbouwde, zijn de grondstructuren die Coen al in 1619 schetste duidelijk te herkennen.

'Met Guseratse cleden moet peper ende 't gout op de custe van Sumatra geruylt worden; met realen ende cleden van de Custe (van Coromandel) den peper van Bantam; met sandelhout, peper ende realen moeten Chineesse waeren ende het gout van de Chinesen geruylt worden; silver sal men uut Jappon voor Chineesse waren haelen; de cleden van de Custe van Coromandel voor speceryen, eenige andre coopmanschappen ende realen van achten; de realen van achten van Arabia voor speceryen ende eenige andere cleenicheden, in voegen dat het een aen 't ander hangt, ende sonder gelt van Nederlandt met schepen gedaen wordt. De voorneemste speceryen hebben U.E. Waeraen feylt het dan? Niet dan aen schepen ende een weynich water om de pomp te doen slaen. Sijnder meer schepen in de werelt dan in Nederlandt? Gebreect daer water om de pomp te doen slaen? (Ick wil daermee seggen, soveel gelt, totdat den treffelijcken inlantse handel geformeert zij).'[10]

De Heren Zeventien, aan wie deze regels gericht waren, bleven niet ongevoelig voor de ambitieuze plannen van Coen en stelden inderdaad geld en schepen beschikbaar voor de vaart in Azië.

Batavia werd centrum en stapel voor de handel van de VOC in de Archipel. Om het netwerk van handel in Azië weer te geven kan het beeld worden gebruikt van een waaier: vanuit Batavia lopen een aantal lijnen in verticale richting, naar het noordwesten, het noorden en het noordoosten, naar Perzië, naar India en Ceylon, naar Malakka, naar Achter-Indië, China en Japan. Er is ook een horizontale lijn van west naar oost, van Perzië via India, Ceylon, Malakka en China (tot 1662 Formosa) naar Japan. Het systeem kreeg door het verlies van Formosa in 1662 een gevoelige deuk, ten aanzien van de 'Chinese lijn' moest de Compagnie meer en meer op Chinese jonken vertrouwen. De lijn naar Manilla, die de meest noordoostelijke route zou kunnen zijn, was nagenoeg een *missing link*. In het midden van de 17e eeuw kon optimaal van dit patroon gebruik worden gemaakt. Specerijen uit de Archipel werden langs de verticale lijnen afgezet, Japanse produkten vonden grotendeels via de horizontale lijn hun weg naar India, en de Indiase produkten werden in omgekeerde richting voornamelijk naar de Indische Archipel gezonden.

Peper was in het Aziatische handelsverkeer een van de belangrijkste artikelen en net als in Europa werd de peperhandel in Azië gekenmerkt door sterke concurrentie. Chinese kooplieden exporteerden peper naar China, in het westen was Perzië een belangrijk afzetgebied, zowel voor de VOC als voor de EIC. De opkomst van Bantam, na 1650, als 'vrije' peperhaven was de Compagnie een doorn in het oog. Door monopoliecontracten met verschillende peperproducerende gebieden op Sumatra, en door het verdrijven van de Portugezen uit Malabar en tenslotte door de verovering van Bantam had de VOC zich wel een enorm sterke positie verworven, maar er was toch geen sprake van marktbeheersing of monopolie. Prijzen en afzetmogelijkheden in

Europa hadden duidelijk repercussies op de Aziatische markt. Omstreeks 1680 werd bij voorbeeld bij een lage stand van de pepermarkt in Europa getracht om naast Indiase peper (uit Malabar) ook Indische peper ingang te doen vinden in Perzië en Suratte. Nadat met de val van Makassar in 1668 ook de 'sluikhandel' in kruidnagelen teniet was gedaan, trachtten de bewindhebbers de handel in de monopolieprodukten geheel naar hun hand te zetten. Omstreeks 1680 kon, zoals Glamann in zijn *Dutch-Asiatic Trade* schrijft, nauwelijks een kruidnagel worden verplaatst zonder dat daartoe door de Heren Zeventien opdracht was gegeven. In 1683 stelde de Amsterdamse bewindhebber Joannes Hudde een overzicht op van de produktie en afzet van deze specerijen, de befaamde 'geruimde vier': kruidnagelen, nootmuskaat, foelie en kaneel. Deze statistieken bieden de mogelijkheid de Europese en Aziatische markt met elkaar te vergelijken.[11]

De kruidnageloogst had tussen 1670 en 1680 5,6 miljoen pond bedragen, bovendien lag er in de pakhuizen te Batavia in 1670 een voorraad van ruim 300.000 pond. Daarvan was 4,3 miljoen pond naar Nederland verscheept, bijna 1,7 miljoen pond, dus meer dan een kwart was in de gewesten in Azië 'vertiert', waar Suratte met 775.000 pond weer de belangrijkste afnemer was. Van de 4,8 miljoen pond nootmuskaat, waarover de VOC in deze jaren kon beschikken, was 2,7 miljoen pond naar Europa gezonden en niet minder dan 2,1 miljoen pond naar de Indische kwartieren, waarvan 600.000 pond naar het kantoor Suratte. Bij foelie ging het om minder grote hoeveelheden: ongeveer 95.000 pond ging van 1671 tot 1680 met de retourvloot mee, 200.000 pond bleef in Azië achter, Suratte was goed voor ongeveer 60.000 pond.

Ten aanzien van kaneel zijn de cijfers minder duidelijk; het lijkt erop dat in deze jaren van de kaneeloogst van ongeveer 4 miljoen pond het overgrote deel in Nederland terechtkwam; de exportcijfers van Ceylon naar de factorijen buiten Batavia zijn niet bekend, het hoofdkantoor zelf zette slechts 38.000 pond af in Azië. Omstreeks 1690 werd ongeveer voor *f* 100.000 aan kaneel in Azië verkocht, waarschijnlijk het meest aan Chinese kooplieden te Batavia, die deze kaneel dan weer naar Manilla brachten.

De verhouding tussen de prijzen in Nederland en in Azië liep voor de diverse produkten nogal uiteen. Kruidnagelen werden in Azië voor omstreeks 70 stuiver van de hand gedaan; in Amsterdam was de prijs gedaald van ruim 100 stuiver in 1672 naar ongeveer 75 stuiver in 1680. Nootmuskaat kostte in Europa 50 à 60 stuiver, te Suratte werd er slechts 25 stuiver voor betaald, maar deze lagere prijs kan het gevolg zijn geweest van een mindere kwaliteit. Foelie was duurder, in Nederland werd er 100 of 120 stuiver voor betaald, te Suratte gaf men er 80 stuiver voor. Op grond van deze gegevens lijkt het niet onaannemlijk dat de VOC jaarlijks voor bijna één miljoen gulden aan fijne specerijen in Azië verkocht, waarbij aanzienlijke winsten werden behaald.

Voor kruidnagelen, noten en foelie genoot de Aziatische markt prioriteit; pas als deze voldoende bevoorraad was mocht het restant naar patria worden verscheept. Dank zij het monopolie was de VOC in staat de prijzen voor deze produkten eenzijdig vast te stellen, maar daarmee werden de bewindhebbers voor een dilemma geplaatst: enerzijds moest de prijs niet zo laag zijn dat het voor anderen lonend zou worden de specerijen, bij voorbeeld te Suratte, op te kopen en naar Europa te vervoeren, en anderzijds niet zo hoog dat de afzet terug zou lopen of de smokkel zou worden aangewakkerd. Deze doelstellingen bleken echter onverenigbaar. Soms werden inderdaad buiten de VOC om specerijen in Europa aangeboden, maar erger was dat door een te hoge prijs de afzet terugliep. Te Suratte, de belangrijkste markt, was de verkoop nog maar een derde van wat onder de Portugezen gebruikelijk was geweest. De prijs van nagelen was daar tussen 1640 en 1670 van 23 naar 90 stuiver per pond gestegen, met als gevolg dat het produkt onbetaalbaar werd voor een groot deel van de bevolking.

Gouden Koban, c. 1700, van Japan.
Koninklijk Penningkabinet, Leiden.

De markten van Coromandel, Suratte en Bengalen werden in eerste instantie bezocht om katoenen stoffen te verkrijgen, het ruilmiddel bij uitstek voor specerijen. De uitvoer van dit artikel nam een hoge vlucht. In de loop van de 17e eeuw bleek ook de Europese vraag naar textiel te groeien, vooral naar de fijnere kwaliteiten, terwijl het ruwere 'Guinese lijwaat' bestemd was als ruilmiddel voor de slavenhandel op de Afrikaanse kust. Coromandel en Suratte leverden ook indigo. Bengalen exporteerde salpeter, dat gedeeltelijk als winstgevende ballast naar patria werd vervoerd, suiker, die in Suratte en Perzië aftrek vond, en zijde, die na 1650 de Perzische zijde op de Europese markt verdrong. Door de aanvoer van textiel uit India was wel grotendeels het importprobleem in de Archipel opgelost, maar tegelijkertijd werd er met name te Coromandel en Bengalen een nieuw importprobleem geschapen. Toch is de VOC erin geslaagd ook voor dit probleem in Azië een oplossing te vinden. Om de tekorten op de handelsbalans aan te vullen, moest zilver en goud (voor Coromandel) worden ingevoerd in India. Zilver was te Mocha beschikbaar, waar het via de Levant was aangevoerd. De Heren Zeventien lieten daarom de verkoop van specerijen daar soms nog wel toe, zij het met tegenzin, gezien de grote kans dat deze specerijen naderhand op de Europese markt verschenen. Na 1640 ontwikkelde Perzië zich tot een belangrijke leverancier van edel metaal. De opkomst van de factorij te Gamron was aan de zijde te danken geweest, maar na een *boom* in de uitvoer omstreeks 1635 was de betekenis van dit artikel teruggelopen en was men op zilver en later goud overgeschakeld. Het kantoor was zeer winstgevend, vooral peper vond er een goede afzetmarkt.
De grootste Aziatische leverancier van edele metalen voor de VOC was Japan. Door het kantoor te Deshima werden tot 1668 grote bedragen Japans 'schuitzilver' geëxporteerd, daarna schakelde men, gedwongen door het verbod op uitvoer van zilver, over op de befaamde gouden 'koubangs'. Het kantoor te

Deshima verzond in de jaren 1640-1649 voor niet minder dan 15 miljoen gulden aan zilver, terwijl uit Perzie voor ruim 3 miljoen zilver werd ingevoerd en uit Europa 8,8 miljoen te Batavia arriveerde. In het volgende decennium droeg Japan 13 miljoen bij, Perzië zeker 5 miljoen en uit patria kwam 8,4 miljoen. Japan leverde nog een ander metaal, dat ook in India kon worden verkocht: koper. Daartegenover stond een invoer van zijde, textiel (waaronder wollen stoffen uit Europa), huiden, suiker en tal van andere produkten. Tussen 1640 en 1670 voeren gemiddeld zeven schepen per jaar naar Deshima, waarvan er enige rechtstreeks naar India terugzeilden. De enorme winsten te Deshima werden echter afgeroomd toen in 1671 de Japanse overheid ertoe overging de prijzen van alle importgoederen eenzijdig vast te stellen.

Naast specerijen, textiel en edel metaal speelden tal van andere artikelen een rol in het Aziatisch handelsverkeer van de VOC: tin uit Malakka, porselein uit China, sandelhout uit Timor en Solor, olifanten uit Ceylon. De Compagnie had het monopolie in de uitvoer van olifanten uit Ceylon; in India werden deze beesten met grote winsten aan de vorsten verkocht. Voor het inschepen van olifanten had men te Jaffna zelfs een aparte kade aangelegd. Tenslotte moest de Compagnie ook rijst en andere levensmiddelen aankopen om grotere nederzettingen als Batavia of Ceylon en de vestigingen in de Molukken te bevoorraden.

Veranderingen in de intra-Aziatische handel van de VOC na 1680

Na 1680 begonnen zich tekenen voor te doen, die er op wezen dat aan verschillende poten van het voordelige en goed uitgebalanceerde handelssysteem werd geknaagd. Het duidelijkste manifesteerde zich dit in de handel met Japan.

De Japanse overheid bond de invoer van goederen in 1685 aan een limiet, zodat de Compagnie voortaan voor een geringer bedrag aan goud en koper kon inkopen. Daarnaast werd door een verlaging van het goudgehalte in de gouden kobangs de uitvoer van deze munt steeds onvoordeliger. De export van goud daalde met sprongen en werd in 1752 geheel gestaakt. Lange tijd kon koper de plaats van goud innemen; het vond eveneens afzet in India en de koperuitvoer was het voornaamste motief om het kantoor te Deshima te handhaven. Katoen, zijde—waarbij de Bengaalse zijde steeds meer op de voorgrond trad—en Europees laken waren aanvankelijk de voornaamste invoerartikelen, in de tweede helft van de 18e eeuw gingen suiker, peper en katoengaren (alle uit Java) de belangrijkste plaats innemen. Naarmate de 18e eeuw verstreek, was er Batavia steeds minder aan gelegen zich tegen de beperkende maatregelen te weer te stellen. Het werd namelijk moeilijker produkten in Japan te verkopen, omdat het land zijn eigen nijverheid beschermde en stimuleerde, terwijl de afzetmogelijkheden van koper in India verminderden. Het scheepvaartverkeer liep dan ook gestaag terug. Tot 1715 voeren nog ongeveer vier schepen per jaar op Japan, daarna liep het aantal terug tot twee. Van de vloot die voorheen van Deshima via Malakka naar de Indiase factorijen voer, bleef niet veel over, al werd tot 1750 soms één schip via deze route naar Bengalen en Coromandel gezonden. De vestigingen in Tonkin en Siam, die een belangrijke rol in relatie met de Japanse handel hadden gespeeld, verloren al snel hun betekenis. Tonkin, leverancier van zijde, werd in 1699 verlaten. De handel te Siam kende omstreeks 1750 nog een laatste opleving, maar verliep daarna.

Het teruglopen van de goudexport uit Japan stimuleerde de VOC elders in Azië bronnen van edel metaal aan te boren. Het was een geluk voor de Compagnie dat de verhouding met Perzië sedert 1688 zodanig verbeterde dat vanuit Gamron weer grote hoeveelheden gouden dukaten konden worden geëxporteerd. Deze konden te Malabar voor de aankoop van peper worden aangewend en vonden voorts hun weg via Ceylon naar Tuticorin en

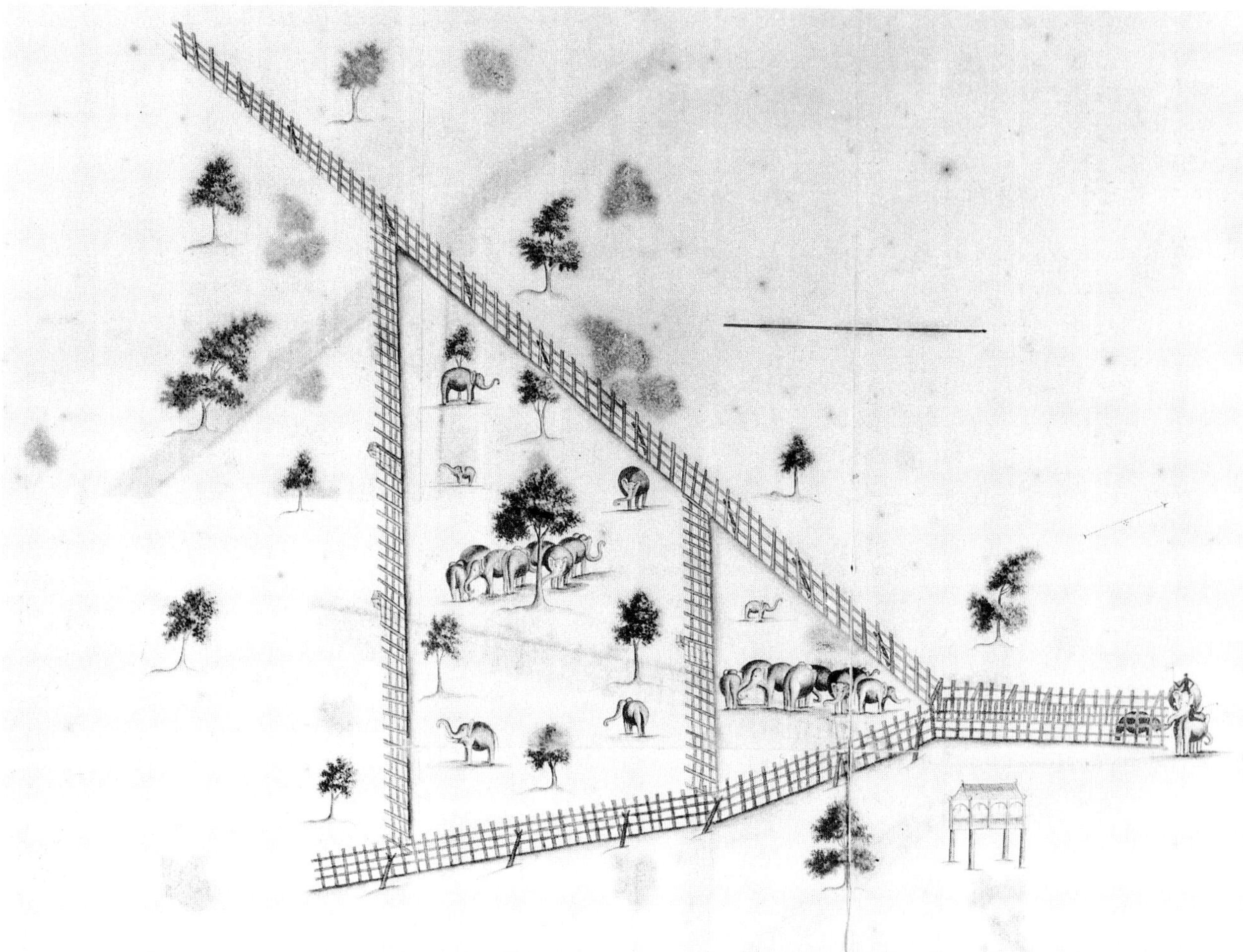

Tekening van een olifantenkraal in het inspectierapport van de gouverneur van Ceylon I. A. Rumpf, 1714. Algemeen Rijksarchief, Den Haag.

Coromandel. Omstreeks 1700 was de uitvoer van deze munten tot een waarde van één miljoen per jaar geklommen. De toenemende politieke ontreddering in het land ten gevolge van Afghaanse invallen tastte de handel steeds meer aan en in het tweede decennium van de 18e eeuw verminderde de handel; uiteindelijk trok de VOC zich in 1756 geheel uit de Perzische Golf terug.
Suratte leverde eveneens edel metaal, en wel zilveren roepia's, die naar Bengalen werden verscheept. Deze export was mogelijk dank zij de activiteiten van kooplieden te Suratte, die jaarlijks met een grote vloot in het gebied van de Rode Zee handel dreven en vandaar veel zilver aanbrachten. Maar ook hier stagneerde de handel in het begin van de 18e eeuw. De mogelijkheden om elders in Azië zilver of goud te verwerven waren beperkt. Er was Batavia veel aan gelegen om profijt te trekken van de stroom Amerikaans zilver, die via de legendarische Spaanse galjoenen Manilla bereikte. Weliswaar was scheepvaart op de Filippijnen officieel niet mogelijk, maar in de praktijk was een licht vernisje om de identiteit of bestemming van de schepen te camoufleren al voldoende om dit verbod te ontduiken.
Over de omvang van de aanvoer van Mexicaanse realen uit Manilla naar Batavia is niets bekend, maar dat deze aanvoer van belang was, bewijst de expeditie naar Acapulco, door Van Imhoff in 1745 op touw gezet, omdat de Spaanse schepen wegens oorlog met Engeland niet uit durfden te zeilen en Manilla verstoken bleef van zilver. Dit verfrissend initiatief, waartoe Van Imhoff zonder voorkennis van de Heren Zeventien was overgegaan—omdat hij vermoedde toch geen goedkeuring te zullen krijgen?—had evenwel een ongelukkige afloop. De twee schepen, die tenslotte over de Stille Oceaan de Amerikaanse kust bereikten, kregen geen toestemming om handel te drijven.[12] Tenslotte werd jarenlang maar vruchteloos en met verlies van veel mensenlevens getracht om goudmijnen op de westkust van Sumatra (Sillida) te exploiteren.

In de jaren na 1680 werd steeds duidelijker dat de VOC zich op de Aziatische markt niet van voldoende edel metaal zou kunnen voorzien. De oorzaak daarvan was niet alleen het geleidelijk opdrogen van Aziatische bronnen. Tevens deed zich de invloed gelden van de stijgende Europese vraag naar textiel uit India, koffie uit Mocha en thee uit China, produkten die slechts met zilver of goud konden worden betaald. Natuurlijk circuleerden er in het handelsverkeer tal van andere artikelen die in deze streken afzet vonden, maar het bleek nauwelijks mogelijk om de markt voor deze produkten te vergroten om zo de vraag naar zilver en goud te verlichten. De rol van het Japanse koper is reeds genoemd. De fijne specerijen uit de Molukken waren nog steeds het meest winstgevend. Het monopolie was echter moeilijk te handhaven, omdat ook Engelse *countrytraders*, waarschijnlijk met medewerking van corrupte VOC-dienaren, erin slaagden de hand op kruidnagelen en noten te leggen. In de periode van 1734 tot 1756, waarin Batavia het beheer van de vaart op China had, werd getracht deze vaart beter in de Aziatische handel van de Compagnie te integreren. Maar het enige produkt dat in hoeveelheden van betekenis werd verkocht, was peper, en dat leverde, zoals de hoofdparticipanten aan de Heren Zeventien voorrekenden, te weinig op en kon beter in Europa worden verkocht. Daar stelde men er te Kanton weer zilver voor in de plaats.
De Compagnie deed voorts vergeefse pogingen om Javaanse koffie in Azië ingang te doen vinden; deze soort bleek daar niet geliefd. Daarentegen groeide de suiker van Java uit tot één van de belangrijkste handelsgoederen in Azië. Traditioneel was Perzië een goede markt. Na de achteruitgang van de handel in dat land na 1722 en met het wegvallen van de Europese markt voor Javaanse suiker in deze jaren, werden nieuwe afzetmogelijkheden gezocht en gevonden in India, vooral te Suratte en Malabar. Daarbij echter sneed de VOC ten dele in eigen vlees, omdat de export van suiker uit Bengalen naar deze streken,

(Boven) De muskaatnoten van Banda. Coll. KITLV, Leiden.

(Rechts) Gedrukte cargalijst van de schepen van de eerste bezending van de retourvloot van 1679-1680. Algemeen Rijksarchief, Den Haag.

waarin de VOC ook participeerde, zware concurrentie werd aangedaan.
Tenslotte was in de 18e eeuw de opiumhandel zeer lucratief; deze opium werd vanuit Bengalen naar de Archipel geëxporteerd. De smokkel of 'sluikhandel' in dit produkt was echter omvangrijk en veel van de winsten kwamen in de zakken van de ambtenaren terecht. Van Imhoff wist de bewindhebbers te bewegen met een zeer opmerkelijke oplossing voor deze smokkel akkoord te gaan. Hij richtte een 'Amphioen-Sociëteit' op, die de uit Bengalen aangevoerde opium of amphioen tegen een vaste prijs van de Compagnie mocht opkopen en vervolgens op Java weer mocht verkopen. De Sociëteit was opgezet als een maatschappij op aandelen. In het beginkapitaal, dat niet minder dan anderhalf miljoen gulden zou bedragen, konden particulieren en ook VOC-dienaren deelnemen; er werden daartoe 300 aandelen van elk 2000 rijksdaalders uitgegeven. Uiteraard werden de hoogste ambtenaren de grootste aandeelhouders, Alting bezat bijvoorbeeld tien, Van der Parra vijftien aandelen. Opmerkelijk is voorts dat de stadhouder, die in 1749 opperbewindhebber van de VOC werd, een dividenduitkering van de Sociëteit ontving over éénderde van het kapitaal. Die dividenduitkeringen bedroegen zo'n tien tot twintig procent per jaar. In 1794 werd de Amphioen-Sociëteit opgeheven.[13]

De inkomsten tegenover de uitgaven gesteld

De financiële resultaten van de handel in Azië werden op het kantoor van de boekhouder-generaal te Batavia bijeengebracht. Het boekhoudkundig systeem was in 1613 opgezet en bleef sedertdien ongewijzigd. Het stelsel wordt wel beschreven als een vorm van factoors-boekhouding, waarbij Batavia als factor van de Generale Compagnie in patria (een denkbeeldige eenheid, in werkelijkheid ging het om zes kamers met een gescheiden administratie) verantwoording schuldig was voor de ontvangen goederen en gelden.
Evenzo waren de 'subalterne comptoiren' in

A°. 1680.

GENERALE

CARGA,

Ofte Ladinge van ses

Oost-Indische Retour-Schepen,

Met namen:

't Landt van Schouwen en *Tidoor*, voor de Kamer van Zeelandt; *Europa* en *S^t. Andries*, voor de Kamer van Amsterdam; *Schielandt*, voor de Kameren van Delf ende Rotterdam; ende *Asia*, voor de Kameren van Hoorn en Enchuysen; den laetsten November 1679. van Batavia vertrocken, en den 11 en 12 July deses Jaers 1680. die van de Kameren van Amsterdam, Hoorn en Enchuysen, in Texel gearriveert, d'andere alsnoch voor 't Landt zynde. Van de Schepen komende van Ceylon, alsnoch de Generale Carga verwacht werdende.

1754400 ℔ Salpeter.
1944167 catty bruyne Peper.
377825 ℔ divers Sapanhout.
101948 ℔ Foulie of Macis.
389997 ℔ Nooten Muscaten.
14396 catty Japans Staef-kooper.
40041 ℔ Spiaulter.
37455 ℔ diverse Indigo.
1000 ℔ Tutia.
4937 ℔ Galiga.
8500 ℔ Benjuyn.
5500 ℔ Cardamom.
4002 ℔ Segellacq.
102900 ℔ rouwe Persiaense Syde.
88622 ℔ rouwe Bengaelse Syde.
8401 catty witte Chinese Syde.
16230 ps. divers Guinees Lywaet.
720 ps. rouwe Salampouris.
7100 ps. diverse Bethilles.
7500 ps. Chiavonys d'Oirnael.
18080 ps. divers Zeyldoeck.
28480 ps. diverse Chitsen.
600 ps. Salpicado Gingans gebloemt.
960 ps. Allegias Patchery.
300 ps. Allegias Bethilles.
320 ps. Negros Kleden.
382 ps. Hammans.
100 ps. Romaels.
3200 ps. Kannekyns.
4000 ps. diverse Baftas.
[illegible]145 ps. Tonquinse en Chinese Pelings.
25442 catty witte Peper.
187½ ℔ Oly van Nooten Muscaten.
6360 ℔ Mannetges Nooten Muscaten.
23000 ps. Geconfyte Nooten Muscaten.
1240 ℔ Sandelhout.
5440 ps. diverse Gecattoeneerde Deeckens.
64000 ℔ Canneel.
10075 stucx rouwe Robynen.
eenige stucx Peerlen.
500 ℔ Hennep tot een preuve.

Notandum: dat in de bovengemelte Schepen naderhandt noch aen het Princen Eylandt zyn geladen de volgende Koopmanschappen, verstaende boven en behalven het geene hier vooren staet uytgedruckt.

17816 ℔ diverse Indigo.
7800 ps. Roemaels d'Esta.
2900 ps. Alegias Bethilles.
200 ps. groote geruyte Bethilles.
200 ps. Callephoe Bethilles.
200 ps. Sester Ganty Bethilles.
1800 ps. rouwe Bethilles.
570 ps. fyn gebleeckt Guinees Lywaet.
940 ps. gemeen gebleeckt Guinees Lywaet.
1440 ps. rouw Guinees Lywaet.
320 ps. rouw Zeyldoeck.
400 ps. fyne geschilderde Chitsen.
800 ps. gebleeckte Bethilles Ternatanes.
500 ps. rouw dito.
11983½ ℔ Florette Garen.
455½ ℔ Bengaelse Syde Banny.
3996 ps. Armosynen.
1000 ps. Sanen.
3491 ps. Cassa Bengale.
2386 ps. Mallemolen.
2100 ps. Roemaels Bengaels.
4000 ps. Pattenase Chitsen.
1900 ps. Garras.
1000 ps. nieuwe modesse Stoffen.
1200 ps. Gerberys.
400 ps. Asies Begy.
3200 ps. effene Gingans.
1000 ps. Sologesjies.
202 ps. Tansieps
1507 ps. Douriassen.
535 ps. Hammans.
31320 ℔ Boracx.
183760 ℔ Canneel.

Nota: 1 Catty is $1\frac{1}{4}$ ℔.

t'Amsterdam, by Paulus Matthysz, Drucker van d'E. Heeren Bewinthebberen der Oost-Indische Compagnie, in de Stoof-steegh, in 't Muzyc-boeck gedruckt.

Tabel 18 De financiële resultaten van de VOC in Azië, 1620-1790 (in guldens, afgerond op honderdduizendtallen)

	uitgaven	inkomsten	winst	verlies
1621-1630	17.400.000	18.300.000	900.000	
1631-1640	16.400.000	28.400.000	12.000.000	
1641-1650	27.000.000	37.400.000	10.400.000	
1651-1660	38.400.000	40.700.000	2.300.000	
1661-1670	41.500.000	57.900.000	16.300.000	
1671-1680	44.900.000	47.300.000	2.400.000	
1681-1688	35.700.000	38.700.000	3.000.000	
1689-1700	69.000.000	58.700.000		10.300.000
1701-1710	55.800.000	44.300.000		11.500.000
1711-1720	63.400.000	54.200.000		9.200.000
1721-1730	58.200.000	44.900.000		13.300.000
1731-1740	74.900.000	54.200.000		20.700.000
1741-1750	81.800.000	70.000.000		11.000.000
1751-1760	82.700.000	74.600.000		8.100.000
1761-1768	67.000.000	49.200.000		17.800.000
1769-1780	88.500.000	58.400.000		30.100.000
1780-1790	100.400.000	50.000.000		50.400.000

Bron: Gaastra, *Bewind en beleid*, 283-285 (voor de periode tot 1700); De Korte, *De jaarlijkse financiële verantwoording*, 31, 47 en bijlage 10.

Azië aan Batavia verantwoording schuldig. Goederen werden tussen Batavia en patria tegen kostprijs uitgewisseld, hetzelfde vond plaats tussen Batavia en de overige factorijen en tussen de factorijen onderling. Dat betekent dat de winst- of verliescijfers van de afzonderlijke vestigingen niet zo veelzeggend zijn: immers de kantoren die monopolieprodukten leverden (Ambon, Banda, Ceylon) stonden hun artikelen goedkoop af en stelden andere factorijen in staat enorme winsten te boeken. Het meest opmerkelijke van het systeem was echter dat het in het geheel niet aansloot bij de boekhouding in patria. De boekhouding van de kamers berustte op principes, die aan de voorcompagnieën waren ontleend, en daarin was de waarde van de retourgoederen niet opgenomen.

Op grond van de door De Korte gepubliceerde cijfers is het mogelijk een overzicht te geven van de resultaten van het Aziatisch bedrijf (tabel 18). Een vergelijking over de twee eeuwen van het bestaan van de Compagnie levert echter grote problemen op. In de tweede helft van de 17e eeuw werd het namelijk gewoonte om het zilvergeld in Batavia 25% hoger te waarderen dan in Nederland, en daardoor ontstonden in feite twee geldsoorten, zoals hierna nader uiteen zal worden gezet. In de 18e eeuw werd vervolgens twee keer een verandering in de valuatie van de munt doorgevoerd, zodat tenslotte een grote verwarring ontstond. In tabel 18 zijn de cijfers herleid tot één, en wel de in Nederland gangbare, waarde.

Uit de cijfers blijkt dat de VOC na een aanloopperiode in Azië flinke winsten behaalde. Na een korte terugval in het decennium 1661-1670, die wellicht werd veroorzaakt door de hoge kosten van oorlog in Ceylon en Malabar, volgden tien zeer gunstige jaren. Daarop vlakten de winsten af tot zich omstreeks 1690 een dramatische wending voordeed. De winsten maakten plaats voor verliezen. Deze situatie zou zich in de 18e eeuw niet meer wijzigen. De verliezen waren overigens niet zozeer het gevolg van het wegvallen van inkomsten. De inkomsten bleven op peil, tegenover de *f* 327.400.000 in de tachtig jaar van 1621 tot 1700 stonden *f* 449.800.000 aan inkomsten in het tijdvak 1700-1780. De uitgaven stegen echter veel sterker: van *f* 290.300.000 in het tijdvak voor 1700 tot *f* 572.300.000 in de tweede periode van 1700 tot 1780. Omstreeks het midden van de 18e eeuw leek er verbetering in de situatie te komen, ook de inkomsten begonnen toe te nemen. De bewindhebber C. van der Oudermeulen, die omstreeks 1780 een analyse maakte van de financiële geschiedenis van de Compagnie, schreef die verbetering toe aan het verstandige beleid van de gouverneurs-generaal Van Imhoff en Mossel. Na 1770 echter namen de verliezen in Azië werkelijk katastrofale vormen aan.

Opmerkelijk is de verschuiving die ontstond tussen de verschillende bronnen van

inkomsten. In de 17e eeuw was meer dan 90% van de inkomsten afkomstig uit handel, in de 18e eeuw daalde dat percentage tot ongeveer 60%. Inkomsten uit belasting, tolheffing en de vergoeding voor het afstaan van de opiumhandel aan de Amphioen-Sociëteit werden steeds belangrijker en geven aan dat het karakter van de Compagnie veranderde.
Hoewel er na 1690 praktisch geen enkel jaar met winst werd afgesloten, was de situatie voor Batavia niet altijd even somber. Met name omstreeks het midden van de 18e eeuw leek er verbetering te komen. In het decennium 1734-1743 was het tekort, bij uitgaven van bijna 27 miljoen opgelopen, in het daaropvolgend decennium bleven de uitgaven op gelijk niveau, maar stegen de inkomsten tot 98 miljoen en bedroeg het verlies 7,8 miljoen gulden. Deze verbetering werd door Van der Oudermeulen in verband gebracht met het bewind van Van Imhoff en Mossel.
Uiteraard hadden de resultaten in Azië gevolgen voor de positie van de VOC in de Republiek. Een deel van de in Azië behaalde winsten werd toegevoegd aan het handelskapitaal van de Aziatische faktorijen, een deel echter werd in de vorm retourgoederen naar Nederland verzonden. De betekenis van de 'subsidie' van het compagniebedrijf in Azië aan de kamers in patria kan worden toegelicht met de volgende cijfers. In de jaren 1640-1688 werd voor 150 miljoen gulden aan retouren naar patria verzonden, daar stond 120 miljoen aan uit patria naar Azië gezonden 'cargazoenen' tegenover. De kamers hadden dus voor een bedrag van 30 miljoen aan retouren uit de winsten overzee ontvangen, voor één vijfde van de retouren hadden zij niet hoeven te betalen. Bij verkoop hadden die retourgoederen 420 miljoen opgebracht, één vijfde daarvan is 84 miljoen. Gedurende dezelfde periode keerde de VOC in patria 67 miljoen gulden aan dividend uit. De dividenduitkering kon dus geheel worden gedekt door de opbrengsten van de verkoop van retouren die uit de in Azië behaalde winsten waren betaald!
Maar die gunstige verhouding kon gezien de ontwikkelingen overzee niet worden gehandhaafd. Na 1690 konden de kamers niet langer profiteren van de opbrengsten van het Aziatisch bedrijf, maar moesten zij daarentegen bijspringen om te voorkomen dat de verliezen al het handelskapitaal van Batavia zou opslokken. Dat was aanvankelijk niet zo'n bezwaar, omdat de retourgoederen bij verkoop in Nederland voldoende opbrachten om naast hoge dividenduitkeringen Batavia financieel bij te staan. De kamers zijn zelfs verder gegaan, en hebben niet alleen de tekorten aangezuiverd, zij hebben er ook voor gezorgd dat het handelskapitaal in Azië kon toenemen. In de 17e eeuw kwam het kapitaal waarover Batavia kon beschikken meestal niet boven de 20 miljoen uit, in 1697 was dit 27 miljoen en in 1735 zelfs in de Aziatische valuatie 55 miljoen of naar de Nederlandse waarde 44 miljoen gulden. Na 1743 werd het echter moeilijk om deze 'reële effecten' van de Compagnie in Azië op peil te houden en tenslotte moest een stap terug worden gezet. De effecten in Azië bedroegen in 1779 nog maar 28 miljoen gulden, een terugval die overigens wat minder groot is dan uit het cijfer blijkt, omdat inmiddels was overgegaan op een berekening volgens het 'zware' geld. De omwenteling in de financiële verhouding tussen het Aziatisch en het Europees bedrijf geeft aan dat zich ook in de Europees-Aziatische handel forse verschuivingen moeten hebben voorgedaan.

De retouren uit Azië

Dank zij het reeds meermalen geciteerde werk van de Deen K. Glamann, *Dutch-Asiatic Trade 1620-1740*, is over de Europees-Aziatische handel van de VOC veel meer bekend dan over de intra-Aziatische handel.[14] Glamann heeft ook definitief afgerekend met het oude idee als zou de Compagnie dank zij haar monopolie een stabiel karakter hebben gehad en als zou de handel van de Maatschappij zich twee eeuwen lang zonder noemenswaardige

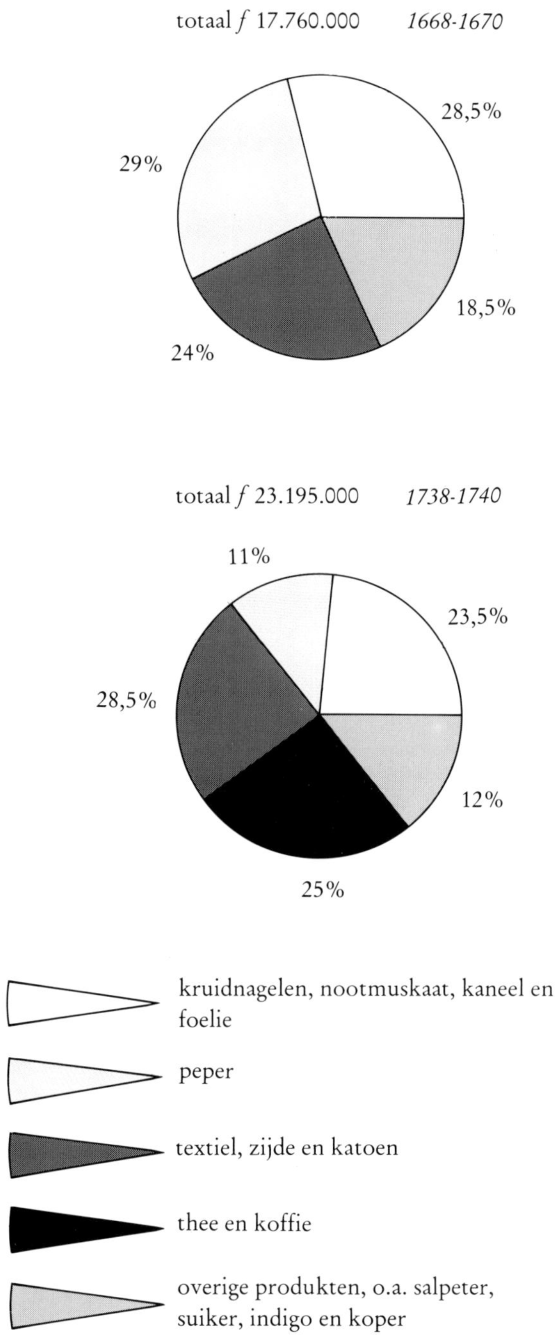

Figuur 1 Samenstelling van de verkopen van de kamer Amsterdam in 1668-1670 en in 1738-1740, naar de waarde van de verkochte goederen. De kamer Amsterdam verkocht ongeveer de helft van alle door de VOC in Nederland aangevoerde goederen.

veranderingen volgens eenmaal vastgelegde patronen hebben voltrokken. Niets is minder waar. Alleen al de snel stijgende omvang en de zich radicaal wijzigende samenstelling van de uit Azië ingevoerde goederen wijzen het tegendeel uit. Deze veranderingen voltrokken zich met name tussen 1670 en 1740. In figuur 1 wordt het aandeel van de produkten in de verkopingen van de kamer Amsterdam weergegeven; maatstaf is dus de verkoopwaarde, de gegevens hebben betrekking op ongeveer de helft van de totale verkopen van de Compagnie in de Republiek. In 1668-1670 is peper nog het belangrijkste produkt met een aandeel van 30%, op de voet gevolgd door de groep van 'fijne' specerijen met een aandeel van 28,5%. Maar zeventig jaar later zijn de percentages voor deze produkten fors gedaald, peper telt nog maar voor 11% mee in de verkopingen, de fijne specerijen voor 23,5%. Textiel is daarentegen van groter belang geworden—in 1698/1700 was deze groep zelfs omhoog geschoten tot 43,5%—en heeft een aandeel van 28,5%, thee en koffie zijn uit het niets op 25% gekomen.
Vergelijkt men het aandeel van de produkten in de verkopen met het aandeel dat zij in de retouren (dus naar inkoopwaarde gemeten) innemen, dan valt op hoe lucratief de monopolieprodukten zijn. De fijne specerijen, die in 1668/1670 28,5% van de verkopen uitmaken, vormen in deze jaren slechts 12% van de retourgoederen. Bij peper is het percentage bij de retouren en de verkopen ongeveer gelijk, textiel geeft een omgekeerd beeld; naar inkoopwaarde gemeten vormt deze categorie 36,5% van de Aziatische goederen, naar verkoopwaarde 24%. In de 18e eeuw bleven deze verschillen in de winstmarges tussen de monopolieprodukten en de andere goederen bestaan. In 1738-1740 zijn de percentages van de verschillende categorieën produkten in de retouren, dus naar inkoopwaarde, en in de verkopen de volgende: de monopolieprodukten of fijne specerijen hebben een aandeel van 6,1% in de retouren en van 23,5% in de verkopen, bij peper zijn de percentages respectieve-

Tabel 19 De waarde der Aziatische retouren van de VOC, 1613-1795, naar inkoopprijs, in honderdduizenden guldens (ingedeeld naar haven van verscheping)

	Batavia	Ceylon	China	Bengalen	Suratte/ Gamron	Coromandel	totaal
1613-1620	7,2	–	–	–	–	0,2	7,4
1620-1630	12,2	–	–	–	2,0	1,1	15,3
1630-1640	15,7	0,4	–	–	5,5	–	21,6
1640-1650	25,6	–	–	–	–	–	25,6
1650-1660	26,8	–	–	–	–	–	26,8
1660-1670	28,8	1,5	–	1,1	–	–	31,4
1670-1680	29,9	3,8	–	–	–	–	33,7
1680-1690	28,4	12,3	–	2,4	–	2,2	45,3
1690-1700	29,7	13,9	–	1,3	–	–	44,2
1630-1700	204,3	31,2	–	4,8	7,5	3,5	251,3
1700-1710	41,2	13,9	–	–	–	–	55,1
1710-1720	47,4	17,6	–	–	–	–	65,0
1720-1730	71,2	15,7	0,3	–	–	–	87,2
1730-1740	49,5	9,3	4,8	5,3	–	–	68,9
1740-1750	32,5	7,2	11,5	21,1	–	–	72,3
1750-1760	31,3	11,9	18,3	26,7	–	–	88,2
1760-1770	28,8	14,1	24,8	22,1	–	–	89,8
1770-1780	18,0	8,7	24,4	19,9	–	7,1	78,1
1780-1790	13,9	7,2	26,3	7,4	–	0,8	55,6
1790-1795	10,7	2,4	6,6	–	–	–	19,7
1700-1795	344,5	108,0	117,0	102,6	–	7,9	680,0
1613-1795	548,8	139,2	117,0	107,4	7,5	11,4	931,3

NB In de eerste helft van de 18e eeuw werden retouren (koffie) ook rechtstreeks van Mocha naar patria geconsigneerd: deze koffieschepen voeren via Ceylon en zijn hierboven onder Ceylon geteld.
Bron: Op grond J.R. Bruijn e.a. (eds), *Dutch-Asiatic Shipping* III.

lijk 8,1% en 11,4%, bij thee en koffie 32,2% en 24,9%, bij textiel 41,1% en 28,3% en voor de overige produkten resteert 12,4% en 11,2%.
Ook in 1778-1780 springen de fijne specerijen er nog steeds uit, in de retouren beslaan deze nog maar 3,1%, maar in de verkopen nog steeds zo'n 24%!
Nu kunnen de cijfers over de binnengekomen retourgoederen niet zonder meer vergeleken worden met de verkopen, omdat de hier gebruikte cijfers uitsluitend op de kamer Amsterdam betrekking hebben. Het kan zijn dat goederen uit voorraad werden verkocht en bovendien zal de kamer Amsterdam niet van ieder produkt precies de helft van het aangevoerde hebben verkocht. Niettemin lijkt het er op dat de winstmarge van de monopolieprodukten steeds gunstiger af ging steken bij de andere ingevoerde waren. Het is dan ook geen wonder dat de bewindhebbers zeer beducht waren voor de bedreiging van dit monopolie door de EIC ten gevolge van de

(Boven) 'Kassakijntje', jakje van Indiase sits zoals gedragen in Hindeloopen. Stof van de Coromandelkust, 1725-1750. Fries Museum, Leeuwarden.

(Onder) 'Palempore', kleed of sprei, met dadelpalm, geflankeerd door bloemvazen naar Europees voorbeeld. India, tweede helft 18e eeuw. Fries Museum, Leeuwarden.

gedwongen openstelling van de 'Oostelijke zeeën' na de Vierde Engelse oorlog.
De waarde van de retouren neemt in het tijdvak 1670-1740 enorm toe en blijft tot 1780 op hoog niveau. De verschillen tussen inkoop en verkoop geven ook een enigszins vertekend beeld als men uit het overzicht van de verschepingen uit Azië (tabel 17) het belang van de diverse havens wil meten. Batavia moest tenslotte toezien dat grotere en rijker beladen vloten uit India en China naar patria retourneerden. Maar juist de Bataviase schepen transporteerden de Molukse specerijen, die bij verkoop zoveel opbrachten. Niettemin is duidelijk dat Bengalen en vervolgens Kanton voor de Maatschappij essentiële kantoren werden. Opvallend is dat ook Coromandel mee blijft tellen; het is mogelijk dat voor 1760 vele goederen van deze kust via Ceylon werden afgezonden. Ontegenzeglijk vormen de jaren 1720-1730 en 1750-1780 een goede tijd. Het decennium 1780-1790 toont nagenoeg een halvering ten opzichte van de voorgaande periode, hetgeen ten dele aan de stopzetting van de handel gedurende de oorlog met Engeland is te wijten. Het bleek daarna echter niet meer mogelijk om de handel in de Indiase kantoren op oude voet voort te zetten.

Van oudsher gold peper als hét produkt waarin met Azië werd handel gedreven. Het door Glamann beschreven prijs- en marktbeleid van de bewindhebbers ten aanzien van de peper geeft een treffend beeld van de algemene commerciële politiek van de VOC.
In de wijze van handeldrijven volgden de bewindhebbers het Portugees/Antwerpse voorbeeld: de omvang van de aanvoer werd geheim gehouden, de prijsnotering was in Vlaamse groten, en de verkoop vond plaats 'bij contractie', dat wil zeggen via een overeenkomst met een groep van groothandelaren.[15]
De marktomvang was bekend, omstreeks 1620 werd deze op 7 miljoen pond geschat (1 Amsterdams pond = 494 gram) en in 1688 iets hoger op 8,8 miljoen pond. De concurrentie en groeiende vraag had in Azië na 1600 voor een blijvende prijsstijging gezorgd, gemiddeld bedroeg de inkoopsprijs voor de Compagnie 18 stuiver het pond. Ook in Europa werd de handel door concurrentie gekenmerkt. Tot 1630 voerde de VOC ongeveer 2,5 miljoen pond per jaar aan, maar in de jaren daarna steeg de invoer aanzienlijk. Ten gevolge van het offensief van Van Diemen stagneerde de Portugese aanvoer van peper uit India en tegelijkertijd kon ook de EIC de aanvoer niet op peil houden. De Heren Zeventien drongen bij Batavia aan op grotere zendingen peper maar konden tenslotte het gat in de markt niet vullen—in 1639 ging het gerucht dat de pakhuizen van de VOC leeg waren, en dat gerucht was waar. De bewindhebbers hadden voor de laatste partij een contract gesloten met een aantal Amsterdamse kooplieden tegen een lage prijs. Op de vrije markt schoot die prijs natuurlijk omhoog en de kamers buiten Amsterdam, Zeeland voorop, fulmineerden tegen dit contract, dat werd ontbonden. Sindsdien werd verkoop bij opbod gebruikelijk.
Na 1640 daalde de peperprijs, maar de bewindhebbers bleven grote bestellingen plaatsen. Zij namen genoegen met een lagere prijs, die bij een grote omzet toch nog voordelig was, en hoopten zo de concurrentie dwars te zitten. Met enkele inzinkingen hielden ze deze politiek vol; het streven werd tenslotte het vormen van een voorraad gelijk aan de verkoophoeveelheid. 1670 werd het recordjaar met een aanvoer van 9,2 miljoen pond. Daarna zakte de markt in, het jaar 1678 registreerde de laagste peperprijzen van de 17e eeuw. De VOC had zich nu een sterke positie op de Europese markt verworven, maar toch kon ze niet voorkomen dat aan het einde van de eeuw opnieuw een 'peperrace' met de EIC ontstond. Om de aantrekkende prijzen te drukken en zo de concurrentie van al te omvangrijke aanvoer af te houden moest Batavia de kamers opnieuw van grote hoeveelheden peper voorzien. Aan deze vraag kon Batavia niet voldoen, al trachtte men zoveel mogelijk peper in de Archipel op te kopen en de

Engelsen ook daar de voet dwars te zetten. Glamann concludeert dat de Heren Zeventien er niet in slaagden om hun politiek van een gematigde en in de hand gehouden dumping van de Europese markt met peper te realiseren.
Bij de monopolieprodukten, kruidnagelen, kaneel, nootmuskaat en foelie, hadden de Heren Zeventien natuurlijk een grotere greep op de markt. Maar ook hier waren beperkingen. Het monopolie van kruidnagelen en kaneel werd pas in de tweede helft van de 17e eeuw een feit. Bovendien konden de prijzen niet te hoog gesteld worden, omdat dat de smokkel zou kunnen aanwakkeren en speculatie doen ontstaan. Voor de kruidnagel had de commerciële politiek ten slotte tot gevolg dat de omvang van de aanvoer daalde, hetgeen moest leiden tot een vermindering van de totale consumptie in Europa.
De marktpolitiek die de bewindhebbers omstreeks 1675 ten opzicht van kruidnagelen en nootmuskaat voerden, geeft een goed beeld van de wijze waarop het monopolie tot een voordeel kon worden aangewend maar ook van de gevaren die dit monopolie met zich mee bracht. Was bij de kruidnagelen in de jaren voor 1672 sprake van hoge prijzen, na 1673 daalden deze, mede doordat de bewindhebbers er alles aandeden om de aanvoer te vergroten en de voorraden in patria aan te vullen. In 1677 durfden zij het aan om de kruidnagelen uit de veilingen te halen en tegen een vaste prijs voor verkoop ter beschikking te stellen. Ieder koopman kon op elk gewenst moment nagelen afhalen bij de kamers van de VOC tegen de prijs van 75 stuiver of *f* 3,75 per pond—een prijs die tot ver in de 18e eeuw gehandhaafd bleef. Het was een politiek die de Heren Zeventien konden voeren dankzij een enorme voorraad, die in 1683 zelfs was opgelopen tot 18.500.000 pond, voldoende om de Europese markt zeven jaar lang te voorzien!
Bij nootmuskaat was de prijsontwikkeling geheel anders. De prijzen waren tot 1678 vrij laag, maar stegen daarna tot ongekende hoogte, van *f* 2,13 per pond in 1679 tot *f* 4,– in het voorjaar van 1681. Die hoge prijzen verontrustten de bewindhebbers, die er op korte termijn wel voordeel van hadden, maar op langere termijn vreesden voor een dalende afzet. Bovendien lokte de hoge prijs smokkel uit, de Heren Zeventien signaleerde aanvoer van nootmuskaat in Frankrijk, die vermoedelijk in India was opgekocht. In het streven naar een lagere prijs werden de bewindhebbers gedwarsboomd door een groep van kooplieden die op de veilingen alle nootmuskaat opkocht en vervolgens bij doorverkoop de prijs nog verder opdreef tot boven de vijf gulden per pond. De Heren Zeventien konden hier niet direct een einde aan maken omdat zij, anders dan bij de kruidnagelen, over onvoldoende voorraad beschikten. Het voordeel van het monopolie dreigde dus toe te vallen aan de kooplieden. In 1683 echter wisten de bewindhebbers de macht van hun opponenten te doorbreken: bij de voorjaarsveiling van 1683 werd bepaald, dat indien de prijs boven de *f* 3,60 zou stijgen, de kamers de pakhuizen zouden openen om net als bij de nagelen 'uit de hand' te verkopen om zo de prijs te drukken. Deze maatregel had succes, maar toch bleef de situatie op de markt voor deze specerij voor de bewindhebbers minder gemakkelijk, omdat aan het einde van de 17e eeuw door de uitbarsting van de Goening Api-vulkaan op Banda opnieuw de oogst werd verminderd en de voorraden afnamen.
Voor textiel was de markt geheel verschillend, in dit produkt was er felle concurrentie met andere Europese compagnieën. De vraag in Europa naar fijne geweven katoenen stoffen, de lijwaten, nam omstreeks 1680 enorm toe en in de *Indian craze* lieten de Heren Zeventien zich bijna door de EIC verrassen. In 1684 constateerden zij dat de Engelsen in deze marktsector 'seer labouren', zij zouden 'haer voornaemlijcke studie daervan maeken' om jaarlijks 'modese sorteringen' vanuit India over te zenden. De 'directe besending' naar Bengalen, die, zoals hierboven is aangegeven, in deze tijd begon, was ten dele een antwoord op deze Engelse concurrentie, tevens werden

de uitzendingen edel metaal sterk vergroot. Ook Franse en in de 18e eeuw Oostendse concurrentie was hevig.
Thee en koffie waren al evenmin monopolieprodukten. Ten aanzien van de koffie bezat de VOC het voordeel van de goedkope aanplant op Java. In de theehandel echter ging de eerste slag voor de VOC verloren, doordat ze, zoals bij de opening van de Chinahandel is beschreven, te lang wachtte met het uitzenden van schepen naar Kanton.
Van minder groot belang maar toch veelal winstgevend waren artikelen als indigo, salpeter, tin en cauris of 'bougis', schelpjes die verkocht werden aan slavenhalers, die deze op de Afrikaanse kust als betaalmiddel konden gebruiken. Ook koper en suiker werden uit Azië ingevoerd.

De uitvoer uit Nederland

Kwamen de retourschepen ieder jaar zwaar beladen met Aziatische goederen de Nederlandse zeegaten binnen, de vertrekkende schepen voeren met heel wat legere ruimen uit. Het is een bekend gegeven dat de handel met Azië grote hoeveelheden edel metaal opslokte. Europa kon Azië weinig bieden: Europese produkten waren te duur of niet gewild. Een zeer onevenwichtige handelsbalans was het gevolg, waarbij Europa het tekort moest aanvullen met 'contanten', gemunt en ongemunt zilver en goud. In de hutten van de schipper en officieren waren soms wel dertig of veertig kisten gestuwd, met dubbele sloten behangen, met zeildoek omspijkerd, verzegeld en met touwen omwonden, en gevuld met zakjes zilver- of goudgeld.
De verandering in de omvang van de stroom edel metaal naar Azië weerspiegelt de reeds geconstateerde verschuiving in de handel. Na een groei gedurende de eerste dertig jaar in de 17e eeuw bleef de omvang van de export van edel metaal opvallend constant; deze schommelde tot aan 1680 tussen de *f* 500.000 en *f* 1.000.000 per jaar. Vooral omstreeks 1650 was de uitvoer gering. Dat hing samen met de

Tabel 20 De uitvoer van 'contanten' naar Azië en de waarde van de in patria uitbetaalde assignaties (1602-1795) (in guldens, afgerond op duizendtallen)

	uitvoer edel metaal	assignaties
1602-1610	5.207.000	?
1610-1620	10.186.000	?
1620-1630	12.360.000	?
1630-1640	8.500.000	?
1640-1650	9.200.000	3.765.000
1650-1660	8.400.000	4.506.000
1660-1670	12.100.000	2.492.000
1670-1680	11.295.000	4.304.000
1680-1690	19.720.000	8.024.000
1690-1700	28.605.000	7.555.000
1700-1710	39.275.000	6.400.000
1710-1720	38.827.000	11.200.000
1720-1730	66.030.000	8.000.000
1730-1740	40.124.000	16.800.000
1740-1750	38.275.000	13.900.000
1750-1760	58.396.000	23.600.000
1760-1770	53.542.000	37.900.000
1770-1780	48.317.000	35.900.000
1780-1790	47.896.000	40.000.000
1790-1795	16.972.000	13.400.000
1602-1700	125.573.000	30.646.000
1700-1795	448.216.000	207.100.000

Bron: Bruijn e.a., *Dutch-Asiatic Shipping*, I, 187; Gaastra, 'Geld tegen goederen'.

mogelijkheden voor de Compagnie om in Azië goud en zilver te verwerven. Korte tijd hoopten de bewindhebbers zelfs dat door de grote aanvoer uit Japan, Formosa en Perzië een stroom in omgekeerde richting zou ontstaan en de Hoge Regering stuurde eenmaal, in 1650, zeer optimistisch monsters zilver en goud naar Amsterdam. Maar deze hoop bleek ijdel en het bleef bij deze ene uitzondering.
Na 1680 steeg de uitvoer en in 1700 werd al voor niet minder dan *f* 4.000.000 uitgezonden. De top lag tussen 1720 en 1730, maar ook daarna bleef de uitvoer op een veel hoger niveau dan in de 17e eeuw. De verzending van

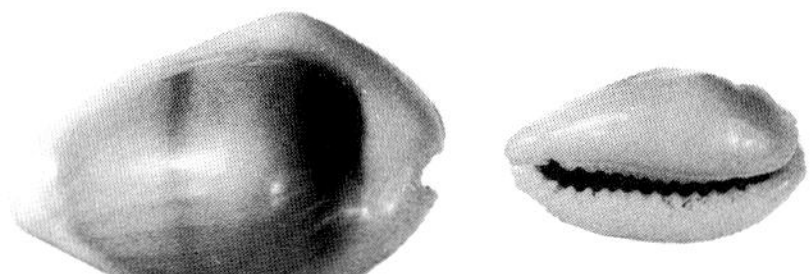

(Boven) Kauri-schelpen, bij de VOC 'cauris' of 'bougis' genoemd, afkomstig van de Malediven; de schelpen werden via Ceylon naar Nederland geëxporteerd en daar aan de slavenhalers verkocht. In Afrika als kleingeld in gebruik. Koninklijk Penningkabinet, Leiden.

(Onder) Kroon, in 1645 te Batavia geslagen. De waarde van deze noodmunt, 48 stuiver, kwam overeen met de uit Nederland aangevoerde 'Leeuwendaalder', in Batavia wel 'kroon' genoemd. Koninklijk Penningkabinet, Leiden.

(Rechts) Deel van het cognossement of de vrachtbrief door schipper Willem de Keijser en onderkoopman Sijmon Trouillaert 'op den schepe (dat God beware,) genaamt Den Adelaar' getekend voor de ontvangst van kisten zilvergeld. De zestien kisten bevatten baren zilver, ducatons, dubbele stuivers en nog zes baartjes goud, totaal ter waarde van *f* 281.010. God bewaarde het schip niet, de 'Adelaar' leed schipbreuk voor de Schotse kust en de kamer Zeeland moest een proces voeren om het geborgen geld weer terug te krijgen. Scottish Record Office, Edinburgh.

edel metaal steeg niet alleen in absolute cijfers, maar relatief ten opzichte van de invoer van Aziatische produkten. Verlies van de mogelijkheden om zich in Azië van edel metaal te voorzien, de enorme groei van de vaart op Kanton en Bengalen en de noodzaak om groeiende tekorten van Batavia aan te zuiveren zullen de factoren zijn geweest die aan deze sterke stijging ten grondslag hebben gelegen. Aanvankelijk bestonden de door de VOC geëxporteerde 'contanten' uit Spaanse realen, munten die in Azië algemeen gangbaar waren. In 1600 hadden de Amsterdamse en Zeeuwse voorcompagnieën wegens schaarste aan deze Spaanse munt zelfs realen in de Hollandse en Zeeuwse munthuizen laten slaan, maar naderhand slaagde de VOC er meestal wel in om voldoende realen te bemachtigen. De prijs van de reaal steeg echter wel en de Heren Zeventien trachtten dan ook om Nederlandse 'negotiepenningen', munten voor de handel geslagen, in Azië ingang te doen vinden. Naast de reaal werden nu leeuwendaalders en rijksdaalders gezonden. Baar zilver maakte sedert 1646 deel uit van de zendingen. Ook werden grote hoeveelheden kleine zilveren muntjes als schellingen, dubbele en enkele stuivers naar Azië gezonden, het zogenaamde 'payement'. Goud werd in kleinere hoeveelheden uitgevoerd. Al in 1602 was enig goud met de vloot meegegeven en in 1615 en 1617 volgden nieuwe zendingen, in baar goud en dukaten. Van 1632 tot 1660 werd er geen goud gezonden, maar daarna begon Batavia weer goud te eisen, vooral voor de handel op Coromandel. Circa 1700 bestonden de 'contanten' uit zilveren dukatons, baar zilver , realen en payement te zamen met enig goud, dat vooral aan de schepen naar Ceylon werd meegeven om voor de aankoop van textiel in Zuid-India te worden gebruikt. Baar zilver nam nu een belangrijkere plaats in, het overgrote deel daarvan was precies van het gehalte van de Bengaalse roepia: het was bestemd om in het munthuis van Ramiahol tot roepia's te worden omgesmolten. Ook dukatons werden wel daarheen gezonden.

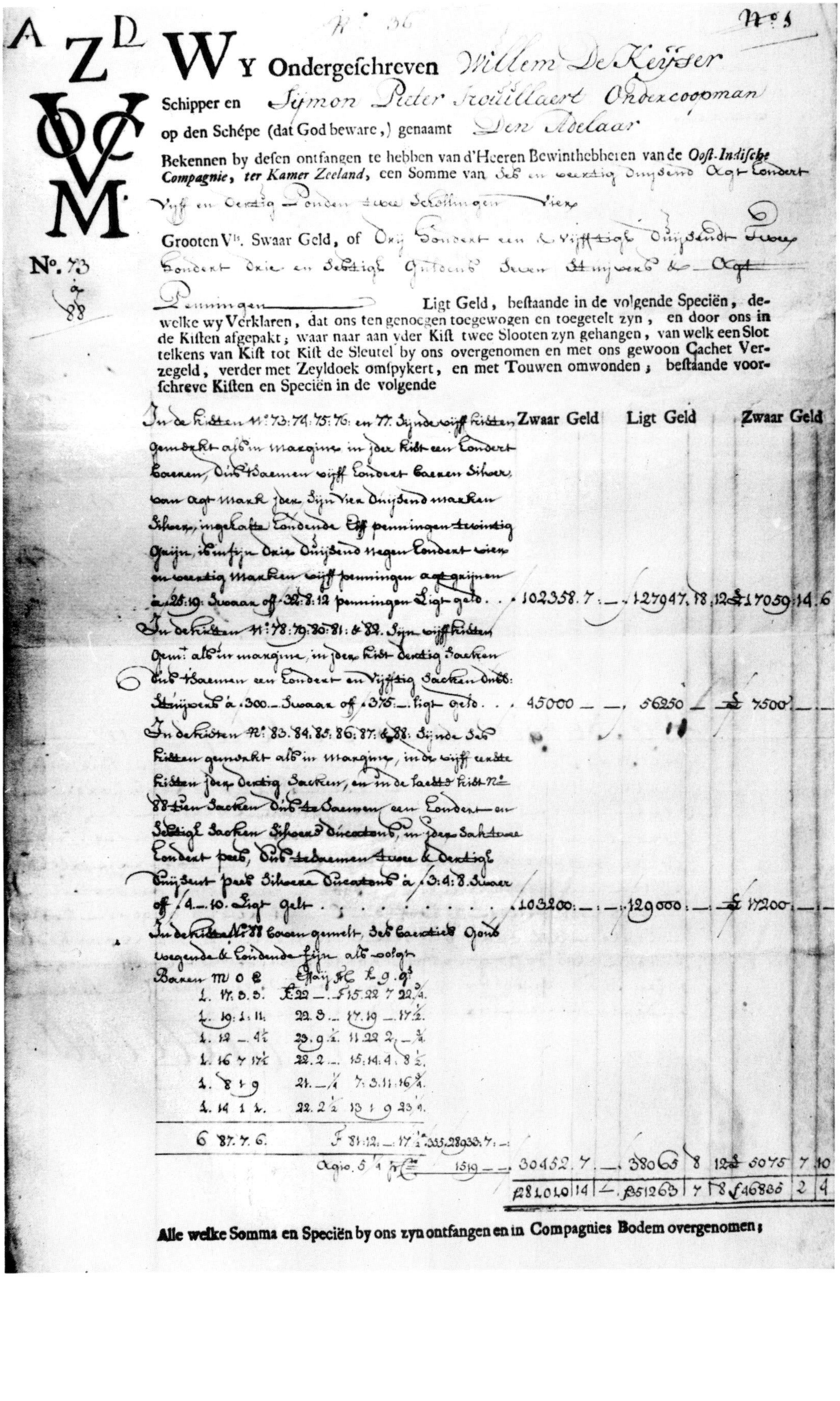

A Z[D] VOC M

N°. 73 à 88

N° 36 — N° 1

WY Ondergeschreven Willem De Keyser
Schipper en Symon Pieter Trouillaert Ondercoopman
op den Schépe (dat God beware,) genaamt Den Arelaar
Bekennen by desen ontfangen te hebben van d'Heeren Bewinthebberen van de *Oost-Indische Compagnie*, *ter Kamer Zeeland*, een Somme van ses en veertig duysend agt hondert vyff en dertig ponden twee schellingen vier
Grooten Vls. Swaar Geld, of drie hondert een en vijfftigh duysendt twee hondert drie en sestigh guldens seven stuyvers & agt penningen
Ligt Geld, bestaande in de volgende Speciën, dewelke wy Verklaren, dat ons ten genoegen toegewogen en toegetelt zyn, en door ons in de Kisten afgepakt; waar naar aan yder Kist twee Slooten zyn gehangen, van welk een Slot telkens van Kist tot Kist de Sleutel by ons overgenomen en met ons gewoon Cachet Verzegeld, verder met Zeyldoek omspykert, en met Touwen omwonden; bestaande voorschreve Kisten en Speciën in de volgende

	Zwaar Geld	Ligt Geld	Zwaar Geld
In de kisten N°: 73: 74: 75: 76: en 77. zijnde vijff kisten gemerkt als in margine in yder kist een hondert baeren, dus saemen vijff hondert baeren silver, van agt mark yder, zijn vier duysend marken silver, ingehalte houdende elff penningen twintig grein, is in fijn drie duysend negen hondert vier en veertig marken vijff penningen agt greinen à 25:19: swaar of 32:8:12 penningen ligt gelt	102358.7.–	127947.18.12	£17059.14.6
In de kisten N°: 78: 79: 80: 81: & 82. zijn vijff kisten gem^t. als in margine, in yder kist dertig sacken dus saemen een hondert en vijfftig sacken dubb: stuyvers à 300.– swaar of 375.– ligt gelt	45000.–.–	56250.–.–	£7500.–.–
In de kisten N°: 83. 84. 85. 86. 87. & 88. zijnde ses kisten gemerkt als in margine, in de vijff eerste kisten yder dertig sacken, en in de laetste kist N° 88 tien sacken dus te saemen een hondert en sestigh sacken silvere ducatons, in yder sak twee hondert pees, dus te saemen twee & dertigh duysent pees silvere ducatons à 3:4:8 swaar of 4.–10. ligt gelt	103200.–.–	129000.–.–	£17200.–.–

In de kiste N° 88 baeren gemerkt, ses baertjes goud wegende & houdende fijn als volgt

Baren	M O E	Essay K G	£ S G
1.	17. 3. 3.	K22.–	£ 5.15.22 7 22¼
1.	19: 1: 11.	22. 3.–	17.19.– 17½
1.	12 – 4½	23. 9. ½	11.22.2.– ¾
1.	16 7 17½	22. 2.–	15:14:4. 8½
1.	8 1 9	21.– ¼	7: 3.11.16¾
1.	14 1 1.	22. 2½	13 1 9 23¼
6	87. 7. 6.		F 81:12.–17½ 333.28933.7:–

	Zwaar Geld	Ligt Geld	Zwaar Geld
Agio. 5 ¼ p^c	1519.–.– 30452.7.–	38065.8.12	£5075.7.10
	£281010.14.–	f351263.7.8	£46835.2.4

Alle welke Somma en Speciën by ons zyn ontfangen en in Compagnies Bodem overgenomen;

Larijn, koperen noodmunt in 1785 te Ceylon geslagen uit Japans koper, waarde 4 ¾ stuiver. Koninklijk Penningkabinet, Leiden.

Zilveren baar van ongeveer 2 kg, met het monogram van de kamer Zeeland en het teken van essayeur F. Engelsen uit Middelburg. Afkomstig uit het wrak van de in 1724 vergane Slot ter Hoge. Koninklijk Penningkabinet, Leiden.

Een zilveren ducaton met VOC monogram, in 1728 te Dordrecht geslagen. Koninklijk Penningkabinet, Leiden.

Gouden dukaat, geslagen door de Westfriese munt, 1638. Koninklijk Penningkabinet, Leiden.

Het kopergeld van de VOC. Duit geslagen in 1726 te Holland, en halve duit, geslagen in 1753 te Utrecht, met VOC-monogram. Koninklijk Penningkabinet, Leiden.

Een 'real de a ocho', reaal van achten, geslagen te Lima, Peru, 1695. Koninklijk Penningkabinet, Leiden.

De enorme omvang van de uitvoer van edel metaal in de 18e eeuw geeft aan dat de Compagnie een belangrijke klant werd van de munthuizen in de Republiek. Dukatons werden sedert 1728 met het vignet van de VOC voorzien, hetgeen mogelijk verband hield met de opening van de rechtstreeks vaart op Kanton in dat jaar, maar waarschijnlijk toch ook werd gedaan om clandestiene verzending van dukatons uit patria—waarover hierna meer—tegen te gaan. Overigens werden niet uitsluitend nieuwe, net geslagen munten gezonden, ook werd uit de voorraden geput van de Amsterdamse wisselbank. In de jaren rond 1740 gaf men zelfs de voorkeur aan oude dukatons, omdat het laten slaan van nieuwe te kostbaar werd geacht. Realen werden meest als zogenaamde 'mark-realen' verstuurd, het waren ongesorteerde munten van soms slechte kwaliteit, die naar gewicht werden berekend. China was vaste afnemer van deze realen, ook de peperhandel in de Archipel vereiste altijd Spaanse realen. Batavia en ook de Heren Zeventien hamerden er bij de kamers op, dat zij vooral 'wichtig' klein zilvergeld zouden zenden. In het begin van de 18e eeuw werden de 'Westfriesse dubbeltjes' daarom 'geëxcusseert'. In de tweede helft van de 18e eeuw werd het regel, dat Zeeland het aandeel in het 'payement' voldeed in te Middelburg geslagen scheepjesschellingen (een schelling was 6 stuiver waard), de overige kamers zonden toen Hollandse en Westfriese dubbeltjes en stuivers. Het ging steeds om aanzienlijke hoeveelheden: zo werden tussen 1700 en 1794 38 miljoen schellingen in de Nederlandse munthuizen geslagen, die alle door de Compagnie naar Azië werden verscheept. In feite is, op enkele jaren in het midden van de 18e eeuw na de gehele muntslag aan kleine munten in de Republiek uitsluitend voor de VOC bestemd geweest.
Opmerkelijk was in de 18e eeuw de ontwikkeling in de export van goud. Ten gevolge van de hoge goudprijs in Europa waren de goudzendingen teruggelopen en tussen 1730 en 1755 waren deze van een te verwaarlozen omvang. Maar daarna begon de uitvoer sterk toe te nemen en van de 53,5 miljoen gulden die in het decennium 1760-1770 werd uitgevoerd was ruim 14 miljoen aan goud. Dit goud werd net als voorheen in dukaten en—dat steeds meer—in baar goud verstuurd. Het baar goud was meestal van het gehalte van de Zuid-Indiase 'pagoda' en verdween in de smeltkroezen te Coromandel en Tuticorin om daar tot deze munt te worden omgesmolten. Dit wijst overigens op het toegenomen belang van Coromandel voor de VOC—het verlies van de hoofdplaats Negapatnam op deze kust in de Vierde Engelse Oorlog betekende derhalve een ernstige slag voor de VOC.
Hoewel geen edel metaal werden de miljoenen koperen duitjes die sedert 1720 werden geëxporteerd ook onder contanten gerekend. Gemiddeld werd voor ongeveer *f* 70.000 per jaar aan deze duitjes verscheept en dat betekende dat er in Azië heel wat van deze muntjes in omloop werden gebracht: een duitje was slechts 1/8 stuiver waard!
Er is betoogd dat de export van zilver en goud voortkwam uit het feit dat deze edele metalen in verhouding tot goederen in Azië een andere, hogere waarde bezaten dan in Europa. Daarbij was zilver ten opzichte van goud over het algemeen voordeliger, de zilver-goud ratio in Europa bedroeg ongeveer 1 : 14 à 15, in de meeste streken in Azië 1 : 10 à 12. Glamann heeft echter betoogd, dat het primaire doel van de Oostindische compagnieën inkoop van Aziatische waren voor de Europese markt was, daar werd winst gemaakt en daaraan waren de uitvoer van edel metaal ondergeschikt. Het ging er dus niet om winst te behalen uit dit soort koersverschillen. Bovendien zou het marktmechanisme in deze periode niet zo perfect werken, dat het de stromen van edel metaal zou kunnen bepalen. Klein heeft er daarentegen op gewezen dat juist het feit dat goud en zilver algemeen geaccepteerd waren als ruilmiddel er toe kon leiden dat daarin derhalve gemakkelijk een abstract netwerk kon worden ontwikkeld.[16]
In de boekhouding van de VOC ontstond grote

verwarring door het verschil in waardering van het zilvergeld in patria en Azië. In Batavia werden goede, 'wichtige' zilveren munten omgewisseld tegen slechte, afgesleten kleine zilveren muntjes als stuivers en dubbeltjes. Die grote zilveren munten verdwenen overeenkomstig *Gresham's law—bad money drives out good money*—uit de roulatie. De Hoge Regering besloot derhalve de waarde van de grote zilverstukken aan te passen en in 1656 werd de rijksdaalder, in de Republiek gelijk aan 50 stuiver, te Batavia op 60 stuiver gezet, de leeuwendaalder ging van 40 naar 48 stuiver en de reaal van achten van 50 naar 60 stuiver. De bewindhebbers maakten echter bezwaar tegen deze maatregel en gaven opdracht om ook de waarde van de kleine munten aan te passen. Het zilveren stuiverstukje werd nu dus 1 ¼ stuiver waard! Daarmee was de kleinste eenheid in het munstelsel van Batavia uitsluitend nominaal, immers tegen deze zogenaamde 'indisce' of 'lichte' stuiver stond geen muntstuk meer. De zaak werd nog gecompliceerder, omdat de gulden als rekeneenheid bleef: 20 'lichte' stuivers vormden een gulden 'licht', en 20 'zware' of Nederlandse stuivers waren ook gelijk aan één gulden, 'zwaar'.

In de boekhouding in Batavia paste men verschillende praktijken toe bij omrekening, zodat de verwarring compleet werd. Aanvankelijk werd getracht de nieuwe waardering van het geld tot Batavia beperkt te houden. Omstreeks 1700 werd echter al het uit patria ontvangene met 25% in waarde verhoogd, zodat het lichte geld voor de gehele boekhouding gold. In 1743 werd besloten het 'lichte' geld af te schaffen, maar dit gebeurde niet consequent. Weliswaar werden nu de 'cargazoenen' uit Patria zonder enige verrekening in de boeken opgenomen, maar bij verzending naar andere kantoren werden de geldbedragen toch weer met percentages tussen de 6 en 25% verhoogd. Zo sloop het lichte geld weer in de boeken, waarop in 1768 een nieuwe poging werd gedaan om de verwarring uit te sluiten. Het Indisch kapitaal werd nu met ruim 16% verminderd om het in overeenstemming te brengen met de in Nederland geldende waardering. De dukaton, gesteld op een waarde van 66 stuiver zou grondslag moeten worden van het VOC-muntstelsel. Of daarmee alle problemen waren opgelost valt zeer te betwijfelen. Het bleef uitermate moeilijk om de diverse geldsoorten met elkaar te verrekenen en in de literatuur wordt meestal volstaan met de opmerking dat ook na 1768 de 'munstsituatie bij de VOC in Azië slecht bleef'.

Het verschil tussen het 'lichte' en het 'zware' geld had ook gevolgen voor het wisselverkeer. In zekere zin vormde dit geldverkeer een alternatieve bron van contanten voor de Compagnie in Azië. Het was verboden aan compagniedienaren om contant geld mee terug te nemen naar Nederland. Wie repatrieerde, betaalde aan de kassier te Batavia het over te maken bedrag en ontving in ruil daarvoor een wisselbrief of, zoals de bewindhebbers het liever noemden, een assignatie. Uit de grote bedragen, die op deze wijze naar Nederland werden overgemaakt, bleek al dat vele dienaren zo hun al dan niet rechtmatig verkregen verdiensten veilig stelden. Na terugkeer in patria vervoegde de houder van de wisselbrief zich bij één van de kamers om uitbetaling te vragen, dikwijls ook werd het geld aan een gemachtigde uitgekeerd. Op deze wijze ontving Batavia gelden, waarvoor de kamers in Nederland betaalden, en het is begrijpelijk dat deze bedragen in de boekhouding in Azië onder het 'secours uit het lieve vaderland' werden geboekt.

De VOC gaf over de termijn gedurende welke zij over het geld beschikte—de tijd dus tussen storting van het bedrag in Batavia en uitbetaling in Nederland—een rentevergoeding, meestal van 4%. Maar bovendien was er het voordeel van het koersverschil. In Batavia was de dukaton in 1700 op 78 stuiver 'zwaar' of 97 ½ stuiver 'licht' gezet. Voor wissels op patria werden de dukatons derhalve op 78 stuiver berekend, de kamers betaalden naar deze waarde uit. Maar in Nederland kon men

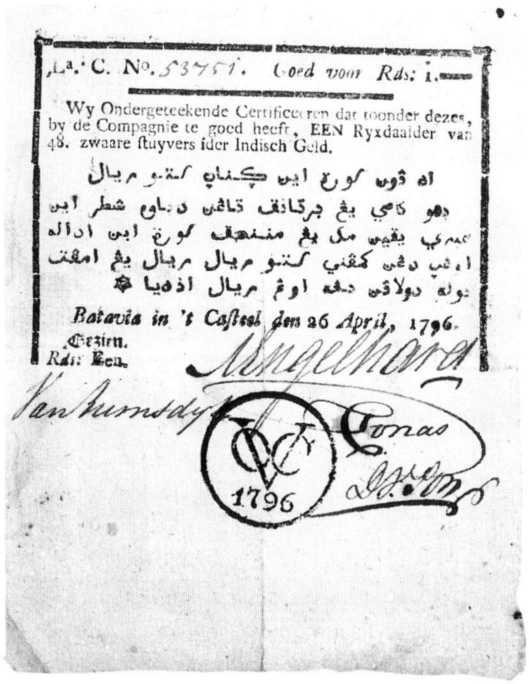

L.a. C. No. 53751. Goed voor Rds: 1.

Wy Ondergeteekende Certificeeren dat toonder dezes, by de Compagnie te goed heeft, EEN Ryxdaalder van 48. zwaare ſtuyvers ider Indisch Geld.

Batavia in 't Caſteel den 26 April, 1796.

Gezien.

Rds: Een.

Door gebrek aan zilver aan het einde van de 18e eeuw was de Hoge Regering gedwongen papiergeld uit te geven. Te Batavia uitgegeven rijksdaalder, 1796, getekend door o.a. de raden van Indië N. Engelhard en W. van Riemsdijk. Koninklijk Penningkabinet, Leiden.

dukatons kopen voor 63 stuiver! Vooral na 1730 maakten velen van deze aantrekkelijke mogelijkheid gebruik en werden dukatons in grote getale naar Batavia gesmokkeld met slechts het doel om direct na aankomst van de schepen wissels op patria te kopen. In het seizoen 1735/36 steeg de omvang van het wisselverkeer zelfs tot *f* 4,5 miljoen. Dat was de Heren Zeventien te bar en men kwam tenslotte met Batavia tot een compromis: de dukaton zou op 72 stuiver worden gesteld, nog altijd 12½% boven de in de Republiek geldende koers.
Overigens had de VOC ook zelf wel enig voordeel bij dit wisselverkeer. De Compagnie hoefde daardoor immers minder geld uit te zenden, hetgeen kostbaar was en aanzienlijk renteverlies opleverde. Zij stond in de jaren na 1765 dan ook toe dat Engelsen in Bengalen, die minstens zulke grote fortuinen wisten te vergaren als de Nederlandse compagniedienaren, via deze weg geld naar Europa overbrachten. Van 1774 tot 1780 kochten de bewindhebbers ook wel Engelse wissels in Londen op, die vervolgens naar Bengalen werden gezonden. Daar wendde de directeur van Hougli zich dan tot zijn Engelse collega's in Calcutta om de gelden te innen, die hij voor inkoop van de waren kon gebruiken. De VOC betaalde pas uit nadat uit Bengalen bericht was ontvangen dat aan de verplichtingen was voldaan. De omvang van de wisseltransacties was na 1760 zo omvangrijk, dat de Heren Zeventien besloten de uitbetaling door de kamers in twee termijnen te laten plaatsvinden: de eerste betaling zou na de najaarsveiling worden gedaan, de tweede na de voorjaarsveiling.

Door de nadruk die op de export van edel metaal en op het geldverkeer wordt gelegd, wordt soms de omvang van de uitvoer van goederen uit patria onderschat. Een probleem bij het bepalen van de waarde van deze uitvoer is, dat in de boeken van de VOC nauwelijks onderscheid wordt gemaakt tussen goederen voor eigen gebruik en goederen bestemd voor de handel. Deze laatste categorie was van grote betekenis. Alle materiaal voor de schepen, voor de bewapening en voor de administratie moest worden aangevoerd. Uiteenlopende zaken als 'tichelsteentjes', spijkers, papier, hoeden, pakken met 'Amsterdamsche, Haerlemsche en Leidsche couranten', psalmboeken en bijbels, gereedschappen en ook wijn en bier werden op de Oostindiëvaarders naar Batavia verscheept. De 'koopmanschappen' waren eveneens van een grote verscheidenheid. Laken, waarvoor te Japan en Perzië een markt was, vormde het belangrijkste artikel. Voorts werden kwikzilver en de rode verfstof vermiljoen uitgevoerd en in de 17e eeuw brachten de schepen ook grote aantallen uit Afrika afkomstige olifantstanden mee. Tenslotte waren er tal van luxegoederen aan boord, zoals barnsteen en 'Neurenberger curiosa'.

In jaren van geringe export van 'contanten' vertegenwoordigden deze handelsartikelen soms zelfs een grotere waarde dan het zilver. Tussen 1670 en 1680 was de waarde van het edel metaal ongeveer gelijk aan die van de verscheepte goederen (voor handel zowel als eigen gebruik), maar de stijging van de export van zilver deed deze verhouding in later jaren drastisch veranderen. Van 1700 tot 1750 werd voor circa honderd miljoen gulden aan goederen verscheept, de waarde van de uitvoer aan zilver en goud was twee maal zo hoog. Bovendien waren nu veruit de meeste goederen voor eigen gebruik, de waarde van de 'koopmanschappen' steeg niet. Onder deze handelsartikelen nam ook in de 18e eeuw het laken een voorname plaats in. Sedert 1742 namen de kamers volgens een overeenkomst met Leidse lakenfabrikanten voor *f* 70.000 aan lakense stoffen af. De Leidse polemieten, een specialiteit van de Leidse nijverheid, waren met name in Kanton geliefd.

Tabel 21 De uitgaven (equipage) en de opbrengsten van de verkopingen bij de VOC, 1640-1795 (afgerond op honderdduizendtallen)

	equipage	verkopingen
1640-1650	42.700.000	78.400.000
1650-1660	71.100.000	84.200.000
1660-1670	80.400.000	92.300.000
1670-1680	77.000.000	91.300.000
1680-1690	87.600.000	103.400.000
1690-1700	106.900.000	127.200.000
1700-1710	122.600.000	139.500.000
1710-1720	135.200.000	163.700.000
1720-1730	172.900.000	185.600.000
1730-1740	159.000.000	167.000.000
1740-1750	148.700.000	159.700.000
1750-1760	184.900.000	188.000.000
1760-1770	198.900.000	213.600.000
1770-1780	186.500.000	199.600.000
1780-1790	212.300.000	145.900.000
1790-1795	86.700.000	61.200.000

Bron: De Korte, *De jaarlijkse financiële verantwoording*, bijlage 1.

Het financiële resultaat

Verschuivingen in aard en omvang van het compagniebedrijf worden nog eens duidelijk aangetoond als de gegevens omtrent de kosten van equipage, waaronder bijna alle uitgaven van de kamers werden gerekend—de kosten van de uitrusting der schepen, de uitgezonden contanten en goederen en de uitbetaling van de wissels—worden gezet tegenover de opbrengsten van de veilingen (tabel 21) en de waarde van de retouren naar inkoopprijs (tabel 19).

De eerste conclusie is wel dat de omvang van de handel inderdaad na 1700 een formidabele stijging vertoont. Maar het karakter is veranderd. In de 17e eeuw liggen de opbrengsten van de veilingen ongeveer drie maal hoger dan de inkoopwaarde van de retouren. In de jaren 1660-1670 wordt bijvoorbeeld voor 31 miljoen gulden uit Azië verzonden en worden de retouren voor *f* 92 miljoen verkocht, in het decennium honderd jaar later brengen door de retourvloot aangebrachte waren met een inkoopwaarde van *f* 90 miljoen *f* 214 miljoen op.

De kamers moeten bovendien steeds meer uitgeven om een aanvaardbaar resultaat te behalen. In 1660-1670 moeten zij *f* 80 miljoen uitgeven om tenslotte na de verkopen *f* 12 over te houden. De hausseperiode van 1710 tot 1720 geeft nog een goede uitkomst, de opbrengsten van de veilingen komen nog *f* 28 miljoen boven de uitgaven uit. Daarna wordt het beeld minder florissant, al is er enig herstel na 1760. Na 1780 is de situatie desastreus, de uitgaven stijgen ver boven de inkomsten uit. De gigantische bedragen die de kamers investeren, geven aan dat met alle mogelijke middelen—de overheid liet zich daarbij niet onbetuigd—werd getracht de Maatschappij uit het moeras te trekken waarin zij sedert de Vierde Engelse Oorlog was terecht gekomen. Maar het resultaat bleef uit, de schulden stapelden zich op en tenslotte was een bankroet niet meer te keren.

HOOFDSTUK 5

Het Compagniebewind in de Republiek

De VOC is meer dan eens 's werelds grootste handelsonderneming van de 17e en 18e eeuw genoemd. De omvang van het bedrijf is hiervoor met indrukwekkende cijfers betreffende scheepvaart, personeelsbestand en handelsomzet geïllustreerd. Minder spectaculair, maar essentieel voor de groei en continuïteit van de Compagnie was het ingewikkelde bureaucratische apparaat en het verregaand geïnstitutionaliseerd proces van besluitvorming. Dit aspect wordt door K. N. Chaudhuri in zijn *magnum opus* over de East India Company sterk benadrukt. Chaudhuri ziet als één der oorzaken van het commerciële succes van de Oostindische compagnieën een systeem van besluitvorming gebaseerd op *a logical application of theoretical principles to the solution of business problems.*[1] Een beleid op rationele grondslag, los van persoonlijke voorkeuren of individueel handelen, op grond waarvan de compagnieën zouden kunnen worden vergeleken met het huidige grootbedrijf.

Stellig toonde de VOC ook in dit opzicht een grote overeenkomst met de EIC. Niettemin staat de kwaliteit van het management van de VOC in de 18e eeuw ter discussie. Het falen der bewindhebbers wordt gezien als één der oorzaken voor het verval van de Compagnie. Natuurlijk, ook al zouden de onderdelen van de organisatie goed op de taken berekend zijn, dan nog hoeft dat niet uit te sluiten, dat er aan de top soms foutieve beslissingen konden worden genomen. Dat zou het geval kunnen zijn als men de kwaliteit van de bewindhebbers in twijfel trekt en hen kritiseert, omdat zij, zelfzuchtig en met onvoldoende oog voor een krachtige politiek in Azië, slechts geïnteresseerd zouden zijn in het regelmatig binnenkomen van de rijkbeladen retourvloten, inmiddels potverterend en zichzelf en anderen zand in de ogen strooiend door het uitkeren van veel te hoge dividenden. Maar de kritiek graaft echter dieper en wijst een defect aan in het bestuursapparaat: de financiële verslaggeving, met name de boekhouding bij de kamers in Nederland, zou tekort schieten en de bewindhebbers onvoldoende informatie verschaffen. In de literatuur over bestuur en beleid bij de VOC is de aandacht dan ook verschoven van een beschrijving van de formele organisatie en de daarmee samenhangende juridische aspecten naar een analyse van het functioneren van de bestuurscolleges en naar de wijze waarop besluitvorming plaatsvond.

Bestuur en beheer—de Heren Zeventien

De voornaamste bestuurscolleges van de VOC in Nederland zijn reeds in het eerste hoofdstuk genoemd:

(1) De bewindhebberscolleges van de zes kamers; in de kamer Amsterdam bestond dat college uit twintig bewindhebbers, in de kamer Zeeland uit twaalf en in de overige kamers uit zes of zeven leden.

(2) De Vergadering der Heren Zeventien, gevormd door afgevaardigden uit deze plaatselijke bewindhebberscolleges, acht uit Amsterdam, vier uit Zeeland, één uit elk der kleine kamers en het zeventiende lid afwisselend uit één der kamers buiten Amsterdam.

(3) De commissies die de Vergadering van de Heren Zeventien van advies dienden of voor deze vergadering beleidsvoorbereidend werk verrichtten. Er was een commissie voor het controleren van de boekhouding, één voor het opmaken van de jaarlijkse balans, één voor het bijwonen en controleren van de veilingen en één voor de behandeling van de correspondentie met de Hoge Regering en andere dienaren

(Boven) Retourvloot uit Batavia en Ceylon van achttien schepen die commandeur Michiel Landsheer in 1720 behouden thuis bracht. (Anonieme tekenaar, Scheepvaartmuseum,

(Rechter pagina boven) De penning in goud die Adriaan Bergsma ontving als commandeur van de retourvloot in 1740. Bergsma was in 1734 uitgevaren en verwierf in Batavia de positie van water-fiscaal. De penning toont een VOC-schip met in het randschrift *Societas Indiae Foederat(arum) Provinciarum,* Oostindische Compagnie van de Veenigde provinciën. (Koninklijk

(Rechter pagina onder) De retourvloot uit Batavia, ca. 1674. Voorgesteld wordt de vloot die onder leiding van Wollebrand Geleynsz de Jongh vanuit Batavia de terugreis naar Nederland aanvaardde.

SOCIETAS INDIÆ ORIENTALIS FOEDERAT. PROVINCIARUM

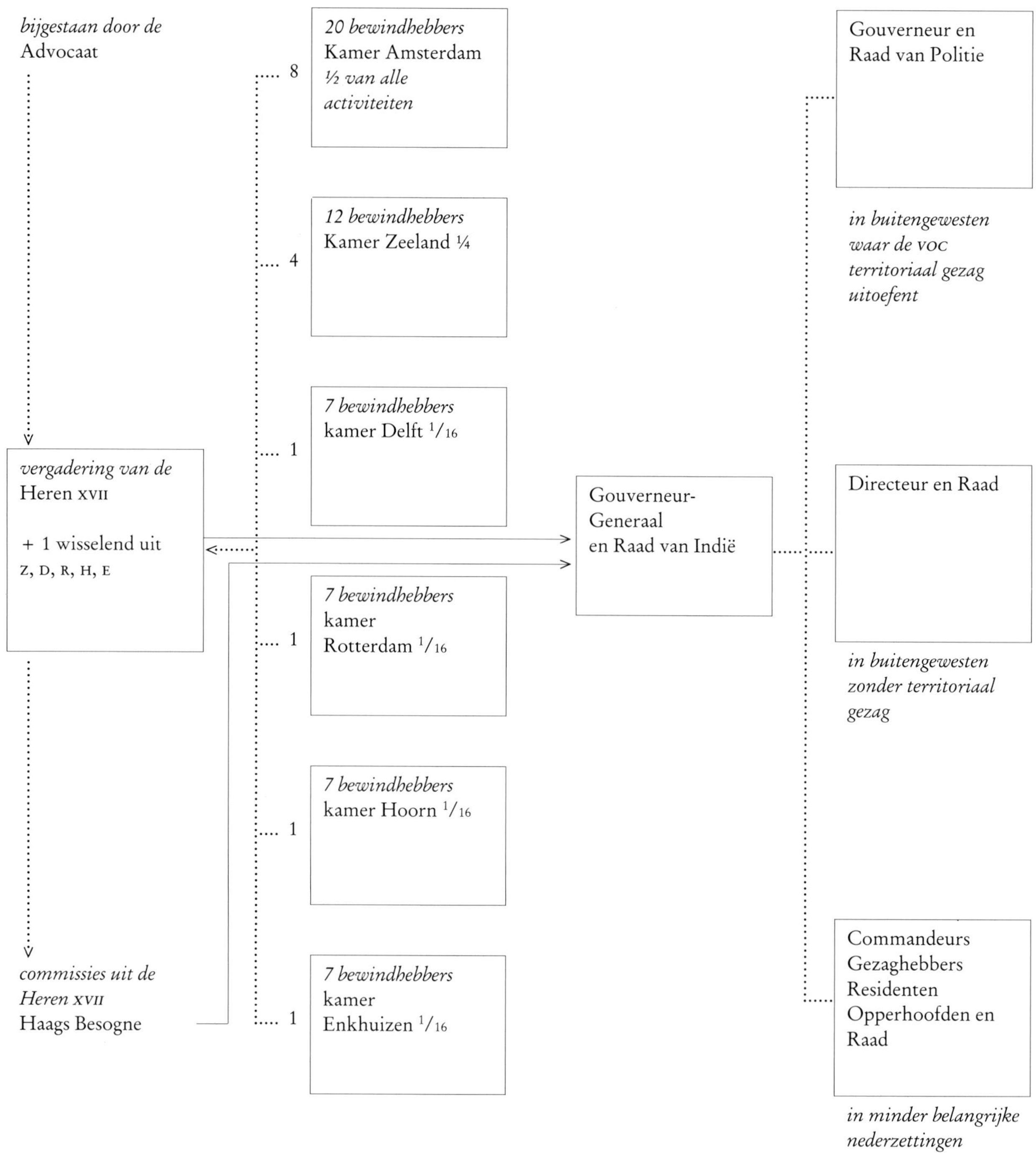

Schema van het bestuur van de VOC.

in Azië. Dit laatstgenoemde, zeer invloedrijke college vergaderde in het compagnielogement in Den Haag en werd daarom 'Haags Besogne' genoemd. Het was samengesteld uit tien bewindhebbers: vier uit Amsterdam, twee uit Zeeland en één uit elk der vier overige kamers. De advocaat van de VOC had een functie die vergeleken kan worden met die van secretaris van de directie. Hij was bij de vergaderingen van zowel de Heren Zeventien als van het Haags Besogne aanwezig, en redigeerde de resoluties van deze vergaderingen. Bovendien nam hij deel aan de beraadslagingen van het bewindhebberscollege van de kamer Amsterdam en voerde hij vaak tal van opdrachten uit voor de bewindhebbers. Zijn taak werd al spoedig zo omvangrijk dat omstreeks het midden van 17e eeuw een 'tweede' advocaat aan de 'eerste' werd toegevoegd. De advocaat, van dezelfde sociale achtergrond als de bewindhebbers en de enige permanente functionaris op het hoogste niveau kon soms veel invloed op het beleid uitoefenen. Dat gold zeker voor Pieter van Dam, die meer dan vijftig jaar, van 1652 tot zijn dood in 1706, dit ambt heeft uitgeoefend.

Aan het einde van zijn loopbaan schreef hij op verzoek van de Heren Zeventien zijn *Beschryvinge van de Oostindische Compagnie*, een werk waarin geschiedenis en organisatie van de VOC uitgebreid werd uiteengezet en dat bewindhebbers tot naslagwerk en leidraad voor beleid moest dienen. Zij hielden de *Beschrijvinge* dan ook zorgvuldig geheim, het handschrift werd na aanbieding in 1701 opgeborgen in een gesloten kist in de vergaderkamer van de Amsterdamse bewindhebbers. Thans is het werk, beschikbaar in een moderne bronnenuitgave, één van de belangrijkste bronnen voor de VOC in de 17e eeuw.

De invloed van de participanten op het bestuur was gering en werd voornamelijk uitgeoefend via de beëdigde hoofdparticipanten. Deze, negen in getal, 'compareerden' in de vergaderingen van de Heren Zeventien en hadden daarin een adviserende stem. Twee van hen namen deel aan de beraadslagingen van het Haags Besogne en ook bij andere commissies die de Heren Zeventien adviseerden waren zij vertegenwoordigd. In een enkel geval, zoals in 1755 ten aanzien van de Chinahandel, wisten zij een wijziging in het beleid van de bewindhebbers af te dwingen.

Het centraal bestuur berustte bij de 'Ernsthafte, wijse, voorsienige, seer discrete' Heren Zeventien. De Heren Zeventien waren niet permanent bijeen, doch vergaderden meest drie, of na 1740, twee keer per jaar gedurende één tot vier, vijf weken. Zes jaar achtereen vonden deze vergaderingen in Amsterdam plaats, deze kamer bezat dan het presidium, vervolgens vergaderde men twee jaar in Middelburg en was de kamer Zeeland de presidiale of 'voorsittende' kamer. De Heren Zeventien bezaten geen eigen ambtelijk apparaat, doch maakten gebruik van de administratie van de kamers Amsterdam en Zeeland. Het tijdstip van de vergaderingen van de Heren Zeventien was afgestemd op het ritme van het scheepvaartverkeer tussen Nederland en Azië. De retourvloot arriveerde eind augustus of september in Nederland, soms voeren de laatste retourbodems echter pas in oktober of november de zeegaten van de Republiek binnen. De schepen naar Azië vertrokken tussen september en mei van het daaropvolgende jaar. Voor elke vergadering maakte de presidiale kamer, geassisteerd door de advocaat, de agenda of 'Poincten van Beschryvinge' op.[2]

De najaarsvergadering, die plaatsvond omstreeks september na aankomst van de hoofdmoot van de retourvloot, gold als eerste vergadering van het nieuwe seizoen. Een groot aantal belangrijke punten kwam dan aan de orde:

(1) De vaststelling van het tijdstip en de condities voor de veilingen van de uit Azië ontvangen goederen. Dit punt werd steeds met grote voortvarendheid aangepakt, omdat de veilingen niet te laat in het najaar mochten plaatsvinden: werden deze pas half of eind november gehouden, dan konden de kooplie-

De Bewindhebbers van de kamer Hoorn, 1682. De volgende bewindhebbers zijn afgebeeld: Outger Crap, Dirck van Suchtelen, Cornelis Ment, Francois van Bredehoff (tweede van rechts), Jacob van Sander en Cornelis Groot; staand op de achtergrond boekhouder Nicolaas Carbasius. Coll. Westfries Museum, Hoorn.

Het Oostindisch Huis van de kamer Hoorn, 1727. Tekening van Cornelis Pronk. Coll. Westfries Museum, Hoorn.

den bij het vervoeren van hun waren vanuit de kamersteden naar het achterland door invallende vorst worden gehinderd. De veilingen moesten echter in alle kamers worden gehouden en dat vergde meestal twee weken, bovendien moesten vooraf de veilingbiljetten worden gedrukt en aan de voornaamste Europese handelssteden worden verzonden. Met hoeveel haast de bewindhebbers daarbij te werk gingen blijkt uit de najaarsvergadering van 1676, toen al op de eerste dag van de vergadering aan enkele bewindhebbers werd opgedragen 'de biljetten te concipieëren en aanstonts te doen drucken, om morgens voor de middach voor 't affgaan van de brieven naar Italien noch te worden aangebracht.'[3]

(2) Het vaststellen van de 'equipage': van het getal der schepen, het aantal manschappen en de hoeveelheid goederen voor Azië. Voor een besluit over de te verzenden goederen hanteerden de bewindhebbers de met de retourvloot ontvangen 'eis' uit Batavia als leidraad. Veel van de uit te zenden zaken waren voor eigen gebruik van de Compagnie in Azië. Van het gedeelte dat werd verhandeld stuurde de Hoge Regering te Batavia ieder jaar zeer gedetailleerde verkoopresultaten, de 'rendementen', hetgeen vooral van belang was voor de inkoop van lakense stoffen. In verschillende streken in Azië waren specifieke voorkeuren voor bepaalde kleuren en kwaliteiten, werd daarvan afgeweken, dan was de stof praktisch onverkoopbaar.

(3) Een voorlopige of 'provisionele' vaststelling van de waarde van het te exporteren goud en zilver. Voor een definitieve vaststelling van de omvang van de export van de 'contanten' wensten de bewindhebbers de uitkomst van de veilingen af te wachten. Niet alleen hadden de bewindhebbers dan meer inzicht in de financiële positie van de Maatschappij, maar zij konden dan ook beter bepalen wat zij uit Azië wilden ontvangen.

(4) Een voorlopige vaststelling van de goederen die men uit Azië wilde ontvangen. De definitieve opstelling van de 'eis der retouren' werd eerst na afloop van de veilingen opgemaakt, bovendien lieten de bewindhebbers de resultaten van de veiling van de EIC in Londen meewegen. Vaak kon nog in één van de laatste vergaderingen deze eis nog worden opgesteld, dat gebeurde dan wanneer de vergadering na een reces van enkele weken voor het houden van de veilingen in november weer voor korte tijd bijeenkwam. Soms ook werd het aan een commissie van de bewindhebbers die deze veilingen bijwoonde, opgedragen de definitieve eis op te stellen. In de 18e eeuw kwam het echter steeds vaker voor dat de bestelling van de retouren pas in het voorjaar werd opgemaakt.

(5) Vast onderwerp in het najaar was de 'bestellinge van de Hoge Regering', onder welk punt niet alleen de samenstelling van de Raad van Indië werd besproken, maar ook deze of gene dienaar in Azië door één van de kamers voor promotie kon worden voorgedragen.

Tenslotte werd in alle vergaderingen van de Heren Zeventien, dus ook in het najaar, door de kamers opgave gedaan van de financiële situatie, zoals de voorraad geld in kas en het saldo op de bank, de schulden etc. en in de herfst werd tevens de voorraad 'metaalcanon' geïnventariseerd.

De eerstvolgende vergadering van de 'Mayores' vond in het vroege voorjaar plaats, in februari of maart. In deze vergadering bracht de 'commissie tot het bijwonen der verkopingen' rapport uit over de resultaten van de najaarsveilingen en werden de data voor de verkopingen in het voorjaar, waar voornamelijk specerijen werden geveild, bepaald. Bovendien kwam op deze vergadering de 'eis der retouren' weer ter tafel. Indien deze eis of bestelling al door een commissie in november of december was vastgesteld, dan vond formele goedkeuring achteraf plaats. Maar het kwam ook voor dat definitieve vaststelling eerst nu kon geschieden. Ook

werd nu reeds het dividend bepaald. Een eerder besluit, in 1669 genomen, om de uitkering aan de aandeelhouders pas na het afsluiten der boeken in juni vast te stellen, werd niet lang nageleefd: de uitkering werd nog in het lopend boekjaar, dat in mei werd afgesloten, verantwoord. Tenslotte werd in deze voorjaarsvergadering de datum aangewezen waarop het Haags Besogne bijeen zou moeten komen.
Het resultaat van de beraadslagingen in Den Haag, in de vorm van een uitgebreide, naar factorij ingedeelde conceptmissive aan de Hoge Regering te Batavia met daaraan toegevoegd een aantal adviezen over zaken die de Zeventien op hun vergaderingen steeds voor zich uit hadden geschoven en tenslotte aan de 'heren in Den Haag' hadden opgedragen, kwam in de zomervergadering van de Heren Zeventien ter tafel. Na goedkeuring en eventuele amendering van dit concept kon de missive dan in september met de eerst vertrekkende schepen naar Azië worden meegegeven. Bovendien werd alvast een voorlopig besluit over de uit te zenden schepen, manschappen en goederen genomen. De kamers dienden de schepen in september zeilree te hebben en konden in deze dus niet wachten op de uitslag van de najaarsvergadering. In het midden van de 18e eeuw werd deze zomervergadering opgeheven. Tijdgebrek was het motief. Door het ten gevolge van de vorst 'verre inschieten' van de vergadering in het voorjaar en de lange duur van de besprekingen in Den Haag zagen de bewindhebbers geen kans meer nog voor de aankomst van de retourschepen bijeen te komen. Men besloot de agendapunten van de zomervergadering over de resterende twee vergaderingen te verdelen en een aantal zaken aan het Haags Besogne op te dragen, dat daardoor nog meer invloed kreeg.

Centraal in het beleid van de Heren Zeventien stond ongetwijfeld het opmaken van 'de eis der retouren'. In de 17e en 18e eeuw was de handel met Azië in de eerste plaats een activiteit gericht op het invoeren en verkopen van de Aziatische goederen in Europa. Chaudhuri kon dan ook aantonen dat bij de EIC de uitvoer uit Europa, grotendeels in edel metaal, in hoge mate door de invoer werd bepaald. Voor de VOC moet men daarbij wel aantekenen dat de intra-Aziatische handel een belangrijke plaats innam en dat de uitkomsten daarvan de handelsstromen tussen Azië en Europa mede bepaalden. Bovendien was de omvang van het compagniebedrijf in Azië zodanig dat er jaarlijks grote hoeveelheden Europese goederen voor nodig waren en deze goederenstroom reageerde uiteraard veel minder direct op de fluctuaties in de handelsbeweging—niet voor niets kostte het de Heren Zeventien weinig moeite om meteen al in het najaar de Bataviase eis van goederen af te doen.
De lange termijn die verstreek tussen het opmaken van de eis of bestelling en de voldoening daarop, noopte de bewindhebbers tot een zorgvuldige planning. Een eis der retouren, opgemaakt in het vroege voorjaar van bijvoorbeeld 1725, arriveerde pas negen maanden later te Batavia. Op dat moment vertrok vandaar de retourvloot van het seizoen 1725/1726—de schepen vertrokken tussen november en maart—met goederen op de vorige eis. De gevraagde goederen werden pas een jaar later verscheept en werden in september in patria ontvangen. Tussen bestelling en ontvangst zat dus ongeveer twee en een half jaar. Omdat de kamers in patria onmiddellijk na aankomst van de retourvloot met de verscheping van de door Batavia geëiste goederen en contanten begonnen, hoefde Batavia iets minder lang te wachten; het tijdsverschil tussen bestelling en ontvangst bedroeg hier ongeveer 16 tot 24 maanden. Via het stelsel van voorlopige besluiten trachtten de bewindhebbers de continuïteit bij verwerving der goederen en uitrusting van de schepen te bevorderen.
De in de introductie op dit hoofdstuk genoemde kritiek op de boekhouding, die het scherpste is geformuleerd door W.M.F. Mansvelt, raakt dit cruciale punt in het beleid, het opmaken van de eis der retouren.[4] Er was bij de VOC in Nederland geen gemeenschappe-

Regenten als bewindhebbers: de staatsman en Amsterdams burgemeester Coenraad van Beuningen (1622-1692), bewindhebber van de kamer Amsterdam sedert 1681. In 1693 geportretteerd door Caspar Netscher. Rijksmuseum Amsterdam.

Pieter de Graef, heer van Zuidpolsbroek (1638-1707). De Graef werd in 1664 bewindhebber van de kamer Amsterdam, en was 42 jaar in functie! Schilderij van Caspar Netscher. Rijksmuseum Amsterdam.

Joannes Hudde (1628-1704), burgemeester van Amsterdam en bewindhebber van de kamer Amsterdam van 1679 tot 1704. Schilderij van Michiel van Musschen, 1686. Rijksmuseum, Amsterdam.

Johan Boudaen Courten (1634-1716), Middelburgs regent, bewindhebber van de kamer Zeeland sedert 1688. Kopie van Philip van Dijk en schilderij van Caspar Netscher. Rijksmuseum, Amsterdam.

Kussen van groen laken, geborduurd met het wapen van de VOC, gehouden door Neptunus en een vrouwenfiguur. Afkomstig van Hendrik Carbasius, bewindhebber van de kamer Hoorn, 1739. Coll. Westfries Museum, Hoorn.

lijke financiële administratie, iedere kamer bezat een eigen boekhouding. Aan het einde van ieder boekjaar werden de resultaten van de zes eenheden op één balans samengebracht. De inrichting van het systeem kwam voort uit de oude compagnie-organisatie, waarbij het kapitaal slechts voor één expeditie werd bijeengebracht en vervolgens na verkoop van de aangebrachte goederen en alle bezittingen weer aan de participanten werd teruggegeven. De uitgaven waren alle nauwkeurig gespecificeerd en onder het hoofd equipage samengebracht—in 1603 was de eerste equipage, in 1780 was men aan de 174ste toe. Daartegenover stelde men de opbrengst van de verkopingen van de retouren. Noch de opbrengst van de verkoop in Azië van de uitgezonden Europese produkten en het edel metaal, noch de inkoop- of factuurwaarde van de ontvangen Aziatische artikelen was geboekt. Het scheepsbezit werd nergens gewaardeerd, de onkosten voor het bouwen van de schepen waren geheel onder de equipagekosten gebracht. Het was, aldus Mansvelt, een winstbepaling van de primitiefste soort. Er was geen sprake van een verantwoorde kostprijsberekening. De boekhouding kon worden vergeleken met een weegschaal met twee grote schalen, die wel vermeerdering of vermindering konden aangeven, maar waarbij niet te zien was welke specifieke activiteit of welk soort artikel de balans in het voor- of in het nadeel deed doorslaan.

Deze kritiek is weersproken. Glamann kon wijzen op een aantal gevallen in de 17e en 18e eeuw, waarin wel degelijk een kostprijsberekening plaatsvond. Bovendien waren er bewindhebbers, zoals een Johan Hudde of Thomas Hope, die zich bewust waren van de tekortkomingen in de administratie. Maar Glamanns belangrijkste argument is dat de bewindhebbers bij voortduring de verhouding tussen inkoopprijs in Azië en verkoopprijs in patria scherp in het oog hielden. De besluiten voor de bestelling uit Azië, die, zoals ook uit het overzicht van de werkzaamheden der Heren Zeventien bleek, nauw samenhingen met de resultaten van de veilingen, berustten op de zogenaamde 'rendementen', lijsten, waarin de brutowinst van ieder produkt was opgenomen. Uit de wijze waarop de bewindhebbers deze lijsten hanteerden,—het alpha en omega van het commerciële beleid, aldus Glamann—zou blijken dat er wel degelijk een besef was van de nettowinstmarges op de verschillende produkten.[5]

De discussie over de commerciële bekwaamheden van de bewindhebbers is nog volop gaande. Steur velt, schrijvend over de 18e eeuw, een negatief oordeel. Smith, die vooral het einde van de 17e eeuw heeft bestudeerd, is juist een positieve mening toegedaan. Inderdaad waren bewindhebbers toen in staat de financiële situatie van de Compagnie te doorzien. Zij wisten, ondanks alle problemen in de boeken, het vermogen van de VOC in patria en Azië te bepalen. Ook de kosten en baten van afzonderlijke kantoren, de nettowinsten op bepaalde produkten of de kosten voor de scheepvaart konden de bewindhebbers berekenen.[6]

De voorlopige conclusie moet zijn, dat de kritiek van Mansvelt als zodanig juist is: de boekhouding in Nederland toonde grote gebreken en de balansen van de kamers gaven een onvolledig beeld. Maar deze kritiek mag niet worden doorgetrokken naar het beleid van de bewindhebbers, die als *insiders* ook beschikten over de cijfers uit de Bataviase boeken en over additionele gegevens, zoals de rendementen en die derhalve geenszins in het duister tastten omtrent de financiële resultaten van hun bedrijf. Op cruciale punten, zoals de bestelling van produkten uit Azië en omvang van de investeringen, was het proces van besluitvorming geïnstitutionaliseerd en is het beleid zeker rationeel te noemen. Een vergelijking van de Compagnie met een moderne multinationale onderneming gaat echter op vele punten mank en gaat voorbij aan de beperkte technologische middelen en aan de geheel andere mentaliteit die in de 17e en 18e eeuw heerstte. De lange en onzekere verbindingslijnen overzee vormden een onvermijdelijke zwakke schakel in het systeem. Bij benoeming van bewindhebbers en andere hoge functionarissen speelden patronage en persoonlijke voorkeuren een doorslaggevende rol. Van hoog tot laag werd algemeen aanvaard dat men zich door middel van de VOC en tot op zekere hoogte ten koste van de VOC kon verrijken. En tenslotte moet worden bedacht dat het management niet van constante kwaliteit was; tegenover tijden met een actief, inspirerend en vernieuwend beleid van de bewindhebbers stonden periodes waarin het bestuur gekenmerkt werd door sleur, inertie en lethargie.

Bestuur en beheer—de kamers

De kamers kunnen worden gezien als uitvoerders van de besluiten van de Heren Zeventien. In de plaatselijke bewindhebberscolleges werden echter wel de agendapunten van de vergadering van de Heren Zeventien besproken en de afgevaardigden kregen opdrachten mee. Amsterdam en Zeeland konden als grootste en—afwisselend—voorzittende kamers het meeste invloed uitoefenen en trachtten dikwijls de stemming in de bijeenkomsten der Heren Zeventien naar de door hen gewenste richting te 'dirigeren'. Amsterdam bezat, mede doordat het als financier van de overige kamers optrad, het grootste overwicht, maar de Zeeuwen waren taai en vasthoudend, hetgeen geregeld tot conflicten en grote moeilijkheden aanleiding gaf.

Alle opgedragen taken, zoals bouw en uitrusting van de schepen of ontvangst en verkoop der retourgoederen, werden volgens de in het octrooi vastgelegde verdeelsleutel over de kamers verdeeld (Amsterdam ½, Zeeland ¼ en de kleine kamers ieder $^{1}/_{16}$). De Heren Zeventien zagen toe op de handhaving van deze verdeling en ieder jaar werden waar nodig de verschillen rechtgetrokken (de 'liquidatie en egalisatie'). De drukste tijd hebben de kamers in de eerste helft van de 18e eeuw gekend, toen de vaart op Azië een grote vlucht nam. Op efficiënte wijze werd het

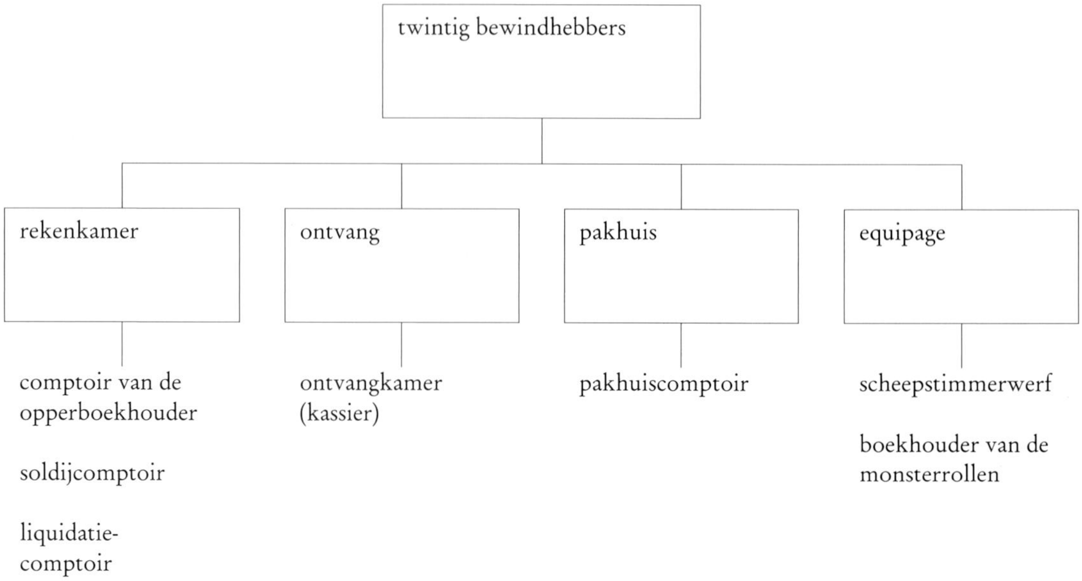

Schema van de organisatie van de kamer Amsterdam van de VOC.

omvangrijke handels- en scheepvaartverkeer afgehandeld. In de kamer Amsterdam hadden de bewindhebbers zich over vier commissies, in de 18e eeuw departementen genoemd, verdeeld:

- de equipage (toezicht op de bouw, het onderhoud en uitrusten der schepen en het aannemen van de matrozen en soldaten voor Azië);
- pakhuis (administratie der goederen; voorts was het horen en aannemen van predikanten aan dit departement opgedragen);
- de ontvangst (toezicht op de kas en de verzorging der geldmiddelen, onder andere de inkoop van edel metaal voor Azië);
- de rekenkamer (toezicht op de boekhouding en de administratie der actiën).

Ook in Zeeland kende men een dergelijke verdeling van taken, er waren daar drie departementen: thesaurie, koopmanschappen en equipage. In de kleine kamers zullen de bewindhebbers de taken op min of meer dezelfde wijze hebben verdeeld. Zo hielden in Delft twee bewindhebbers toezicht op de kas, twee droegen zorg voor opslag en verkoop van de handelswaren en drie waren met de uitrusting van de schepen belast.[7]
Aanvankelijk werden in Amsterdam deze commissies ieder jaar opnieuw samengesteld. Maar omstreeks 1660 werd het gewoonte, dat een bewindhebber direct bij benoeming in een commissie of departement werd geplaatst. Een enkele keer vond dan later wel eens een overstap plaats, zeker vanuit het departement van de equipage. De bewindhebbers van dat departement moesten namelijk geregeld naar Texel afreizen om de schepen uitgeleide te doen of te ontvangen—een taak die sommigen op den duur teveel werd. Enkele bewindhebbers werden in twee commissies of departementen geplaatst—een nauwkeurige analyse van de werkzaamheden laat dan ook zien dat er onder bewindhebbers enkelen waren voor wie het besturen van de Compagnie een dagtaak was.
Ook in Zeeland werden bewindhebbers direct bij hun benoeming in een departement geplaatst. Maar, anders dan in Amsterdam, vond daar bij het opvullen van een vacature vaak een herschikking van die commissies plaats. In 1678 spraken de bewindhebbers af dat in voorkomende gevallen de keuze om naar een ander departement over te gaan, volgens anciënniteit aan de nog zittende

Tabel 22 Aantal schepen door de VOC in patria gebouwd, 1602-1794, verdeeld naar 4 categorieën

	I	II	III	IV	totaal
1602-09		2	11	18	31
1610-19		5	16	22	43
1620-29	1	3	17	58	79
1630-39	2	1	12	40	55
1640-49	11	3	12	44	70
1650-59	5	4	11	54	74
1660-69	8	7	32	60	107
1670-79	11	4	23	37	75
1680-89	7	1	32	42	82
1690-99	8	12	33	37	90
c. 1600-99	53	42	199	412	706
	=8%	=6%	=28%	=58%	
1700-09	6	22	40	23	91
1710-19	10	27	42	9	88
1720-29	8	34	31	12	85
1730-39	4	36	41	8	89
1740-49	26	48	15	5	94
1750-59	37	33	4	3	77
1760-69	30	27		3	60
1770-79	37	28	1	1	67
1780-89	40	17	1	10	68
1790-94	21	11		4	36
1700-94	219	283	175	78	755
	=29%	=38%	=23%	=10%	

NB categorie I bevat schepen groter dan 500 last (of 1000 ton), cat. II schepen 400 tot 500 last, cat. III schepen van 50 tot 400 last en cat. IV de kleinere schepen
Bron: J. R. Bruijn e.a. (eds.) *Dutch-Asiatic Shipping* I, 52.

Spiegel van het VOC-schip Rotterdam.
Tekening van Willem Douwe, eerste
helft 18e eeuw. Maritiem Museum
'Prins Hendrik', Rotterdam.

bewindhebbers zou toevallen. Uit de resoluties van de kamer blijkt dat daar juist een plaats in de equipage werd begeerd. De reden zal wel zijn dat in deze commissie de meeste ambten waren te vergeven.
De administratieve staf van de kamers was verdeeld in een aantal afdelingen of 'comptoiren', die onder de onderscheiden departementen ressorteerden. In het midden van de 18e eeuw waren er bij de kamer Amsterdam ongeveer 350 personen in vaste dienst, waarvan ongeveer 150 in diverse functies op de werf, 50 garbuleurs (arbeiders voor het lossen en sorteren van de specerijen) en bijna evenveel 'slachtshuiswerkers' (voor de proviandering van de vloten) en voorts een aantal boekhouders, klerken en ander kantoorpersoneel. Het aantal losse arbeidskrachten op de scheepswerf was vele malen groter; volgens een opgave uit 1790 waren er tussen de 1300 en 1100 arbeiders op de Amsterdamse werf. In de overige kamers was het personeelsbestand van geringere omvang en ook het aantal werklieden op de werf was kleiner. In Middelburg werkte in 1790 ongeveer 600 man op de compagniewerf en lijnbaan, de kleine kamers gaven elk aan 150 à 200 man werk op hun scheepswerven.
Ook de omvangrijke produktie van nieuwe schepen toont aan dat deze compagniewerven een belangrijke bron van werkgelegenheid vormden. In het totaal zijn door de VOC tussen 1602 en 1795 ruim 1450 schepen gebouwd. Daarvan liepen er in de 18e eeuw 650 van stapel, minder dus dan in de 17e eeuw. Er werden echter steeds meer grote schepen gebouwd en naar tonnage gemeten nam de produktie in de 18e eeuw toe. De kamers bouwden steeds minder kleine schepen als hoekers en fluiten en steeds meer grote en middelgrote retourschepen van 350 tot 500 last (700 tot 1000 ton). Van deze schepen bouwde Amsterdam de helft, Zeeland 20% en de overige kamers 7 à 8%. Dit was niet geheel overeenkomstig de verdeelsleutel, hetgeen echter verklaarbaar is omdat deze niet naar aantal maar naar tonnage werd berekend. De kamer Zeeland, die een kwart van de scheeps-

Het retourschip 'Vrouwe Johanna Katharina Maria', 1784. Maritiem Museum 'Prins Hendrik', Rotterdam.

bouw diende te verzorgen, had zich vooral toegelegd op grote schepen; de kamer had daarbij het voordeel dat Vlissingen beter bereikbaar was voor diepgaande schepen dan de havens waarvan de overige kamers gebruik maakten. In het midden van de 18e eeuw ging Zeeland er bovendien toe over driedekkers te bouwen en de werf in Middelburg ging daarmee door ondanks tegenstand van de Heren Zeventien, die wilden vasthouden aan de bestaande charters. Al met al bracht de Compagnie in de eerste helft van de 18e eeuw ieder jaar ongeveer negen nieuwe schepen in de vaart. Later nam dit aantal wat af, maar zelfs in de laatste jaren, van 1790 tot 1795, werden toch nog 36 schepen afgebouwd, waarvan 21 van de grootste categorie; een kleine kamer als Hoorn leverde in die jaren 5 middelgrote schepen af.

Het stopzetten van al deze activiteiten betekende een enorme slag voor de economie en werkgelegenheid van de betrokken steden. Het bestaan van de kleine kamers kon worden gerekt tot 1803, in welk jaar Delft, Hoorn en Enkhuizen hun kamers verloren en Middelburg en Rotterdam slechts verkoopkantoren overhielden. Overal, ook te Amsterdam, werden de etablissementen ontmanteld en waar mogelijk aan de marine overgedaan; het personeel werd ontslagen.

De ontwikkelingen in de 18e eeuw

De compagnie-organisatie wist zich op den duur aan te passen aan de groeiende omvang van het bedrijf zonder daarbij ingrijpende verandering te ondergaan. In 1749 leek een principiële wijziging tot stand te worden gebracht door de benoeming van de erfstadhouder Willem IV tot opperbewindhebber. Hij kreeg ruime bevoegdheden ten aanzien van de benoeming van compagniedienaren en in Zeeland liet men ook de keuze der bewindhebbers aan hem over. Maar Willem IV stierf reeds in 1751. Onder Willem V, die het opperbewindhebberschap in 1766 aanvaardde, kreeg de functie iets meer inhoud door het optreden van de bekwame Thomas Hope als 'representant' van de stadhouder in de vergadering der Heren Zeventien. Van een radicale koerswijziging was echter absoluut geen sprake.

Tenslotte werden in de 18e eeuw enkele nieuwe bestuurscolleges opgericht. De instelling in 1756 van een 'China-commissie', samengesteld uit bewindhebbers van de diverse kamers, is hiervoor reeds vermeld. In 1786 werd een 'Vijfde Departement' aan de bestaande vier departementen van de kamer Amsterdam toegevoegd. De instelling daarvan moet worden gezien in het licht van de politieke strijd die rond de Compagnie werd gevoerd en tegen de achtergrond van de financiële steun die de VOC van de staat genoot. Het was bedoeld als een eerste stap in de richting van een groter toezicht van de overheid op de bewindhebbers.

Informeel waren er altijd nauwe contacten geweest tussen regering en Compagnie—de bewindhebbers kwamen voort uit de heersende regentenoligarchie. Het officiële toezicht was minimaal. De vierjaarlijkse financiële verantwoording aan een commissie uit de Staten-Generaal was een formaliteit. Verlengingen van het octrooi werden vooral gezien als een geschikte gelegenheid om geldmiddelen aan de bewindhebbers te ontfutselen. In 1647 was voor verlenging van het octrooi met 25 jaar 1,5 miljoen gulden neergeteld; in 1665 was in ruil voor een continuering over de periode 1672-1700 navale en financiële steun gegeven aan het land tijdens de oorlog met Engeland. Voor het tijdvak 1700-1740 betaalden de bewindhebbers 3 miljoen gulden. Gaandeweg werden de relaties met de Staten-Generaal stroever. Berichten over een slechte gang van zaken in Azië konden niet verborgen blijven en in 1740 eiste de regering meer inzicht in de positie van de Maatschappij alvorens tot verlenging van het octrooi over te gaan. Pas in 1742 werd overeenstemming bereikt over een hernieuwing van het octrooi tot 1756 tegen betaling van een jaarlijks bedrag ter waarde van drie procent van het dividend. Maar de oorlog van 1744-1748 schoot de Compagnie te

'Gezigt van de Oostindische werv te Middelburg, in 't jaar 1778 uit het schip de Bot, toen leggende in het Dok, gezien'. Bij deze gravure van J. Arends het rijm:
'Dus etst de stale stift van Arends ons de werv
Der Oostermaatschappij, voorzien van nieuwe kielen.
Dat nutte scheepsbouwkunst hier nimmer arbeid derv!
Dan zal het arbeidsvolk staag even drok hier krielen'.
Coll. Bodel Nijenhuis, UB, Leiden.

hulp; in 1748 werd een overeenkomst gesloten voor de jaren 1756-1774, waarbij de VOC als tegenprestatie 1,3 miljoen gulden, zoveel mogelijk in salpeter te voldoen, aan de staat zou overhandigen. In 1773 werd de deplorabele toestand in Azië opnieuw punt van discussie. De enorme corruptie onder de ambtenaren in Azië werd in enkele pamfletten—onder andere in de 'Zamenspraken' tussen een President-Bewindhebber en een Indisch Patriot—nog eens fijntjes onder de aandacht van het publiek gebracht. Het octrooi werd slechts voor twee jaar verlengd. Maar in 1776 ging men er toch weer toe over de Maatschappij een charter voor twintig jaar te gunnen. Gedurende die termijn zouden de bewindhebbers er echter niet langer in slagen bemoeienis van de regering buiten de deur te houden.

Naar de financiële afgrond

De oorlog met Engeland, in 1780 uitgebroken, bracht de VOC een enorme klap toe. Van de bezittingen in Azië ging weliswaar alleen het belangrijke Negapatnam aan de kust van Coromandel blijvend verloren, maar vele kostbare retouren vielen in Engelse handen en pogingen om de vaart onder neutrale vlag voort te zetten lukten maar zeer ten dele. De bewindhebbers waren, zoals reeds in de 17e eeuw, gewoon om enige tijd voor de veilingen kortlopende kredieten, zogenaamde anticipatiegelden, op te nemen om de equipage naar Azië te financieren. Deze gelden werden uit de opbrengst der veilingen terugbetaald. Het in het voorjaar van 1781 afgesloten boekjaar gaf nog een normaal bedrag aan verkoopresultaten te zien: 20 miljoen gulden, terwijl de kamers eveneens een forse equipage hadden kunnen verzorgen.[8] Maar in februari 1781 was het de Heren Zeventien al duidelijk dat zij niet in staat zouden zijn uit de opbrengsten van de voorjaarsveiling de wissels uit Batavia te betalen en de anticipatiegelden af te lossen. Zij verzochten en verkregen van de Staten-Generaal uitstel van aflossing en rentebetaling op de kortlopende schulden voor de termijn van één jaar. In februari 1782 was de toestand natuurlijk niet verbeterd. De bewindhebbers becijferden hun schuld op ongeveer 18 miljoen gulden aan anticipatiegelden en 7,5 miljoen gulden aan langlopende kredieten, meest in de vorm van onopeisbare obligaties. Nu werd een oplossing gezocht in conversie van kortlopende in langlopende schuld. Houders van recepissen (bewijs van storting) van anticipatiepenningen konden deze omwisselen tegen onopeisbare obligaties, maar met bijbetaling van de helft van het bedrag der recepis—de rentebetaling over de obligaties werd door de Staten van Holland gegarandeerd. Volgens deze regeling werd voor een bedrag van 7,5 miljoen gulden aan obligaties uitgegeven. Bovendien schoot de stad Amsterdam te hulp door het kort krediet ten bedrage van 5 miljoen gulden dat aan de VOC door de Wisselbank was verleend, voor haar rekening te nemen en op gelijke wijze in een obligatielening om te zetten. Met dergelijke noodverbanden kon gedurende de oorlogsjaren het schip boven water worden gehouden. Om het weer vlot te krijgen waren echter forse financiële injecties nodig.

De Maatschappij stond er in 1783 uiterst zwak voor. De schuldenlast kon ze niet dragen, de Compagnie—met de stadhouder als opperbewindhebber—had een slechte naam bij het patriotse Holland en de vredesonderhandelingen verliepen ongunstig. Negapatnam zou blijvend verloren gaan en aan de Engelsen zou vrije vaart in de 'Oosterse zeeën' moeten worden toegestaan, hetgeen het einde van het specerijenmonopolie betekende. De Heren Zeventien kleedden hun verzoek om steun aan de Staten-Generaal van juni 1783 zo onschuldig mogelijk in. De rampzalige oorlog was buiten hun schuld ontstaan en had grote schade toegebracht; de verliezen in Azië bedroegen ongeveer 10 miljoen gulden en het verlies aan schepen en goederen was ongeveer even groot. Het belang van een bloeiende Oostindische Maatschappij voor de Republiek stond toch wel onomstotelijk vast. De opgaande lijn in de resultaten, die in het decennium vóór de

Het Oost-Indisch Magazijn en het werfcomplex van de VOC in Amsterdam. Achter het schip in aanbouw op de helling is het kantoor van de equipagemeester zichtbaar met daarboven de bel, die de werk- en schafttijden aangaf. Links daarvan is de smederij, herkenbaar aan de rij hoge schoorstenen. (Anoniem schilderij,

Glas van de kamer Hoorn, 'ter welvaaren van het Compagnie schip Meer en Bergh', dat in 1772 door de kamer Hoorn gebouwd werd. Coll. Westfries Museum, Hoorn.

oorlog zichtbaar was en aflossing van een deel der schulden mogelijk had gemaakt, zou weer kunnen worden opgenomen, wanneer men de handel en scheepvaart zou kunnen hervatten. Daartoe was, zo schatten de Heren Zeventien, een bedrag van 14 miljoen gulden nodig.
Ook in patriotse kring werd de stelling dat het voortbestaan van de Compagnie van levensbelang was voor het land, nog algemeen onderschreven. Maar dat voortbestaan zou slechts kunnen worden gegarandeerd bij grondige reorganisatie of '*redres*' en daartoe dienden de bewindhebbers onder curatele te worden gesteld. De plannen werden tenslotte zo uitgewerkt dat aan de kamer Amsterdam een Vijfde Departement werd toegevoegd, dat bemand zou worden met zes door de Staten-Generaal nieuw te benoemen bewindhebbers, die aan de twintig zittenden zouden worden toegevoegd. Het college kreeg tot taak zich te beraden op middelen tot redres en het opstellen van de beantwoording der eisen uit Batavia; gezien de enorme bedragen die het Aziatische bedrijf opslokte, lag daar inderdaad de sleutel tot bezuiniging.
Zeeland was echter fel tegen de plannen gekant. De kamer te Middelburg had juist een langlopend conflict over financiële zaken met Amsterdam tot een oplossing gebracht en weigerde nu opnieuw voor het patriotse Holland te bukken. De Zeeuwse raadpensionaris Van de Spiegel dreigde zelfs met aansluiting van de kamer bij de EIC. Ook de advocaat van de Compagnie, F.W. Boers, hoopte op een gebaar uit Londen in de vorm van geldelijke steun of verzachting van de vredesbepalingen om aan patriotse invloed te ontkomen. Het verzet had geen resultaat. De Engelsen kwamen niet over de brug en het steeds verder financieel afglijden van de Maatschappij verschafte Holland een effectief drukmiddel. Toch heeft het Vijfde Departement geen rol van betekenis kunnen spelen. De omwenteling van 1787 hielp de stadhouder weer vast in het zadel en daarmee waren de scherpe kanten van het hervormingsgezinde departement afgeslepen. De bewindhebbers konden opgelucht

De werf van de kamer Amsterdam van de VOC met het Oostindisch Zeemagazijn op het eiland Oostenburg. Schilderij van Ludolph Bakhuysen, 1696. Amsterdams Historisch Museum.

Optocht van werklieden van de VOC, georganiseerd als trouwbevestiging aan de stadhouder na de omwenteling van 1787. De werklieden dragen gereedschappen en voorwerpen, die hun arbeid symboliseren. Maritiem Museum 'Prins Hendrik', Rotterdam.

ademhalen zonder dat er een wezenlijke verandering in hun positie kwam. Nieuw overleg met de Engelsen, die in ruil voor de vlootbasis Trincomalee op Ceylon wel concessies wilden doen ten aanzien van de vredesbepalingen, liep stuk op wederzijds wantrouwen. En de overheid, geconfronteerd met niet aflatende smeekbeden om geld, kon zich niet langer afzijdig houden van het beheer. Ook Zeeland deed in 1790 mee aan de instelling van een staatscommissie van 'Gecommitteerden tot de zaken der Oostindische Compagnie'. Het belangrijkste resultaat werd verwacht van de instelling van een commissie-generaal, die naar Azië zou vertrekken om daar de noodzakelijke veranderingen tot stand te brengen. In 1792 vertrokken S. C. Nederburgh en S. H. Frijkenius in dezelfde functie waarin Van Rheede tot Drakestein ruim honderd jaar tevoren was uitgezonden. Hun missie was nog niet voltooid toen vanwege de Bataafse revolutie in 1795 de bordjes opnieuw werden verhangen. De dagen der bewindhebbers waren geteld. Op 24 december 1795 werd het 'Decreet tot vernietiging van het tegenwoordig bewind der VOC' aangenomen en op 1 maart 1796 moesten de bewindhebbers plaats maken voor een 21 leden tellend 'Committé tot de zaken van de Oostindische Handel en Bezittingen'. De Maatschappij was niet opgeheven, maar genationaliseerd. Het octrooi werd gehandhaafd.

Het is opmerkelijk dat bij alle discussie over de oorzaak van het verval van de VOC en bij de algemene erkenning van de noodzaak tot redres tot aan 1795 het axioma gehandhaafd bleef dat de Maatschappij een onontbeerlijke steunpilaar voor de Republiek vormde. Het vasthouden aan deze gedachte leidde ertoe dat de Maatschappij zieltogend—gebukt onder een schuldenlast die was opgelopen tot 219 miljoen gulden—over de eindstreep van het *ancien régime* werd getrokken. Het 'Committé' stond voor de hopeloze taak het failliete bedrijf in een oorlogstoestand, waarbij de Engelsen de zeeën beheersten, voort te zetten en tegelijk te hervormen.

Het huren van neutrale schepen, zoals de Compagnie in de Vierde Engelse Oorlog had gedaan, garandeerde de veiligheid niet meer. De Engelsen, die de zeeën beheersten, respecteerden de regel 'vrij schip, vrij goed' niet langer. Daarom werd nu contact gemaakt met handelaren in neutrale landen. De meest omvangrijke operatie van het 'Committé' betrof een transactie met het Deense handelshuis De Coninck & Co, dat op zich nam voor 9,5 miljoen gulden aan goederen van Batavia af te halen. Er waren wel twintig schepen bij betrokken, maar deze bereikten lang niet alle Europa; de verliezen ten gevolge van de Engelse aanhoudingen waren groot. Inmiddels was het octrooi tot aan 31 december 1799 van kracht gebleven, maar bij gebrek aan een nieuwe regeling bleven de oude bepalingen voorlopig van kracht tot aan mei 1804, toen een geheel nieuw charter werd vastgesteld. Daarin was de gedachte aan een monopoliemaatschappij nog steeds niet geheel verlaten. Omdat, op de korte vredesperiode van 1802-1803 na, de verbindingen met Azië waren afgesneden, kon dit charter geen toepassing vinden.

HOOFDSTUK 6

Eindbalans

Bijna twee eeuwen lang heeft de Verenigde Oostindische Compagnie haar monopolie kunnen benutten en handel kunnen drijven op Azië. Dat monopolie was in de Republiek nagenoeg onbestreden. De nauwe banden tussen bewindhebbers en regenten stonden er borg voor dat de overheid het Compagniebelang scherp in het oog hield en dat het winststreven niet hoefde te wijken voor politieke overwegingen. Het monopolie betekende overigens niet dat de VOC de markt kon negeren. De VOC genoot evenals de overige Oostindische compagnieën een nationaal monopolie—geen ander mocht uit eigen land op Azië handel drijven—maar niets belette Amsterdamse of Londense kooplieden om Aziatische produkten uit bijvoorbeeld Engeland naar Nederland te voeren en daar te verkopen. Bovendien werden de Aziatische produkten niet voor de eigen markt maar vooral voor de Europese markt aangevoerd en op die Europese markt bestond vaak een felle concurrentie en soms werden produkten, zoals de peper, tegen dumpprijzen verkocht. Ook in Azië was er geen sprake van, dat de VOC de prijzen kon dicteren, ook daar heerste felle competitie met andere Europese compagnieën en ook met Aziatische kooplieden. Slechts voor de fijne specerijen, waarin de VOC zich het monopolie had weten te verwerven door met geweld de produktiegebieden te veroveren—dat is dus een ander monopolie dan dat wat in het octrooi was vastgelegd—was de situatie anders. Tot op zekere hoogte kon de Compagnie voor die artikelen de markt manipuleren en de prijzen eenzijdig vaststellen. Niet alleen de Europese, ook de Aziatische economie heeft van de inter-continentale handel kunnen profiteren. De vraag is of het profijt gelijk verdeeld was. In ieder geval viel in de gebieden waar de VOC met machtsmiddelen de economie wist te beheersen of een handelsmonopolie wist af te dwingen, de balans ver in het nadeel van de Aziatische bevolking uit. Het is een veelomstreden vraag of de invoer in Azië van edel metaal in zulk een grote omvang een nadelig effect heeft uitgeoefend op de economie van de zilver 'verslindende' gebieden als Bengalen, of dat de economische achteruitgang pas is ontstaan na vestigen van territoriaal gezag door de compagnieën. De Duitse historicus Rothermund, die zich heeft beziggehouden met de relatie tussen geschiedenis en onderontwikkeling, meent dat de zilverstroom naar India tot gevolg had dat de agrarische sector van de economie wel haar belastingplicht aan de vorsten kon voldoen, maar niet in staat was tot vernieuwing en commercialisering—er was sprake van een 'parasitaire symbiose van handelsstaat en agrarische staat'—en uiteindelijk een stagnerende invloed op de economie uitoefende. De Indiase economische historicus Om Prakash concludeert echter op grond van zijn studie over de invloed van de Europese vraag naar Bengaalse produkten in dit deel van India, dat althans voor de periode 1630-1720 de handel van de VOC en EIC geleid heeft tot een aanmerkelijke stijging van het inkomen, produktie en werkgelegenheid.[1] Ook ten aanzien van Suratte zou er sprake zijn van een positieve invloed van de invoer van zilver op de economische ontwikkeling. In een recente beschouwing over de wereldhandel in zilver en goud benadrukt P.W. Klein de geheel eigen dynamiek van het intra-Aziatische handelsverkeer in edele metalen, los van Europa.[2] Wordt de VOC geplaatst tegen het engere perspectief van de economie van de Republiek, dan valt op dat het aandeel van de handel van de Maatschappij niet zo groot is als de op zich zelf indrukwekkende cijfers over de omzet

'Ruïne van het voormalig O.I.Compagnies-Magazijn, te Amsterdam' na de ineenstorting van het gebouw op 14 april 1822. Gravure, Coll. Bodel Bijenhuis, UB Leiden.

suggereren. Cijfers over de totale omvang van de handel van de Republiek uit 1753 geven een indruk van het belang van de VOC. In dat jaar bedroeg de totale in- en uitvoer van Nederland, echter zonder de handel op Azië en West-Indië, 125 miljoen gulden. De Compagnie voerde voor ongeveer 8 miljoen gulden aan Aziatische goederen in en verzond voor ongeveer 10 miljoen gulden aan cargazoenen (contanten en goederen te zamen) naar Azië. Hierbij moet echter wel de aantekening worden gemaakt dat onder de 125 miljoen ook weer Aziatische artikelen begrepen zijn die na veiling werden geëxporteerd. Naarmate de 18e eeuw vorderde, nam het belang van de VOC voor de nationale economie toe, immers de handel van de Compagnie bleef op een hoog peil, waar andere sectoren kwijnden. De toegenomen invloed bleek reeds uit het effect van de Aziatische handel op de arbeidsmarkt van zeelieden en soldaten, groepen die overigens nauwelijks onder de 'profijttrekkers' van deze handel kunnen worden gerekend.

De ondergang van de VOC heeft al vanaf de 18e eeuw de pennen in beweging gezet en de factoren die in het debat daarover naar voren zijn gebracht, zijn in het voorgaande op verschillende plaatsen genoemd: slecht bestuur in patria, mede door een gebrekkige boekhouding, slecht beheer in Azië ten gevolge van grove corruptie van de ambtenaren, groeiende kosten van het bestuursapparaat overzee, een gebrekkige financiering en de slag door de Vierde Engelse Oorlog toegebracht. Als laatste factor kan daar aan worden toegevoegd de verschuivingen in het handelspatroon in Azië zowel als in de Europees-Aziatische vaart, die meer in het nadeel dan in het voordeel van de Compagnie werkten. Dat de verschillende ondermijnende krachten aanwezig waren, wordt door niemand ontkend, maar het relatieve gewicht dat eraan wordt gehecht is zeer verschillend, zoals bleek bij de tegenwerpingen die konden worden ingebracht tegen Mansvelts opinie. In ieder geval werkten structurele factoren als veranderingen in de handel en groeiende last van het territoriaal bezit in ongunstige richting, en voor zover van slecht beheer sprake was, lijkt dit meer een belemmering voor herstel dan oorzaak van verval te zijn geweest.

In dit debat over de oorzaken van de ondergang is gewezen op verbetering in de resultaten van de Maatschappij na 1760—men zie de cijfers over de uitgaven en opbrengsten der verkopingen in tabel 14—en op het feit dat in verband daarmee de betekenis van de Vierde Engelse Oorlog groter is dan bij voorbeeld Mansvelt meende. De oorlog zou de Compagnie wel degelijk de doodsteek hebben toegebracht.[3] Inderdaad is voor elk bedrijf een combinatie van een te laag rendement, dat beleggers afschrikt, en een liquiditeitscrisis, die de voortzetting van de activiteiten van financiers afhankelijk maakt, dodelijk. Het mag de bewindhebbers tot op zekere hoogte worden aangerekend dat zij te veel hebben vertrouwd op de oude wijze van financiering. Veel beter was het geweest, indien zij in goede jaren, bijvoorbeeld in het begin van de 18e eeuw, het aandelenkapitaal hadden uitgebreid. Was er meer risicodragend kapitaal aangetrokken, dan zou de VOC in 1781 minder snel zijn geconfronteerd met een surséance van betaling.

Het is echter dubieus of de VOC zonder de Vierde Engelse Oorlog de lasten van het geldverslindend Aziatisch bedrijf had kunnen blijven dragen. Het is juist dat in het decennium voor het uitbreken van de oorlog in patria een redelijk resultaat werd bereikt, de verkopingen brachten 14 miljoen meer op dan de uitgaven hadden bedragen. Maar alleen al in de zes jaren van 1774 tot en met 1779 had de VOC in Azië een even groot bedrag verloren. Een deel daarvan werd gedekt door het verminderen van het kapitaal met 3 miljoen, de rest moesten de kamers uit hun winsten financieren. Een dergelijke situatie zou niet hebben kunnen voortbestaan. Zoals de EIC haar bestaan tot in de 19e eeuw kon rekken door te kiezen voor bestuur boven handel, zo had ook de VOC de keuze tussen soeverein en koopman tenslotte niet kunnen ontlopen.

Noten

Lijst van afkortingen

ARA	Algemeen Rijksarchief, Den Haag
BMGN	Bijdragen en Mededelingen betreffende de Geschiedenis der Nederlanden
BKI	Bijdragen tot de Taal-, Land- en Volkenkunde (van Nederlandsch Indië)
KITLV	Koninklijk Instituut voot Taal-, Land- en Volkenkunde, Leiden
RGP	Rijks Geschiedkundige Publicatiën
UB	Universiteitsbibliotheek

1 Oprichting en organisatie van de VOC

(1) Het journaal van Willem Lodewijckz. verscheen in Amsterdam in 1598 onder de titel *Prima pars descriptionis itineris navalis in Indiam Orientalem*. Over de eerste reis van Nederland naar Azië: G. P. Rouffaer en J. W. IJzerman (eds.), *De eerste schipvaart der Nederlanders naar Oost-Indië onder Cornelis de Houtman, 1595-1597*. Drie delen, Werken van de Linschoten-Vereeniging 7, 25 en 32 (Den Haag 1915-1929). Het journaal van Lodewijcksz. is daar opgenomen in het eerste deel, in de oorspronkelijke Nederlandse tekst: 'Eerste Schipvaart. D'eerste Boeck van Willem Lodewijcksz'.
(2) Over de pepermarkt en het contractenstelsel: H. Kellenbenz, 'Autour de 1600: Le commerce du poivre des Fugger et le Marché international du poivre', in: *Annales. Economies-Sociétés-Civilisations* 11 (1956) 1-28.
(3) J. W. IJzerman, 'Amsterdamsche bevrachtingscontracten 1591-1602. Deel 1: De vaart op Spanje en Portugal', in *Economisch-Historisch Jaarboek* 17 (1931) 163-291.
(4) Dirck Gerritsz. Pomp, omstreeks 1545 in Enkhuizen geboren, werd in Portugal voor de handel opgeleid en vertrok in 1568 in dienst van de Portugese kroon naar Goa. Vanuit Goa ondernam hij twee keer een reis naar Macao en Nagasaki. In Goa ontmoette hij Jan Huigen van Linschoten. Gezamenlijk keerden zij in 1588 uit Goa naar Europa terug, maar eerst in 1592 kwamen zij in Enkhuizen terug. Zie J. W. IJzerman, *Dirck Gerritsz. Pomp alias Dirck Gerritsz. China, de eerste Nederlander die China en Japan bezocht (1544-1604). Zijn reis en verblijf in Zuid Amerika*, Werken van de Linschoten-Vereeniging 9 (Den Haag 1915) en H. Terpstra (ed.) *Itinerario, Voyage ofte Schipvaert van Jan Huyghen van Linschoten naer Oost ofte Portugaels Indien 1579-1592*. Drie delen, Werken van de Linschoten-Vereeniging 57, 58 en 60 (Den Haag 1955-1957) en A. van der Moer, *Een zestiende-eeuwse Hollander in het Verre Oosten en het Hoge Noorden. Leven, werken, reizen en avonturen van Jan Huyghen van Linschoten (1563-1611)* (Den Haag 1979).
(5) Ook van de tochten naar het noorden zijn in de Werken van de Linschoten reisverslagen uitgegeven: S. P. L'Honoré Naber, *Reizen van Jan Huyghen van Linschoten naar het Noorden* (Den Haag 1914; deel 8 van de Werken) en id., *Reizen van Willem Barents, Jacob van Heemskerck, Jan Cornelisz. Rijp en anderen naar het Noorden 1594-1597*. Twee delen (Den Haag 1917; deel 14 en 15 van de Werken).
(6) Zie noot 1. Een overzicht van deze reis in J. C. Mollema, *De eerste schipvaart der Hollanders naar Oost-Indië 1595-1597; naar de oude journalen* (Den Haag 1935).
(7) Aldus een in 1601 verschenen uitgebreid reisverslag van de tocht (het z.g. 'Tweede Boeck'); gecit. bij H. Terpstra, *Jacob van Neck, Amsterdams Admiraal en Regent* (Amsterdam 1950), 72. Zie voor deze Tweede Schipvaart de publikatie van J. Keuning in de Werken van de Linschoten-Vereeniging, deel 42, 44, 48, 50 (3 banden) (Den Haag 1938-1951).
(8) J. G. van Dillen, *Het oudste aandeelhoudersregister van de kamer Amsterdam der VOC* (Den Haag 1958) 24.
(9) Een uitgave van de tekst van het octrooi bij J. A. van der Chijs, *De geschiedenis van de stichting der Oostindische Compagnie* (Leiden 1857) 118-153.
(10) N. Steensgaard, 'The Dutch East India Company as an institutional innovation', in M. Aymard (ed.), *Dutch Capitalism & World Capitalism* (Cambridge 1982) 239.
(11) Van Dillen, *Het oudste aandeelhoudersregister*, 73-78.

(12) Zie voor het dividend- en financieringsbeleid in deze jaren: F. S. Gaastra, *Bewind en beleid bij de* VOC. *De financiële en commerciële politiek van de bewindhebbers, 1672-1702* (Zutphen 1989) 92-98.
(13) W. M. F. Mansvelt, *Rechtsvorm en geldelijk beheer bij de Oost-Indische Compagnie* (Amsterdam 1922) 101.
(14) Een uitvoerige bespreking van het dividendbeleid bij J. P. de Korte, *De jaarlijkse financiële verantwoording in de* VOC (Leiden 1984) 67-77.
(15) Men zie het in noot 8 genoemde werk van Van Dillen of het meer recente werk van H. den Haan, *Moedernegotie en grote vaart* (Amsterdam 1977) en tenslotte de uitgave van W. S. Unger, 'Het inschrijvingsregister van de kamer Zeeland der Verenigde Oost-Indische Compagnie', *Economisch-Historisch Jaarboek* 24 (1950) 1-33.
(16) A. H. de Groot, 'The organization of Western trade in the Levant, 1500-1800', in L. Blussé en F. S. Gaastra (eds.), *Companies and Trade. Essays on overseas trading companies during the Ancien régime* (Leiden 1981) 231-241.
(17) Zie voor studies over de bewindhebbers de literatuuropgave achterin dit werk.
(18) M. van der Bijl, *Idee en Interest. Voorgeschiedenis, verloop en achtergronden van de politieke twisten in Zeeland en vooral Middelburg tussen 1702 en 1715* (Groningen 1981) 204-207.
(19) Uit: 'Tweede nootwendiger discours ofte Vertoogh van de participanten der Oost Indische Compagnie tegen bewindhebberen' (1622), geciteerd via Den Haan, *Moedernegotie*, 119.
(20) Over de taken van de (hoofd)participanten: P. van Dam, *Beschryvinge van de Oostindische Compagnie*. Rijks Geschiedkundige Publicatiën, gr. serie 63 (Den Haag 1977²) 1, eerste deel, 295-296 (noot van de uitgever F. W. Stapel).

2 De expansie in Azië

(1) Holden Furber, *Rival empires of trade in the Orient 1600-1800* (Minneapolis/London 1976) 6-7.
(2) Zie voor een discussie over de relatief gunstige situatie in Azië voor de Europese Compagnieën: Denys Lombard, 'Questions on the contact between European companies and Asian societies', in L. Blussé en F. S. Gaastra (eds.), *Companies and Trade. Essays on overseas trading companies during the Ancien Regime* (The Hague 1981) 179-187.
(3) Zie hiervoor P. J. A. N. Rietbergen, *De eerste landvoogd Pieter Both (1568-1614), Gouverneur-Generaal van Nederlands-Indië (1609-1614)*, Werken van de Linschoten-Vereeniging 86 en 87 (Zutphen 1987). Een 'Discours' dat Matelieff in 1608 voor Hugo de Groot opstelde is in het tweede deel van deze uitgave (196-211) afgedrukt.
(4) Coens uitval naar zijn meesters in patria over deze kwestie in zijn brief van 1 mei 1620, in H. T. Colenbrander (ed.), *Jan Pietersz Coen. Bescheiden omtrent zijn verblijf in Indië*, Deel 1 (Den Haag 1919) 544. Het verdrag met de Engelsen werd op 17 juli 1919 afgesloten, het bericht daarover bereikte Coen met het Engelse schip Bull op 27 maart 1620.
(5) Geciteerd via C. G. Brouwer, *Cauwa ende Comptanten: De* VOC *in Jemen, 1614-1655* (Amsterdam 1988) 22.
(6) L. Blussé en G. D. Winius, 'The origin and rhythm of Dutch aggression against the Estado da India, 1601-1661', in T. R. de Souza (ed.), *Indo-Portuguese History. Old Issues, new Questions* (New Delhi 1986) 73-83.
(7) ARA, coll. Hudde, no.5, 'Consideratiën van Van Beuningen'; zie ook Gaastra, *Bewind en beleid*, 148-150.
(8) J. S. Stavorinus, *Reize van Zeeland over de Kaap de Goede Hoop en Batavia, Bantam en Bengalen... gedaan in 1768-1771* (Leiden 1793) 101. Het citaat van Louis Taillefert komt uit de memorie van overgave voor Tailleferts opvolger Adriaan Bisdom van 17 okt.1755, en is geciteerd naar A. K. A. Gijsberti Hodenpijl, 'De handhaving der neutraliteit van de Nederlandsche Loge te Houghly, bij de overrompeling van de Engelse kolonie Calcutta, in juni 1756', in de *Bijdragen tot de Taal-, Land-, en Volkenkunde van Nederlandsch Indië* 76 (Den Haag 1920) 258-282, op 261.
(9) Nicolaas Hartingh in zijn memorie van overgave van 1761, geciteerd via W. Remmelink, 'Expansion without design. The snare of Javanese Politics', in *Itinerario* XII, deel 1 (1988) 127.
(10) M. C. Ricklefs, *Jogjakarta under sultan Mangkubumi 1749-1792; A history of the division of Java* (London 1974). Zie voorts G. J. Resink, 'Het verbond tussen sultan Mangkubumi en de VOC', in *Bijdragen tot de Taal-, Land- en Volkenkunde* 135 (1979) 357-359, waar de nadruk op de souvereniteit wordt gelegd; en L. W. Nagtegaal, 'The Dutch East India Company and the relations between Kartasura and the Javanese North Cost, c. 1690-c.1740', in J. van Goor (ed.), *Trading companies in Asia 1600-1830* (Utrecht 1986) 51-82.

3 Personeel en vestigingen van de VOC in Azië

(1) Over de episode met Van der Lijn, W. Ph. Coolhaas (ed.) *Generale Missiven van gouverneurs-generaal en raden aan Heren XVII der Verenigde Oostindische Compagnie*, II, Rijks Geschiedkundige Publicatiën 112 (Den Haag 1964) 378. Van Riebeek is geciteerd via F. W. Stapel, *De Gouverneurs-generaal van Nederlandsch-Indië in woord en beeld* (Den Haag 1942) 41.
(2) Citaat uit een brief van Nederburgh uit het jaar 1794, bij G. J. Schutte, *De Patriotten en de koloniën. Een onderzoek naar hun denkbeelden en optreden, 1770-1800* (Groningen 1974) 153.
(3) Deze generale instructie voor gouverneur-generaal en raden verving de instructies die daarvoor steeds bij het aantreden van een nieuwe g.g. werden opgesteld. De instructie is o.a. afgedrukt in P. Mijer, *Verzameling van instructiën, ordonnanciën en reglementen voor de Regering van Nederlandsch-Indië* (Batavia 1848).
(4) Het verslag van Laurens Reael is uitgegeven door M. E. van Opstall, 'Het verslag van Laurens Reael over de toestand in Oost-Indië, uitgebracht in de Staten-Generaal op 30 maart 1620', in *Nederlandse Historische Bronnen* I (Den Haag 1979) 175-213.
(5) Dietmar Rothermund, *Europa und Asien im Zeitalter des Merkantilismus* (Darmstadt 1978) 93-97.
(6) J. L. Blussé, 'The rise and fall of a Chinese colonial town', in id., *Strange Company. Chinese settlers, mestizo women and the Dutch in VOC Batavia* (Dordrecht 1986) 73-96.
(7) F. de Haan, *Priangan. De Preanger-regentschappen onder het Nederlandsch bestuur tot 1811* , Dl. I (Batavia 1910) 425, waar ook de dichtregels van Chastelein.
(8) H. Furber, *Rival empires of trade in the Orient*, 317-318.
(9) J. R. Bruijn en J. Lucassen, *Op de schepen der Oost-Indische Compagnie. Vijf artikelen van J. de Hullu* (Groningen 1980), hoofdstuk I en bijl. 3, 139-140.
(10) J. R. Bruijn, 'De personeelsbehoefte van de VOC overzee en aan boord, bezien in Aziatisch en Nederlands perspectief', in *Bijdragen en Mededelingen betreffende de geschiedenis der Nederlanden* 91 (1976) 218-248.
(11) J. L. Blussé, 'The story of an ecological disaster: the Dutch East India Company and Batavia (1619-1799)', in *Strange Company*, 15-34.
(12) Van Dam, *Beschryvinge*, III, 318.
(13) Furber, *Rival Empires of Trade in the Orient*, 299-300.
(14) Van Dam, *Beschryvinge*, III, 339.
(15) F. Lequin, *Het personeel van de Verenigde Oostindische Compagnie in de achttiende eeuw, in het bijzonder in de vestiging Bengalen*, (Leiden 1982) 409.
(16) Nicolaus de Graaff, 'Oost Indise Spiegel', in J. C. M. Warnsinck (ed.), *Reisen van Nicolaus de Graaff gedaan naar alle gewesten des werelds*, Werken van de Linschoten-Vereeniging 33 (Den Haag 1930) 47.
(17) K. L. van Schouwenburg, 'Het personeel op de schepen van de Kamer Delft der VOC in de eerste helft der 18e eeuw' en id., 'Het personeel op de schepen van de Kamer Delft in de tweede helft der 18e eeuw', in het *Tijdschrift voor Zeegeschiedenis*, 7 (1988) 76-93 en 8 (1989) 179-186.
(18) L. J. Wagenaar, 'Het eiland Onrust bij Batavia als onderdeel van het VOC-scheepsbedrijf in de 17de en 18de eeuw', in *Antiek* 25 (1990) 70. Over ambachtslieden in VOC-dienst: E. Opper, *Dutch East India Company artisans in the early 18th century* (diss. Indiana 1979, aanwezig op o.a. het Algemeen Rijksarchief te Den Haag).
(19) G. J. Schutte, *De Nederlandse Patriotten en de koloniën. Een onderzoek naar hun denkbeelden en optreden, 1770-1800* (Groningen 1974) 32-35.
(20) J. C. van Leur, 'On the eighteenth century as a category in Indonesian history', in id. *Indonesian trade and society. Essays in Asian social and economic history* (Dordrecht 1983) 268-290; het artikel verscheen oorspronkelijk in 1940. C. R. Boxer, *Jan Compagnie in oorlog en vrede* (Busum 1977) 74-80, en id., 'On the eighteenth century as a category in Indonesian history: a reconsideration of J. C. van Leur', in *Documentatieblad Werkgroep 18de eeuw* no. 41/42 (1979) 4-16.
(21) P. W. Klein, 'Japanse rendementen in de 18e eeuw; innovatie en inertie', in *Economisch- en Sociaal-Historisch Jaarboek* 47 (1984) 195-205.
(22) Over deze transacties: F. S. Gaastra, 'Merchants, middlemen and money. Aspects of trade between the Indonesian Archipelago and Manila in the 17th century', in *Papers of the Dutch-Indonesian Historical Conference. 23-27 June 1980* (Leiden-Jakarta 1982) 301-314.
(23) A. Das Gupta, 'De VOC en Suratte in de 17e en 18e eeuw', in M. A. P. Meilink-Roelofsz, *De VOC in Azië* (Bussum 1976) 82-83.
(24) Zie voor Bengalen F. Lequin, *Het personeel van de* VOC. Het Oost-Indisch Sacspiegeltje is uitgegeven

door J. de Hullu in de *Bijdragen tot de Taal-, Land- en Volkenkunde* 76 (1920) 172-202.
(25) K. L. van Schouwenburg, *Godfried Carel Gockinga. Zijn nakomelingen en zijn erfgenamen* (Delft 1982). Voor het pamflet: G. J. Schutte, *De Nederlandse Patriotten*, 28.
(26) Zie F. de Haan, *Uit de nadagen van de 'Loffelijke Compagnie'* Een keuze uit de geschriften, samengesteld door Rob Nieuwenhuys (Amsterdam 1984) 72-73.
(27) Nicolaus de Graaff, 'Oost-Indise Spiegel', 17-18.
(28) J. L. Blussé, 'The caryatids of 17th century Batavia', in diens *Strange Company*, 156-171. De positie van de vrouw in Batavia wordt beschreven door J. G. Taylor, *The social world of Batavia; European and Eurasian in Dutch Asia* (Madison 1983).
(29) Over verspreiding van het Christendom op Ambon: G. J. Knaap, *Kruidnagelen en Christenen. De Verenigde Oost-Indische Compagnie en de bevolking van Ambon 1656-1696* (VKI 125, Dordrecht 1987) 83-98. Over Ceylon J. van Goor, *Jan Kompanie as schoolmaster. Dutch education in Ceylon 1690-1795* (Groningen 1978).
(30) Zie over het gebruik van het werk van Pelsaert D. H. A. Kolff en H. W. van Santen, *De geschriften van Francisco Pelsaert over Mughal India, 1627. Kroniek en Remonstrantie*, Werken van de Linschoten Vereeniging 81 (Den Haag 1979) 1-2.

4 Handel en scheepvaart

(1) In 1934 schreef J. C. van Leur zijn proefschrift *Eenige beschouwingen betreffende den ouden Aziatischen handel* (Middelburg 1934). Het werk is onder de titel 'On early Asian trade' opgenomen in J. C. van Leur, *Indonesian trade and society.*
(2) M. A. P. Meilink-Roelofsz, *Asian trade and European influence in the Indonesian Archipelago between 1500 and about 1630* (Den Haag 1962).
(3) N. Steensgaard, *The Asian trade revolution of the seventeenth century. The East India Companies and the decline of the caravan trade* (Chicago/Londen 1973).
(4) Sanjay Subrahmanyam, *The political economy of commerce: southern India, 1500-1650* (Cambridge 1990) 253-254, 281-297.
(5) W. Ph. Coolhaas, *Generale missiven* II, 178.
(6) Zie voor scheepvaart van de VOC tussen Europa en Azië: Bruijn e.a., *Dutch-Asiatic Shipping*, I, 56-106.
(7) Zie R. J. Barendse, 'The long road to Livorno. The overland messenger services of the Dutch East India Company in the 17th century', in *Itinerario* (1988) XII, dl. 2, 25-43; en voorts het oudere artikel van P. A. Leupe, 'Letter transport overland to the Indies by the East India Company in the 17th century', dat is herdrukt in M. A. P. Meilink-Roelofsz, M. E. van Opstall en G. J. Schutte, *Dutch authors on Asian history.* Translation series van het KITLV 22 (Dordrecht 1988) 77-90.
(8) Het citaat is afkomstig uit een omvangrijk stuk door Speelman en Camphuys in 1681 opgemaakt, dat wel 'Het reglement van 1680/81' wordt genoemd. Zie Gaastra, *Bewind en beleid*, 134; een discussie over de passenpolitiek aldaar op p.131-138.
(9) De 'Preparatoire Consideratiën' van Van Hoorn zijn afgedrukt in J. K. J. de Jonge, *De opkomst van het Nederlandsch Gezag in Oost-Indië*, VI (Den Haag-Amsterdam, 1872) 130-147.
(10) Citaat uit een een brief van Jan Pietersz. Coen aan de bewindhebbers, 5 aug. 1619, in H.T. Colenbrander (ed.), *Jan Pietersz. Coen*, deel I, 485-486.
(11) De lijsten van Hudde in F. S. Gaastra, *Bewind en beleid*, 101-15.
(12) Over de 'illegale' handel met Manilla: M. P. H. Roessingh, 'Nederlandse betrekkingen met de Philippijnen, 1600-1800', in *Bijdragen tot de Taal-, Land- en Volkenkunde*, 124 (1968) 482-504. Over de expeditie door Van Imhoff uitgezonden: A. K. A. Gijsberti Hodenpijl, 'De mislukte pogingen van G. G. Van Imhoff tot aanknoopen van handelsbetrekkingen met Spaansch-Amerika in 1745 en 1746', *Bijdragen tot de Taal-, Land- en Volkenkunde van Nederlandsch-Indië*, 73 (1917) 502-557.
(13) Over de handel in opium: E. Vanvugt, *Wettig opium. 350 jaar Nederlandse opiumhandel in de Indische archipel* (Haarlem 1955), dat voor de periode tot aan 1800 voornamelijk is gebaseerd op J. C. Baud 'Proeve van een geschiedenis van den handel en het gebruik van opium in Nederlandsch-Indië', in de *Bijdragen tot de Taal-, Land- en Volkenkunde van Nederlandsch-Indië*, I (1853). Een nieuwe studie over dit onderwerp is: Om Prakash, 'Opium monopoly in India and Indonesia in the eighteenth century', in *The ancien Regime in India and Indonesia*, special issue van *Itinerario*, vol. XII (1988) 73-90.
(14) K. Glamann, *Dutch-Asiatic trade, 1620-1740* (Den Haag/Kopenhagen 1958, een tweede editie met nieuw voorwoord verscheen in 1981).

(15) Ook de kamer Zeeland bleef nog heel lang rekenen in Vlaamse ponden (6 gulden), schellingen (6 stuiver) en groten (een halve stuiver).
(16) K. Glamann, 'Edelmetallströme und Welthandel vom 16. bis 18. Jahrhundert. Einige Gesichtspunte' in H. Kellenbenz (ed.), *Precious metals in the age of expansion* (Stuttgart 1981); P. W. Klein, 'De wereldhandel in edele metalen 1500-1800: centraliteit of polycentrisme', in *Tijdschrift voor Geschiedenis* 100 (1987) 185-197.

5 Compagniebewind in de Republiek

(1) K. N. Chaudhuri, *The trading World of Asia and the English East India Company, 1660-1760* (Cambridge 1978), 21.
(2) De routine in de besluitvorming zoals hier weergegeven, gold met name in de eerste helft van de 18e eeuw; het systeem van drie vergaderingen per jaar was van 1693 tot 1751 een vaste regel. Een beknopt overzicht van de verdeling der agendapunten is te vinden in de resoluties over de afschaffing van de 'middenjaarse' vergadering, VOC-archief 115 (res. Heren Zeventien 25 juli 1721 en 6 maart 1722); 123 (res. 18 november 1750) en 124 (res. 18 maart 1751). Zie voorts Gaastra, *Bewind en beleid*, 47-61.
(3) VOC-archief, 108 (res. Heren Zeventien 27 augustus 1676).
(4) W. M. F. Mansvelt, *Rechtsvorm en geldelijk beheer*, 1-17; 104.
(5) K. Glamann, *Dutch-Asiatic Trade*, 249-261.
(6) Steur, *Herstel of ondergang*, 32-38; W. Smith, 'The European-Asian trade of the seventeenth century and the modernisation of commercial capitalism', in *Itinerario* 6, no. 2 (Leiden 1982) 68-90; Gaastra, *Bewind en beleid*, 243-246.
(7) Zie voor de inrichting van de kamers de in de literatuuropgave genoemde werken van E. van der Doe en A. Wiggers, L. L. M. Eekhout, F. S. Gaastra en P. C. Jansen.
(8) In het boekjaar 1780/81, dat werd afgesloten op 31 mei, bedroegen de uitgaven op equipagekosten *f* 19.886.103, de opbrengsten van de verkopen waren *f* 20.905.443. In 1781/82 werd *f* 11.942.752 uitgegeven, de verkopen brachten slechts *f* 5.914.887 op. Het hierna volgende berust voor het financiële deel op het werk van De Korte; zie voorts G. J. Schutte, *De Patriotten en de koloniën*, en E. S. van Eyck van Heslinga, *Van Compagnie naar Koopvaardij. De scheepvaartverbinding van de Bataafse Republiek met de koloniën in Azië 1795-1806*(Amsterdam 1988).

6 Eindbalans

(1) Om Prakash, *The Dutch East India Compagny and the Economy of Bengal, 1630-1720* (Princeton 1985) 242-244.
(2) H. W. van Santen, *De Verenigde Oost-Indische Compagnie in Gujarat en Hindustan, 1620-1660* (Meppel 1982), 116; P. W. Klein, De wereldhandel in edele metalen 1500-1800: centraliteit of polycentrisme? in *Tijdschrift voor Geschiedenis* 100 (1987) 185-197.
(3) Steur, *Herstel of Ondergang*, 195.

Bronnen en literatuur

De literatuur over de VOC is omvangrijk en zal, naar het zich laat aanzien, in 2002 met tal van nieuwe studies verrijkt worden. Deze opgave, bijgewerkt tot 2001, kan geen uitputtende opsomming zijn van alle verschenen studies. De bedoeling ervan is om enerzijds door het noemen van over het algemeen recente boeken en artikelen inzicht te geven in de huidige stand van zaken van het onderzoek, anderzijds een leidraad te bieden voor verdere studie op de verschillende deelgebieden van de compagniegeschiedenis.

Lijst van afkortingen in noten en literatuuropgave

ARA	Algemeen Rijksarchief, Den Haag
BMGN	Bijdragen en Mededelingen betreffende de Geschiedenis der Nederlanden
BKI	Bijdragen tot de Taal-, Land- en Volkenkunde (van Nederlandsch-Indië)
KITLV	Koninklijk Instituut voot Taal-, Land- en Volkenkunde, Leiden
RGP	Rijks Geschiedkundige Publicatiën
UB	Universiteitsbibliotheek

Archiefgidsen en bibliografische hulpmiddelen

Het omvangrijke archief van de kamers van de VOC in Nederland bevindt zich in het Algemeen Rijksarchief te Den Haag. Het archief is goed toegankelijk dankzij de in 1992 gepubliceerde inventaris van M.A.P. Roelofsz, R. Raben, H. Spijkerman (eds.), *De Archieven van de Verenigde Oostindische Compagnie / The Archives of the Dutch East India Company (1602-1795)* ('s-Gravenhage 1992). Dit boek bevat bovendien enkele inleidende artikelen met aanwijzingen voor het gebruik van het archief. M.P.H. Roessingh geeft in zijn *Sources of the history of Asia and Oceania in the Netherlands,* Part I: *Sources up to 1796* (München 1982) een beknopt overzicht van de inhoud van het VOC-archief en van andere archieven en bescheiden met betrekking tot de geschiedenis van de Nederlanders in Azië in de 17e en 18e eeuw. Het gaat daarbij niet alleen om archiefcollecties in het ARA in Den Haag, maar ook om collecties in archieven, bibliotheken en andere instituten elders in Nederland. In Jos Gommans, Lennart Bes, Gijs Kruijtzer, *Dutch sources on South Asia, c. 1600-1825*, deel 1 (Delhi 2001), treft men een uitputtende opsomming aan van bronnen betreffende de Indiase vestigingen van de VOC en van Ceylon in het ARA te Den Haag, zowel van bronnen in het VOC-archief als in andere collecties. Deel 2 is in voorbereiding en zal bronnen in andere archieven en instellingen behandelen.
Deze drie bovengenoemde werken bevatten bovendien een uitvoerige bibliografisch overzichten. Een goede, maar inmiddels wat verouderde bibliografie is W.Ph. Coolhaas, *A critical survey of studies on Dutch Colonial History*, 2e druk, herzien door G.J. Schutte (Den Haag 1980). In J. Landwehr, VOC. *A Bibliography of publications relating to the Dutch East India Company: 1600-1800* (uitg. door P. van der Krogt, Utrecht 1991) wordt een zeer volledig overzicht gegeven van voor 1800 verschenen geschriften met betrekking tot de VOC. Nieuwe literatuur wordt gesignaleerd in het tweemaal per jaar verschijnende *Excerpta Indonesica*, een uitgave van het KITLV te Leiden (hierin uiteraard literatuur met betrekking tot Indonesië) en in het eenmaal per jaar verschijnende bibliografische nummer van *Itinerario,* een uitgave van het Instituut voor de Geschiedenis van de Europese expansie van de Universiteit Leiden. Ook het overzicht van 'Nieuwe boeken en artikelen' die in de afleveringen van het *Tijdschrift voor Zeegeschiedenis* zijn opgenomen bevat voor de geschiedenis van de VOC relevante literatuur.
De bescheiden van de VOC in het Arsip Nasional van de Republiek Indonesië (ANRI) te Jakarta vormen de logische tegenhanger van het VOC-archief in het ARA; in 1882 verscheen daarvan de *Inventaris van's Lands Archief te Batavia 1602-1816* van de hand van J.A. van der Chijs. Ook in de National Archives of Sri Lanka in Colombo, de Tamil Nadu Archives in Chennai (in India) en in de Kaapstad Argiefbewaarplek bezitten archieven van de Compagnie. Thans worden in het kader van onderlinge samenwerking tussen de deze archiefinstellingen tal van activiteiten ontplooid om de

voc-archieven beter toegankelijk te maken. Zie voor het overzicht van vindplaatsen en inventarissen van deze archieven in de inleiding van H.K.'s Jacob, *De Nederlanders in Kerala 1663-1701. De memories en instructies betreffende het commandement Malabar van de Verenigde Oostindische Compagnie* (RGP, kleine serie 43; Den Haag 1976) of de website van het ARA: www.archief.nl/tanap/index.htm.

Bronnenpublikaties

Reeds in de 19e eeuw zijn belangrijke bronnenpublicaties over de voc verschenen. Een bijzonder goed en levendig beeld van de compagniesactiviteiten in Azie geven de *Daghregisters gehouden int Casteel Batavia vant passerende daer ter plaetse als over geheel Nederlandts-India*, J.A. van der Chijs (ed.) e.a., 31 delen over de jaren 1628-1682 (Batavia-Den Haag 1888-1931). De *Beschryvinge van de Oostindische Compagnie* van Pieter van Dam, die meer dan vijftig jaar als advocaat van de Compagnie werkzaam was en dit geschrift omstreeks 1700 vervaardigde als handleiding en naslagwerk voor de bewindhebbers, is uitgegeven door F.W. Stapel en C.W.Th. Van Boetzelaer (RGP 63, 68, 74, 76, 83, 87, 96; Den Haag 1927-1954, 2e druk in 1977). Eveneens in de serie der Rijks Geschiedkundige Publicatiën verschijnen de *Generale Missiven van Gouverneurs-generaal en Raden van Indië aan Heren Zeventien der Verenigde Oostindische Compagnie*; de delen I tot en met VIII zijn uitgegeven door W.Ph. Coolhaas, deel IX door J. van Goor en deel XI door J.E. Schooneveld-Oosterling (RGP, grote serie 104, 112, 125, 134, 150, 159, 164, 193, 205 en 235; Den Haag 1960-1995). Deze reeks beslaat thans de periode 1610-1750, de serie wordt verder voortgezet. Voor de vroege periode is er de omvangrijke bronnenpublikatie *Jan Pietersz Coen. Bescheiden omtrent zijn bedrijf in Indië*, H.T. Colenbrander en W.Ph. Coolhaas (eds.), in zeven delen, waaronder, in deel vijf, een levensbeschrijving van Coen (Den Haag 1919-1953). De scheepvaart tussen Nederland en Azië is uit verschillende bronnen bijeengebracht door J.R. Bruijn, F.S. Gaastra en I. Schöffer, *Dutch-Asiatic Shipping in the 17th and 18th centuries*, in de RGP, grote serie 165, 166 en 167 (Den Haag 1979-1987). Scheepsjournalen, reisverslagen en aanverwante bescheiden worden uitgegeven in de Werken van de Linschoten-Vereeniging; in deze reeks (uitgegeven bij Walburg Pers, Zutphen) zijn niet slechts van vele reizen uit de periode van de voorcompagnieën en de begintijd van de voc verschenen, maar ook 18e-eeuwse reisbeschrijvingen, zoals *De werken van Jacob Haafner*, bezorgd door J.A. de Moor en P.G.E.I.J van der Velde (3 dln, Zutphen 1992-1997). De stichting *Terra Incognita* in Amsterdam geeft eveneens reisverhalen uit. Bronnenpublikaties die betrekking hebben op de geschiedenis van een bepaalde vestiging of factorij worden hieronder bij de literatuur genoemd.

Algemene literatuur

In literatuur over de geschiedenis van de Europees-Aziatische betrekkingen in de 17e en 18e eeuw wordt voor de voc een belangrijke plaats ingeruimd. Een overzicht geven H. Furber, *Rival empires of trade in the Orient 1600-1800* (Minneapolis-London 1976, latere drukken ook in paperback editie) en W. Reinhard, *Geschichte der europäischen Expansion*. Band 1: *Die alte Welt bis 1818* (Stuttgart 1983). Beknopter is D. Rothermund, *Europa und Asien im Zeitalter des Merkantilismus* (Darmstadt 1978), van dit werk verscheen een Engelse editie, *Asian trade and European expansion in the age of mercantilism* (New Delhi 1981). Breed van opzet is D.F. Lach en E.J. van der Kley, *Asia in the making of Europe* (Chicago/London 1965-1994), dat vooral de culturele invloed van de expansie in Azië voor Europa wil nagaan; negen delen zijn verschenen. Al even omvangrijk is de door E. Schmitt uitgegeven reeks van *Dokumente zur Geschichte der europäischen Expansion*, waarvan tot nu toe vier delen zijn uitgegeven: *Die mittelalterlichen Ursprunge der europäischen Expansion; Die grossen Entdeckungen; Der Aufbau der Kolonialreiche; Wirtschaft und Handel der Kolonialreiche*. Deze boeken bevatten in het Duits vertaalde bronnen betreffende de Europese expansie, door een kort commentaar ingeleid; ieder thema wordt door een uitvoerige verhandeling voorafgegaan, zodat een vergelijkende studie over de geschiedenis van de Europese expansie wordt geboden. Maar er zijn nog grotere projecten: onder hoofdredactie van A.J.R. Russell-Wood zijn in de 'Variorum Reference Series' 31 delen verschenen (en door diverse wetenschappers uitgegeven) met artikelen onder de algemene titel *An expanding world.*

The European impact on world history, 1450-1800 (Aldershot 1995-2000). Vele artikelen hebben betrekking op de VOC of dragen bij tot een plaatsbepaling van de activiteiten van de Compagnie in Azië. Het grote werk van K.N. Chaudhuri over de EIC: *The trading world of Asia and the English East India Company 1660-1760* (Cambridge 1978) is ook voor een goed begrip van de handel van de VOC van belang. Vergelijkende studies zijn er vele, zoals L. Blussé en F.S. Gaastra (eds.), *Companies and trade. Essays on European trading companies during the ancien régime* (Leiden Un. Press 1981); J.R. Bruijn, F.S. Gaastra (eds.), *Ships, Sailors and Spices. East India Companies and their Shipping* (Amsterdam 1993) of Ph. Haudrère (ed.), *Les flottes des Companies des Indes* (Vincennes 1996).
De opvattingen van Niels Steensgaard over het moderne karakter van de VOC en EIC ten opzichte van het Portugese handelssysteem vindt men in zijn *The Asian trade revolution of the seventeenth century. The East India Companies and the decline of the caravan trade* (Chicago/London 1974). Ten aanzien van de VOC preciseerde Steensgaard zijn opvattingen in zijn artikel 'The Dutch East India Company as an institutional innovation' in M. Aymard (ed.), *Dutch capitalism and world capitalism* (Cambridge-Paris 1982). Steensgaards visie is gekritiseerd door M.A.P. Meilink-Roelofsz, 'The Structures of trade in Asia in the sixteenth and seventeenth centuries. Niels Steensgaards 'Carracks, Caravans and Companies'. A critical appraisal', in *Mare Luso-Indicum* IV (1980). Ook in C.H.H. Wake, 'The changing pattern of Europe's pepper and spice imports, ca. 1400-1700', in *The Journal of European Economic History* VIII (1979), wordt de commerciële kracht en inspanning van de Portugezen hoger aangeslagen dan bij Steensgaard het geval is en komt bijgevolg de voorsprong van de VOC in een ander perspectief. Ernst van Veen, *Decay or defeat? An inquiry into the Portuguese decline in Asia 1580-1645* (Leiden 2000) werpt nieuw licht op de achteruitgang van de Portugese macht in Azië, die meer aan interne oorzaken dan aan de opkomst van de VOC te wijten zou zijn geweest.
De betekenis van de VOC voor de economie van de Republiek wordt uiteraard behandeld in de diverse studies over de Nederlandse economische geschiedenis. Van bijzonder belang is de studie van J.I. Israel, *Dutch Primacy in World Trade 1585-1740* (Oxford 1989, ook in Nederlandse vertaling: *Nederland als centrum van de wereldhandel, 1585-1740*, Franeker 1991). Israel betoogt dat de bijzondere positie van Amsterdam als stapelmarkt en centrum van de wereldhandel sterk afhing van de handel in dure en exotische producten en hij legt bijgevolg veel nadruk op de plaats van de VOC, die hij overigens al snel in de 18e eeuw zit achteruit gaan. J. de Vries en A. van der Woude vatten in het standaardwerk *Nederland 1500-1815. De eerste ronde van moderne economische groei* (Amsterdam 1995) de economische prestaties van de VOC uitgebreid samen en trachtten in kwantitatief en kwalitatief opzicht de bijdrage van de VOC aan de Nederlandse economie vast te stellen. Ook F.S. Gaastra, 'De Mythe van de VOC', in *Groniek* 124 (1994) en J. Th. Lindblad, 'Foreign trade of the Dutch Republic in the seventeenth century', in K. Davids en L. Noordegraaf (eds.), *The Dutch economy in the Golden Age* (Amsterdam 1993) berekenen de bijdrage van de VOC aan de buitenlandse handel van de Republiek. Zie voor dit onderwerp ook het hierboven reeds genoemde werk uitgegeven door M. Aymard, met bijdragen van o.a. P.W. Klein, I. Wallerstein en M. Morineau. Een algemeen, maar wat gedateerd overzicht geeft C.R. Boxer, *The Dutch Seaborne Empire 1600-1800* (London 1965, vele herdrukken), dit werk is in het Nederlands verschenen onder de titel *Zeevarend Nederland en zijn wereldrijk 1600-1800* (Leiden 1967) en in een nieuwe editie als *Het profijt van de macht. De Republiek en haar overzeese expansie 1600-1800* (Amsterdam 1989). Boxer schreef ook een monografie over de VOC: *Jan Compagnie in oorlog en vrede. Beknopte geschiedenis van de* VOC (Bussum 1977), in Engelse editie onder titel *John Company in War and Peace* (Hongkong 1979). Een modern overzicht biedt het boek van Els M. Jacobs, *De Vereenigde Oost-Indische Compagnie* (z.pl. 1998), dat verscheen bij de gelijknamige televisie serie van de Teleac. De VOC komt ook uitgebreid aan de orde in het boek van J. van Goor, *De Nederlandse koloniën. Gescheidenis van de Nederlandse expansie 1600-1975* (Den Haag 1994 en latere drukken).

Handel, scheepvaart en financiën

Van het inmiddels klassieke werk over de handel van de VOC is K. Glamann, *Dutch-Asiatic Trade 1620-1740*, uit 1958 verscheen in 1980 een tweede editie met nieuwe inleiding (Den Haag 1980). De fundamentele – en prachtig uitgegeven – studie van Els M. Jacobs, *Koopman in Azië. De handel van de Verenigde Oost-Indische Compagnie tijdens de 18e eeuw* (Zutphen 2000) richt zich in eerste instantie op de handelsactiviteiten van de VOC in Azië, maar is ook voor de Europese kant van het bedrijf in de 18e eeuw van grote waarde. Zie voor scheepvaart en handel voorts het bij de bronnenpublicaties genoemde werk van Bruijn e.a. (eds.), *Dutch-Asiatic Shipping*. Een beknopt overzicht met nadruk op de scheepvaart en Europees-Aziatische handel geeft E.M. Jacobs, *Varen om peper en thee.De geschiedenis van de Verenigde Oostindische Compagnie in vogelvlucht* (Zutphen 1991).

Eén aspect van de VOC-handel, namelijk die in edel metaal, heeft extra aandacht gekregen. Men zie F.S. Gaastra, 'Geld tegen goederen. Een structurele verandering in het Nederlands-Aziatische handelsverkeer', in *Bijdragen en Mededelingen betreffende de Geschiedenis der Nederlanden* 89 (1976), en A. Pol, 'Tot gerieff van India. Geldexport door de VOC en de muntproduktie in Nederland, 1720-1740', in *Jaarboek voor Munt- en Penningkunde* 72 (Amsterdam 1982). Ook de Aziatische kant is belicht, zie Om Prakash, 'Precious metal flows in Asia and world economic integration in the seventeenth century' en F.S. Gaastra, 'The Dutch East India Company and its intra-Asiatic trade in precious metals', in Wolfram Fischer, R. Marvin McInnes en Jürgen Schneider, *The Emergence of a World Economy 1500-1915*, Part I, 1500-1850 (Wiesbaden 1986).

De financiële resultaten en het boekhoudkundig systeem van de VOC worden besproken door J.P. de Korte, *De jaarlijkse verantwoording in de* VOC (Leiden 1983). Een analyse van het beleid van de bewindhebbers in de tweede helft van de 17e eeuw geeft F.S. Gaastra, *Bewind en beleid bij de* VOC. *De financiële en commerciële politiek van de bewindhebbers, 1672-1702* (Zutphen 1989). Het meest uitvoerige exposé over de oorzaken van de achteruitgang en de onmacht van de bewindhebbers om dat proces te stoppen is van J.J. Steur, *Herstel of ondergang. De voorstellen tot redres van de* VOC *1740-1795* (Utrecht 1984). Voor kritiek op de boekhouding zie men het oudere werk van W.M.F Mansvelt, *Rechtsvorm en geldelijk beheer bij de Oost-Indische Compagnie* (Den Haag 1922). De politieke verwikkelingen rond de ondergang van de Compagnie worden behandeld door G.J. Schutte, *De Nederlandse Patriotten en de koloniën. Een onderzoek naar hun denkbeelden en optreden, 1770-1800* (Groningen 1974), de problemen van scheepvaart en personeelswerving door I.G. Dillo, *De nadagen van de Verenigde Oostindische Compagnie, 1783-1795* (Amsterdam 1992). Scheepvaart en handel aan het einde van de VOC-periode is bestudeerd door E.S. van Eyck van Heslinga, *Van Compagnie naar koopvaardij. De scheepvaartverbinding van de Bataafse Republiek met de koloniën in Azië 1795-1806* (Amsterdam 1988). P. Moree, *Met de vriend God geleide. Het Nederlands-Aziatisch postvervoer ten tijde van de* VOC (Zutphen 1998) handelt over briefvervoer en gaat vooral in op het inzetten van 'pakketboten' aan het einde van de 18e eeuw.

Diverse aspecten van het bedrijf in de Republiek worden beschreven in het fraai uitgegeven werk van R. van Gelder en L. Wagenaar, *Sporen van de Compagnie. De* VOC *in Nederland* (Amsterdam 1988). J. Gawronski, *De equipage van de Hollandia en de Amsterdam* (Amsterdam 1996) geeft op basis van een analyse van de boekhouding van de kamer Amsterdam een gedetailleerd overzicht van de toeleveranciers en dus van de economische invloed van de kamer in de stad. Zie voor de kamer Amsterdam voorts J.B. Kist e.a. (eds.) *Van* VOC *tot Werkspoor: Het Amsterdamse industrieterrein Oostenburg* (Utrecht 1986).

Ook over de andere kamers is veel geschreven. Men zie: D. Roos, *Zeeuwen en de* VOC (Middelburg 1987); V. Enthoven, ' "Veel vertier". De Verenigde Oostindische Compagnie in Zeeland, een economische reus op Walcheren', *Archief van het Koninklijk Zeeuws Genootschap der Wetenschappen* (1989); H.L. Houtzager e.a. (eds.), *Delft en de Oostindische Compagnie* (Amsterdam 1987); Peter Grimm (ed.), *Heeren in zaken. De Kamer Rotterdam van de Verenigde Oostindische* (Zutphen 1994); R.Th.H. Willemsen, *Enkhuizen tijdens de Republiek: een economisch-historisch onderzoek naar stad en samenleving van de zestiende tot de negentiende eeuw* (Hilversum 1988). Over de opvarenden aan boord van de schepen zijn er de studies van K.L. van Schouwenburg, 'Het personeel op de schepen van de kamer Delft der VOC in de eerste helft van de achttiende eeuw' en 'Het personeel op de schepen van de kamer Delft der VOC in de tweede helft van de achttiende eeuw', in *Tijdschrift voor Zeegeschie-*

denis 7 (1988) en 8 (1989), en van J. K. Beers en C. Bakker, *Westfriezen naar de Oost. De kamers der* VOC *te Hoorn en Enkhuizen en hun recruteringsgebied, 1700-1800* (Hoorn 1990). Thans is door het ARA en de archiefinstellingen van de kamersteden een project gestart, 'Uitgevaren voor de kamers', om de gegevens van de scheepssoldijboeken van de VOC in digitale vorm op internet (via de website van ARA) ter beschikking te stellen.

Over het leven aan boord van de Oostindiëvaarders en arbeidsomstandigheden handelt J.R. Bruijn en J. Lucassen (eds.), *Op de schepen der Oostindische Compagnie. Vijf artikelen van J. de Hullu* (Groningen 1980). Het tijdschrift *Leidschrift*, IV, no. 2 (april 1988), bevat een viertal artikelen over dit onderwerp: T.M. Aerts schreef over 'Het verfoeijelijke crimen van sodomie', I.G. Dillo over 'Omtrent de zwakke staat der zeevarende, 1783-1795', P.G.M. Diebels over 'Voeding op de schepen van de VOC' en I.D.R. Bruijn over 'Volksjongens en pubers. Het nut van de VOC-chirurgijn'. Ziekte en bestrijding daarvan op VOC-schepen wordt behandeld door A. E. Leuftink, *Harde heelmeesters. Zeelieden en hun dokters in de 18de eeuw* (Zutphen 1991). Een bijzonder aspect van dat leven aan boord komt aan bod bij J.R. Bruijn en E.S. van Eyck van Heslinga, *Muiterij. Oproer en berechting op de schepen van de* VOC (Bussum 1980). Het scheepvaart bedrijf van de VOC met al wat daarbij hoort is zeer leesbaar beschreven door Hans Bonke, *De zeven reizen van de Jonge Lieve. De biografie van een* VOC-*schip, 1760-1781* (Nijmegen 1999). F. Lequin benutte het grote personeelsarchief van de VOC voor zijn studie *Het personeel van de Verenigde Oostindische Compagnie in Azië in de achttiende eeuw, meer in het bijzonder in de vestiging Bengalen* (diss. Leiden 1982).

De navigatie komt aan bod in C.A. Davids, *Zeewezen en wetenschap. De wetenschap en de ontwikkeling van de navigatietechniek in Nederland tussen 1585 en 1815* (Amsterdam 1985), en in P. van Mil en M. Scharloo (ed.), *De* VOC *in de kaart gekeken 1602-1799. Cartografie en navigatie van de Verenigde Oostindische Compagnie* (Den Haag 1988). Zie voor de cartografie de rijk geïllustreerde studie van Kees Zandvliet, *Mapping for Money. Maps, plans and topographic paintings and their role in Dutch overseas expansion during the 16th and 17th centuries* (Amsterdam 1998).

In de afgelopen jaren hebben vondsten van scheepswrakken van VOC-schepen veel aandacht getrokken. Het standaardwerk op dit terrein is J.H.G. Gawronski, J.B. Kist, O. Stokvis-van Boetzelaer, *Hollandia Compendium. A contribution to the history, archaeology, classification and lexicography of a 150 ft. Dutch East Indiaman (1740-1750)* (Amsterdam 1992). Over de voor kust van Hasting gestrande 'Amsterdam' schreef P. Marsden *De laatste reis van de Amsterdam* (Bussum 1974), van de Engelse editie van dit werk verscheen in 1988 een tweede druk, *The wreck of the Amsterdam* (Londen 1988). Zie ook H.H. van Rooy en J. Gawronski VOC-*schip Amsterdam. Gebleeven - op de kust van Sussex tusschen Hastings en Beachyhead gestrand* (Haarlem 1989). In het *International Journal of Nautical Archaeology and Underwater Exploration* worden geregeld artikelen opgenomen betreffende onderzoek naar VOC-scheepswrakken.

Culturele aspecten

De bundel VOC *en cultuur* (Amsterdam 1993), onder red. van J. Bethlehem en A.C. Meijer, bevat een aantal essays over dit thema. Uiteraard komen literatuur en reisverhalen uit de VOC-periode aan bod in de handboeken over Nederlands-Indische literatuur van R. Nieuwenhuys, *Oost-Indische Spiegel* (Amsterdam 1972 en latere drukken) en E.M. Beekman, *Paradijzen van weleer. Koloniale literatuur uit Nederlands-Indië, 1600-1950* (Amsterdam1998). Diverse auteurs hebben studies gewijd aan de totstandkoming en de betekenis van 17e- en 18e-eeuwse reisverhalen. Zo bijvoorbeeld L. Blussé en R. Falkenburg, *Johan Nieuhofs beelden van een Chinareis 1655-1657* (Middelburg 1987) en M.L. Barend-Van Haeften, *Oost-Indië gespiegeld. Nicolaas de Graaff, een schrijvend chirurgijn in dienst van de* VOC (Zutphen 1992). Ook het 'Bontekoejaar' leverde interessante publicaties op: Karel Bostoen e.a., *Bontekoe. De Schipper, het Journaal, de Scheepsjongens* (Zutphen/Amsterdam 1996), Garrelt Verhoeven, Piet Verkruijsse (eds.), *Iovrnaal ofte gedenckwaerdige beschrijvinghe vande Oost-Indische Reyse van Willem Ysbrantsz. Bontekoe van Hoorn. Descriptieve bibliografie 1646-1996* (Zutphen 1996), en tenslotte het verhaal van Willem Ysbrantsz Bontekoe zelf, het *Iornael ofte gedenckwaerdige Beschrijvinghe. De wonderlijke avonturen van een schipper in de Oost 1618-1625*, ingeleid en van commentaar voorzien door

V.D. Roeper (Amsterdam 1996). Het omvangrijke in 1727 verschenen werk van F. Valentyn, *Oud en Nieuw Oost-Indiën* (waarvan in 2002 een heruitgave zal verschijnen) is geanalyseerd door J. Fisch, *Hollands Ruhm in Asien. Francois Valentyns Vision des niederländischen Imperiums im 18. Jahrhundert* (Stuttgart 1986). Opvallend is dat vele Duitse dienaren van de VOC na terugkeer in Europa hun wederwaardigheden optekenden. Over dit genre: Roelof van Gelder, *Het Oost-Indisch avontuur. Duitsers in dienst van de* VOC *(1600-1800)* (Nijmegen 1997). Het tijdschrift *Indische Letteren* bevat geregeld bijdragen over literatuur uit de VOC-periode.
Ook de bouwkunst in Azië heeft aandacht getrokken, een algemeen overzicht biedt het werk van Doreen Greig, *The reluctant colonists. Netherlanders abroad in the 17th and 18th centuries* (Assen 1987). Men zie voorts de vergelijkende studie van R. van Oers, *Dutch town planning overseas during* VOC *and* WIC *rule (1600-1800)* (Zutphen 2000).
De beeldende kunst ten tijde van de VOC in Azië is het onderwerp van tal van boeken en artikelen van J. de Loos-Haaxman, men zie bijvoorbeeld haar *Verlaat Rapport Indië. Drie eeuwen westerse schilders, tekenaars, grafici, zilversmeden en kunstnijveren in Neerlandsch-Indië* (Den Haag 1962). Van de hand van S.M. Voskuil-Groenewegen, J.H.J. Leeuwrik en T.M. Eliëns verscheen *Zilver uit de tijd van de Verenigde Oostindische Compagnie* (Den Haag/Zwolle 1998), mede uitgegeven door het Gemeentemuseum Den Haag, dat de belangrijkste collectie op dit gebied bezit.
Opmerkelijk zijn de natuurwetenschappelijke en met name botanische activiteiten van compagniedienaren geweest. Het werk van Van Reede tot Drakenstein wordt op en fascinerende wijze belicht door J. Heniger, *Hendrik Adriaan van Rheede tot Drakenstein (1636-1691) and Hortus Malabaricus. A contribution to the history of Dutch colonial botany* (Rotterdam 1987). A.J.P. de Raat schreef over 'Joan Gideon Loten (1710-1789) en zijn collectie aquarellen van planten en dieren uit Ceylon' in R. Kromhout (ed.), *Het machtige Eyland. Ceylon en de* VOC (Den Haag 1988); van de hand van deze auteur is een monografie over Loten in voorbereiding. Voorwerpen uit Azië vonden via VOC-dienaren een weg naar verzamelaars in Nederland. Naar aanleiding van een tentoonstelling in het Amsterdams Historisch Museum verscheen een boek en een catalogus onder de titel *De wereld binnen handbereik. Nederlandse kunst- en rariteitenverzamelingen, 1585-1735*, onder redactie van E. Bergvelt, R. Kistemaker e.a. (Zwolle/Amsterdam 1992). Al even fraai is de studie van J. van Campen, *De Haagse jurist Jean Theodore Royer (1737-1807) en zijn verzameling Chinese voorwerpen* (Hilversum 2000). Op deze plaats kan worden genoemd de uitgave van brieven van Isaac Titsingh, een opmerkelijk VOC-dienaar, die o.a. opperhoofd te Deshima en directeur van Bengalen was en één der weinige Europeanen was, die zowel het Japanse als het Chinese keizerlijke hof bezocht; de door F. Lequin uitgegeven *Private correspondence of Isaac Titsingh*, vol. I en II (Amsterdam 1990-1992), geeft blijk van Titsinghs grote belangstelling voor en kennis van de Japanse en Chinese culturen.
Culturele aspecten worden voorts in vele werken over de betrekkingen tussen de VOC en diverse regio's in Azië behandeld, men zie daarvoor de hiernavolgende rubrieken.

De VOC *in Azië*

In overzichtswerken over de Aziatische geschiedenis wordt uiteraard ruim aandacht geven aan de VOC, en dat dan in Aziatische context. Hier kan voorts nog worden genoemd het werk van A. Reid, *Southeast Asia in the age of commerce 1450-1680* (2 dln., New Haven / Londen 1988 en 1993) waarin o.a. wordt uiteengezet hoezeer de monopoliepolitiek van de VOC de overzeese handel van kooplieden in Zuidoost Azië frustreerde en een einde maakte aan een tijdperk van bloeiende zeehandel. Voor de handel van de Compagnie in Azië is het al eerder genoemde werk van Els M. Jacobs, *Koopman in Azië. De handel van de Verenigde Oost-Indische Compagnie tijdens de 18*^{de} *eeuw* (Zutphen 2000) het nieuwe standaardwerk. In dit boek wordt de intra-Aziatische handel van de Compagnie geanalyseerd op basis van gegevens van de boekhouding van Batavia. Daarbij krijgt de lezer per product en per vestiging een beschrijving en evaluatie van de ontwikkelingen en de betekenis daarvan in het VOC-bedrijf in zijn geheel. J.L. Blussé en J. de Moor geven in *Nederlanders overzee. De eerste vijftig jaar 1600-1650* (Franeker 1983) een vlot geschreven overzicht van de expansie van de Compagnie in Azië in de eerste helft van de 17e eeuw. Het door M.A.P. Meilink-Roelofsz uitgegeven boek *De* VOC *in Azië* (Bussum 1976) bevat artikelen over Ceylon en Coromandel (van de hand van S. Arasaratnam), Suratte (A. das Gupta), Malabar (H.K. 's Jacob), de Maleise wereld (L.Y. Andaya), China (J.E. Wills) en Japan (M. Kanai). De door J. van Goor geredigeerde bundel *Trading Companies in Asia, 1600-1830* richt zich vooral op Indonesië, met uitzondering van een artikel van Om Prakash, 'European trade and the economy of Bengal in the 17th and early 18th century' en M. van Opstall, 'Dutchmen and Japanese in the eighteenth century'. Tenslotte is van belang de bundel *The ancien regime in India and Indonesia*, verschenen als 'Special issue' van *Itinerario*, XII, no 1 (1988) en als aparte uitgave (Leiden 1988), waarin de nadruk ligt op processen van *state-formation* in India en Indonesië voor 1800. Zie voor algemene overzichten van de compagnieën in Azië voorts de bij de algemene literatuur genoemde werken van Furber etc.

De VOC in de Indonesische Archipel

Het werk van J.C. van Leur, die als eerste brak met de Europa-centrische geschiedschrijving in Nederland, is samengebracht in *Indonesian trade and society. Asian social and economic history* (Den Haag/Bandung 1955, ook in de serie Reprints van het KITLV, Dordrecht 1983). Van Leurs opvattingen vormden de basis voor een andere klassieke studie, namelijk die van M.A.P. Meilink-Roelofsz, *Asian trade and European influence in the Indonesian Archipelago between 1500 and about 1630* (Den Haag 1962). Uiteraard wordt de VOC ook behandeld in de overzichtswerken van de Indonesische geschiedenis, zoals in M.C. Ricklefs, *A history of modern Indonesia, c.1300 to the present* (Londen/Basingstoke 1981 en latere drukken) en J. J. P. de Jong, *De waaier van het fortuin. Van handelscompagnie tot koloniaal imperium. De Nederlanders in Azië en de Indonesische archipel 1595-1950* (Den Haag 1998).
Voor de betrekkingen tussen Mataram en de VOC zijn er de vele studies van H.J. de Graaf, een samenvatting daarvan in H.J. de Graaf en Th.G.Th. Pigeaud, *A history of Islamic states in Java, 1500-1700. Eight Dutch books and articles by Dr. H.J. de Graaf* (Den Haag 1976). Zie over dit onderwerp ook L. Nagtegaal, 'The Dutch East India Company and the relations between Kartasura and the Javanese Northcoast, c.1680-c.1740', in Van Goor, *Companies in Asia*, en eveneens van Nagtegaal, *Riding the Dutch tiger. The Dutch East Indies Company and the northeast coast of Java, 1680-1743* (Verhandelingen van het KITLV, Leiden 1996). M.C. Ricklefs schreef *War, Culture and Economy in Java, 1677-1726; Asian and European Imperialism in the Early Kartasura Period* (St Leonards 1993) en *Jogjakarta under sultan Mangkubumi 1749-1792. A history of the division of Java* (Londen 1974). Het broze machtsevenwicht op Java in de 18e eeuw is ook onderwerp van W. Remmelink, *The Chinese war and the collapse of the Javanese state, 1725-1743* (Verhandelingen van het KITLV 162, Leiden 1994). Johan Talens, *Een feodale samenleving in koloniaal vaarwater. Staatsvorming, koloniale expansie en economische onderontwikkeling in Banten, West-Java (1600-1750)* (Hilversum 1999) nuanceert de eerder genoemde visie van A. Reid, dat de politiek van de VOC verantwoordelijk is voor een commerciële en economische achteruitgang na 1680 in het sultanaat Bantam.
Over Batavia zijn een aantal recente studies voorhanden. De studie van R. Raben, *Batavia and Colombo. The ethnic and spatial order of two colonial cities 1600-1800* (diss. Leiden 1996) is een mooi voorbeeld van de moderne 'urban history'. J.G. Taylor, *The social world of Batavia; European and Eurasian in Dutch Asia* (Madison 1983) gaat vooral in op de sociale en culturele ontwikkeling en de positie van de vrouw in Batavia, het werk is vertaald onder de titel *Smeltkroes Batavia. Europeanen en Euraziaten in de Nederlandse vestigingen in Azië* (Groningen 1988). Dezelfde aspecten, maar ook een beschrijving van demografische en economische ontwikkelingen en een analyse van de rol van de Chinezen in de stad, vindt men in L.J. Blussé, *Strange Company. Chinese settlers, mestizo women and the Dutch in VOC Batavia* (Dordrecht 1986). De koloniale VOC-samenleving wordt geschetst in L.J. Blussé, *Bitters bruid. Een koloniaal huwelijksdrama in de Gouden Eeuw* (Amsterdam 1997). Zie voorts H.E. Niemeijer, *Calvinisme en koloniale stadscultuur. Batavia 1619-1725* (Diss. Vrije Universiteit Amsterdam 1996) Rob Nieuwenhuys maakte een keuze uit de geschriften van F. de Haan, *Uit de nadagen nam de 'Loffelijke Compagnie'* (Amsterdam 1984): het betreft een keuze uit De Haans standaardwerk *Priangan. De Preanger-Regentschappen onder het Nederlandsch bestuur tot 1811*, 4 delen (Batavia 1910-1912) en *Oud-Batavia*, 2

delen en platenatlas (Bandoeng 1935). P.H. van der Brug, *Malaria en malaise. De* VOC *in Batavia in de achttiende eeuw* (Amsterdam 1994) ontrafelt de oorzaken van de grote ongezondheid van Batavia in de 18e eeuw.
Ook over de VOC in de Indonesische Archipel buiten Java zijn heel wat studies geschreven. Genoemd kunnen worden: L.Y., Andaya, *The heritage of Arung Palakka. A history of South Sulawesi (Celebes) in the seventeenth century* (Den Haag 1981); G.J. Knaap, *Kruidnagelen en Christenen. De Verenigde Oostindische Compagnie en de bevolking van Ambon 1656-1696* (Dordrecht 1987); H.J. de Graaf, *De geschiedenis van Ambon en de Zuid-Molukken* (Franeker 1977); Andaya, L.Y, *The World of Maluku. Eastern Indonesia in the Early Modern Period* (Honolulu 1993). Voor Ambon is er de bronnenuitgave van G.J. Knaap (ed.), *Memories van overgave van gouverneurs van Ambon in de zeventiende en achttiende eeuw*, RGP, kleine serie 62 (Den Haag 1987). De relatie tusen de VOC en Borneo wordt beschreven door J. van Goor, 'Seapower, trade and state-formation. Pontianak and the Dutch', in id., *Trading Companies in Asia*. Zie voor de VOC en Sumatra: B. Watson Andaya, *To Live as Brothers. Southeast Sumatra in the seventeenth and eighteenth Centuries* (Honolulu 1993) en R.C. Vos, *Gentile Janus, Merchant Prince. The* VOC *and the Tightrope of Diplomacy in the Malay World* (Verhandelingen KITLV 157, Leiden 1990).

De VOC *in India en Ceylon*

Het werk van Om Prakash, *European commercial enterprise in pre-colonial India* (deel II, 5, van de *New Cambridge History of India* (Cambridge 1998) biedt ook voor de VOC een goed overzicht. Beknopter is het boek van M. Vink en G.D. Winius, *The Merchant-warrior pacified. The* VOC *(the Dutch East India Company) and its changing political economy in India* (Delhi 1991), waarin overigens ook aandacht aan Ceylon wordt gegeven. Over de Compagnie en Ceylon zijn vele goede studies geschreven. S. Arasaratnam, *Dutch power in Ceylon, 1658-1687* (Amsterdam 1958) is daarvan een voorbeeld. Zie voorts J. van Goor, *Jan Kompenie as schoolmaster: Dutch education in Ceylon 1690-1795* (Groningen 1978), en R. Kromhout (ed.), *Het machtige Eyland. Ceylon en de* VOC (Den Haag 1988). Heel fraai uitgegeven is *Illustrations and views of Dutch Ceylon 1602-1796* van R.K. Silva en W.G.M. Beumer (Londen/Leiden 1988). L.J. Wagenaar, *Galle,* VOC*-vestiging in Ceylon. Beschrijving van een koloniale samenleving aan de vooravond van de Singalese opstand tegen het Nederlandse gezag, 1760* (Amsterdam 1994) geeft een indringend kijk op het leven in een VOC-vestiging. Voorts zijn er met betrekking tot Ceylon veel bronnenuitgaven beschikbaar, zoals S. Arasaratnam (ed.), *Memoir of Julius Stein van Gollenesse Governor of Ceylon 1743-1751* (Colombo 1974) en id. *Francois Valentyn's description of Ceylon* (Londen 1978, een uitgave van de Hakluyt Society, second series 149). Van belang is L. Hovy, *Ceylonees Plakkaatboek, plakkaten en andere wetten uitgevaardigd door het Nederlandse bestuur op Ceylon, 1638-1796* (Amsterdam 1991).
Voor de VOC in de diverse streken van India zie: T. Raychaudhuri, *Jan Company in Coromandel 1605-1690. A study in the interrelations of European commerce and traditional economics* (Den Haag 1962); S. Arasaratnam, *Merchants, companies and commerce on the Coromandel Coast, 1650-1740* (Delhi 1986); S. Subrahmanyam, *The political economy of commerce: southern India, 1500-1650* (Cambridge 1990); Om Prakash, *The Dutch East India Company and the economy of Bengal 1630-1720* (Princeton 1985); A. das Gupta, *Malabar in Asian trade 1740-1800* (Cambridge 1967) en id., *Indian merchants and the decline of Surat, c.1700-1750* (Wiesbaden 1979); J. van Lohuizen, *The Dutch East India Company and Mysore, 1762-179* (Den Haag 1961); H.W. van Santen, *De Verenigde Oostindische Compagnie in Gujarat en Hindustan, 1620-1660* (Meppel 1982). En bijzonder aspect van de Indiase handel van de VOC betrof de uitvoer van textiel, daarover: E. Hartkamp-Jonxis (red.),Sits, oost-west relaties in textiel (Zwolle 1987) en G. Arnolli en S. Wille-Engelsma, *Sits. Exotisch textiel in Friesland* (2 delen, Zwolle 1990).

De VOC *en het Maleise schiereiland*

De betrekkingen met sultanaten op het Maleise schiereiland worden behandeld in de al wat oudere studies van L.Y. Andaya, *The kingdom of Johore, 1641-1728* (Kuala Lumpur/Londen 1975) en B.W. Watson-Andaya, *Perak. The abode of grace. A study of an eighteenth century Malay state* (Kuala Lumpur 1979). De laatst genoemde auteur geeft een overzicht van de betrekkingen tussen VOC en het

Maleise schiereiland: 'Melaka under the Dutch 1641-1795' in K.S. Sandhu en P. Wheatley (eds.), *Melaka: the transformation of a Malay capital c. 1400-1980* (Kuala Lumpur 1983). Over de problemen ten aanzien van de controle in Straat Malakka zie J.E. Hoffman, 'Early policies in the Malacca jurisdiction of the United East India Company: The Malay Peninsula and the Netherlands East Indies attachment', in *Journal of South East Asian Studies* 3 (1972) 1-38; en D. Lewis, *Jan Compagnie in the Straits of Malacca 1760-1777* (Athens 1995) Een beknopt overzicht vindt men in R.J. Spruyt, *In het land van de sultans* (Amsterdam 1989).

De VOC en het Verre Oosten

L. Blussé, *Tribuut aan China. Vier eeuwen Nederlands-Chinese betrekkingen* (Amsterdam 1988) biedt een overzicht van de relatie tussen de Compagnie en China. Voor Formosa zie J.L. Oosterhoff, 'Zeelandia, a Dutch colonial city on Formosa', in R. Ross en G.J. Telkamp (eds.), *Colonial cities. Essays on urbanism in a colonial context* (Dordrecht 1985). Door L. Blussé e.a. zijn uitgegeven de *Dagregisters van het Kasteel Zeelandia, Taiwan, 1629-1662*, vier delen, RGP grote serie 195, 233 en 241 (Den Haag 1986-2000). Zie voorts J.E. Wills jr., *Pepper, guns and parleys. The Dutch East India Company and China, 1662-1682* (Cambridge, Mass. 1974) en C.J.A. Jörg, *Porcelain and the Dutch China trade* (Den Haag 1982). Ook over de theehandel is gepubliceerd: F.J.A. Broeze, 'Het einde van de Nederlandse theehandel op China', in *Economisch- en Sociaal- Historisch Jaarboek* 34 (1971), en *Thema thee. De geschiedenis van de thee en het theegebruik in Nederland* (Rotterdam 1978) en Zhuang Guotu, *Tea, silver, opium and war. The international teatrade and western commercial expansion in China 1740-1840* (Xiamen 1994).
L. Blussé, W. Remmelink en I. Smits (eds.), *Bewogen betrekkingen. 400 jaar Nederland – Japan* (Hilversum 2000) verscheen naar aanleiding van de herdenking, in 2000, van het feit dat toen vierhonderd jaar geleden door de stranding van de 'Liefde' op de kust van Japan de Japans-Nederlandse relaties begonnen. Dit boek behandelt de diverse aspecten van deze relaties en geeft een uitgebreide literatuurlijst. Voor de handel van de VOC met Japan zijn nog steeds twee oudere studies van belang: Oskar Nachod, *Die Beziehungen der Niederländischen Ostindischen Kompanie zu Japan im siebzehnten Jahrhundert* (Leipzig 1897) en J. Feenstra Kuiper, *Japan en de buitenwereld in de achttiende eeuw* (Den Haag 1921). P.W. Klein schreef over de 'Japanse rendementen in de achttiende eeuw; innovatie en inertie', in *Economisch- en Sociaal-Historisch Jaarboek* 47 (1984). Over de culturele contacten is veel gepubliceerd, zie bijvoorbeeld G.K. Goodman, *Japan and the Dutch* (Richmond 2000, eerder verschenen onder andere titels) en P. Rietbergen, *Between Deshima and Jedo. Dutchmen and Japan, 1600-1853* (Nijmegen 2000). In de serie *Intercontinenta* van het Instituut voor de Geschiedenis van de Europese Expansie te Leiden worden uitgegeven de *The Deshima Dagregisters; their original tables of contents*, door A.C.J. Vermeulen, P. van der Velde en C. Viallé; de reeks bestrijkt de periode 1680-1800 (Leiden 1986-2000) en wordt voortgezet voor de nog ontbrekende jaren van de 17e eeuw.
Over de betrekkingen met Vietnam is er de studie van W.J.M. Buch, 'La Compagnie des Indes- Néerlandaises et l' Indo-Chine', in *Bulletin de l' Ecole Francaise d' Extrême Orient* 36 (1936), en 37 (1937). Zie ook P.W. Klein, 'De Tonkinees-Japanse zijdehandel van de Verenigde Oostindische Compagnieën het inter-aziatische handelsverkeer in de zeventiende eeuw', in *Bewogen en bewegen. De historicus in het spanningsveld tussen economie en cultuur.* Album amicorum aangeboden aan Prof. dr. H.F.J.M. van den Eerenbeemt (Tilburg 1986). Over Thailand: G.V. Smith, *The Dutch in 17th century Thailand* (Illinois 1977, Centre for Southeast Asian Studies, Special Report 16); J. van Goor, 'Constantijn Phaulkon, koopman in koninklijke dienst' in id., *Kooplieden, predikanten en besuurders overzee. Beeldvorming en plaatsbepaling in een andere wereld* (Utrecht 1982), H. ten Brummelhuis, *Merchant, Courtier and Diplomat. A History of the Contacts between the Netherlands and Thailand* (Lochem / Gent 1987) en Dhiravat na Pomberja, *Court, Company and campong. Essays on the VOC presence in Ayutthaya* (Ayutthaya 1992).
Op weg van Taiwan naar Japan verging het jacht 'De Sperwer', de schipbreukelingen brachten dertien jaar in Korea door. De episode is onderwerp van H.J. van Hove, *Hollanders in Korea* (Utrecht 1989), dat grotendeels gebaseerd op het in de Werken van de Linschoten-Vereeniging uitgegeven *Verhaal van het vergaan van het jacht de Sperwer*, B. Hoetink (ed.).

De VOC in de Perzische Golf en de Rode Zee

Van de hand van de Arabist en historicus C.G. Brouwer zijn vele studies verschenen over de relatie met Mocha, de havenstad van Jemen, o.a. *Cauwa ende comptanten. De Verenigde Oostindische Compagnie in Jemen, 1614-1655* (Amsterdam 1988), *Al-Mukha: profile of a Yemeni seaport as schetched by servants of the Dutch East India Company (VOC), 1614-1640* (Amsterdam 1997), en *Dutch-Yemeni encounters: Activities of the United East india Company (VOC) in South Arabian waters since 1614: a collection of studies* (Amsterdam 1999). De handel met Mocha in het begin van de 18e eeuw wordt beschreven door K. Glamann in het hoofdstuk 'Coffee' in diens *Dutch-Asiatic Trade*.
Het begin van de contacten met Perzië bij M.A.P. Meilink-Roelofsz, 'The earliest relations between the Netherlands and Persia' in *Persica* VII (1974). De avonturen van Tido von Kniphausen werden eveneens door Meilink-Roelofsz beschreven: 'Een Nederlandse vestiging in de Perzische Golf', in *Spiegel Historiael* (1967). Voorts schreef W. Floor een aantal veelal wat grotere studies over de VOC en de Perzische Golf, waaronder: 'The Bahrain project of 1754' in *Persica* XI (1986); 'First contacts between the Netherlands and Masquat, or a report on the discovery of the Coast of Oman in 1666', in *Zeitschrift der Deutschen Morgenländischen Gesellschaft* 132 (1982) en 'A description of Masquat and Oman anno 1673 A.D./ 1084 Q' in *Moyen Orient et Ocean Indien* 2 (1985) en in datzelfde tijdschrift, nr 6 (1989), ' The decline of the Dutch East Indies Company in Bandar Abbas (1747-1759)'.

De VOC en Australië

J.P. Sigmond en L.H. Zuiderbaan schreven een overzicht van de schipbreuken en ontdekkingsreizen, die de VOC met Australië in contact brachten: *Nederlanders ontdekken Australië. Scheepsarcheologische vondsten op het Zuidland* (Bussum 1976, een tweede, bijgewerkte druk in 1988), hiervan is ook een Engelse editie, *Dutch discoveries of Australia* (Adalaide 1979). Uitputtend, met een overzicht van oude kaarten, is G. Schilder, *Australia unveiled. The share of Dutch navigators in the discovery of Australia* (Amsterdam 1976). Philip Playford schreef een aantrekkelijke studie over één van de schepen die op de Australische kust belandde: *Carpet of silver: the wreck of the Zuytdorp* (Nedlands 1996), en publiceerde samen met N. Blansjaar *Voyage of discovery toTerra Australis by Willem de Vlamingh in 1696-1697* (Perth 1998).

Kaap de Goede Hoop

De geschiedschrijving over de ontwikkeling van Kaap de Goede Hoop van verversingspost tot vestigingskolonie gaat in op ontwikkelingen die buiten het kader van dit boek vallen. Verwezen kan worden naar handboeken als L.M. Thompson en M. Wilson, *The Oxford history of South Africa*, vol I (Oxford 1968), R. Elphick en H.B. Giliomee, *The shaping of South African society 1652-1840* (Middletown, Conn., 1989), en R. Ross, *A concise history of South Africa* (Cambridge 1999). Voor de VOC-periode is van belang de studie van A. Biewenga, *De Kaap de Goede Hoop. Een Nederlandse vestigingskolonie, 1680-1730* (Amsterdam 1999). Over de economische ontwikkeling in de 18e eeuw: P. van Duin en R. Ross, *The economy of the Cape Colony in the 18th century* (Leiden 1987; deel VII in de serie Intercontinenta). Zie voor de VOC en Mauritius: P.J. Moree, *A Concise history of Dutch Mauritius, 1598-1710. A Fruitful and healthy Land* (Londen 1998).

Register